Die Epoche der Aufklärung

Akademie Studienbücher

Geschichte

Annette Meyer

Die Epoche der Aufklärung

2., aktualisierte Auflage

**DE GRUYTER
OLDENBOURG**

Die Autorin:
Dr. Annette Meyer, Jg. 1969, Geschäftsführerin des Center for Advanced Studies an der Ludwig-Maximilians-Universität München

ISBN 978-3-11-046130-5
e-ISBN (PDF) 978-3-11-046133-6
e-ISBN (EPUB) 978-3-11-046144-2

*Library of Congress Cataloging-in-Publication Dat*a
A CIP catalog record for this book has been applied for at the Library of Congress.

Bibliografische Information der Deutschen Nationalbibliothek
Die Deutsche Nationalbibliothek verzeichnet diese Publikation in der Deutschen Nationalbibliografie; detaillierte bibliografische Daten sind im Internet über http://dnb.dnb.de abrufbar.

© 2018 Walter de Gruyter GmbH, Berlin/Boston

Umschlagabbildung: Isaac Newton using a prism to analyze the colors in a ray of light (Kupferstich, unbekannter Künstler).
Satz: Beltz Bad Langensalza GmbH, Bad Langensalza
Druck und Bindung: CPI books GmbH, Leck

♾ Gedruckt auf säurefreiem Papier

Printed in Germany

www.degruyter.com

Die Epoche der Aufklärung

1	**Die Aufklärung: Epoche oder Projekt?**	9
1.1	Die Epoche der Aufklärung	11
1.2	Anfang und Ende der Moderne	14
1.3	Konjunkturen und Entwicklung der Aufklärungsforschung	18
2	**Die Erweiterung des Horizonts**	23
2.1	Erkenntniswandel als Grundlage veränderter Weltbilder	25
2.2	Was versteht man unter der wissenschaftlichen Revolution?	31
2.3	Radikale Aufklärung und Frühaufklärung	34
3	**Die Erfahrung der Welt**	39
3.1	Die Neuvermessung der Welt im 18. Jahrhundert	41
3.2	Veränderte Menschenbilder: Naturgeschichte und Anthropologie	44
3.3	Fremdheit und Identität	48
4	**Die Entdeckung der Ungleichheit**	53
4.1	Die ständische Ordnung	55
4.2	Gesellschaftlicher Wandel durch Pluralisierung	58
4.3	Konzepte der Gleichheit	60
5	**Das europäische Mächtesystem**	65
5.1	Die Ordnung des Krieges	67
5.2	Das europäische Kräftefeld	70
5.3	Neutarierung des Gleichgewichts	76
6	**Kolonialismus und Kosmopolitismus**	81
6.1	Kolonisierungsprozesse im 18. Jahrhundert	83
6.2	Die Entstehung der Differenz: Europa und die koloniale Welt	86
6.3	Imperialismus und Weltbürgertum	90
7	**Diskurse von Macht und Herrschaft**	95
7.1	Absolutismus und Aufklärung	97
7.2	Theorie und Praxis der Reformpolitik	101
7.3	Grenzen der Politikreform	104

INHALT

8	**Orte der Aufklärung: Öffentlichkeit und Untergrund**	111
8.1	Bürgertum und Öffentlichkeit	113
8.2	Medien und Institutionen der Aufklärung	117
8.3	Geheimgesellschaften und Untergrund	120
9	**Protagonisten der Aufklärung: Die Erfindung des Intellektuellen**	125
9.1	Vertreter der Aufklärung: Ideen, Menschen, Diskurse	127
9.2	Bildung und Autonomie	130
9.3	Volksaufklärung	134
10	**Denkfiguren der Aufklärung: Toleranz und Kritik**	139
10.1	Religionskritik als Ausgang der Aufklärung	141
10.2	Natürliche Religion und Vernunftreligion	144
10.3	Glaubenserneuerung aus dem Geist der Kritik	147
11	**Erkenntniswege der Aufklärung: Vernunft, Sinne, Übersinn**	153
11.1	Wissen und Wissenschaften	155
11.2	Wahre und falsche Wissenschaft: Erkenntnistheorie und Methode	159
11.3	Jenseits der Vernunft: Esoterik	162
12	**Reaktionen der Aufklärung**	169
12.1	Was ist Gegenaufklärung?	171
12.2	Parteienbildung und Konspiration	174
12.3	Machtwechsel und Diskurshoheit	178
13	**Maximen der Aufklärung: Bildung, Erziehung, Emanzipation**	183
13.1	Pädagogik zwischen Natur und Gesellschaft	185
13.2	Die Entdeckung neuer Erziehungsobjekte: Frauen, Kinder, Juden	188
13.3	Rechts-, Sozialreformen und Besserungsinstitutionen	192
14	**Kunstgriffe der Aufklärung: Revolution, Fortschritt, Geschichte**	199
14.1	Bewirkt Aufklärung Revolutionen?	201
14.2	Bewertungen der Französischen Revolution	205
14.3	Wandel wird Programm	208
15	**Serviceteil**	213
15.1	Allgemeine bibliografische Hilfsmittel	213
15.2	Forschungsinstitutionen und Datenbanken	216
15.3	Lexika des 18. Jahrhunderts	218
15.4	Werkausgaben, Periodika und Institutionen zu einzelnen Autoren	220

16	**Anhang**	229
16.1	Zitierte Literatur	229
16.2	Abbildungsverzeichnis	239
16.3	Personenverzeichnis	241
16.4	Glossar	245

1 Die Aufklärung: Epoche oder Projekt?

„Nature and Nature's laws lay hid in night: God said, „Let Newton be!" and all was light"
(Alexander Pope, 1711)

Abbildung 1: Unbekannter Künstler: *Isaac Newton using a prism to analyze the colors in a ray of light* (Isaac Newton benutzt ein Prisma, um die Farben in einem Lichtstrahl zu untersuchen) (o. J.)

DIE AUFKLÄRUNG: EPOCHE ODER PROJEKT?

Der berühmte englische Dichter Alexander Pope (1688–1744) verfasste diese Grabinschrift für den Naturphilosophen Isaac Newton. Seine Zeilen versammeln in verdichteter Form zentrale Elemente der Selbststilisierung der Aufklärungsbewegung: Die Dunkelheit wird mit dem ehedem ausschließlich wahrgenommenen Schein der Dinge gleichgesetzt, während eine neue wissenschaftliche Perspektive schlagartig Licht auf die wahre, eigentliche Natur der Dinge wirft. Die Schöpfung wird durch die Möglichkeit der Erkenntnis ihrer selbst vollendet und in der Person Newtons allegorisiert. Der Newton-Kult ist Ausdruck des Selbstbildes des 18. Jahrhunderts: Newton hat die grundlegende Wende eines lange bestimmenden Weltbildes befördert; nun gilt es, das Licht der Erkenntnis in alle Bereiche weiterzutragen, die Aufklärung auf Dauer zu stellen.

Die Erfolgsgeschichte des Epochenbegriffs „Aufklärung" ist in mehrerlei Hinsicht bemerkenswert. Erstens wurde der Begriff, anders als die meisten anderen geistesgeschichtlichen Epochenbezeichnungen (Humanismus, Barock etc.), nicht im Rückblick von Historikern auf die Epoche übertragen, sondern als Gegenwartsbeschreibung von den Zeitgenossen geprägt. Die Bezeichnung „Aufklärung" vermochte es zweitens, sich langsam als Bestimmung eines historischen Zeitalters zu etablieren. In klassischen Handbüchern der Geschichtswissenschaft wird die Frühe Neuzeit meist in das Zeitalter der Reformation und das des Absolutismus unterteilt; beginnend ca. 1500 und endend ca. 1800. Dagegen wird in neueren geschichtswissenschaftlichen Publikationen das „Zeitalter der Aufklärung" vermehrt als eigenständiger und tragfähiger historisch-politischer Epochenbegriff innerhalb der Neuzeit aufgefasst. Allerdings geht diese Praxis mit erheblichen Problemen der Datierung und der Abgrenzung von anderen Deutungsschemata einher. Ist eine philosophische Metapher dazu geeignet, eine Epoche zu charakterisieren? Lassen sich geistesgeschichtliche Strömungen wie die Aufklärung genau datieren, etwa durch das Erscheinen markanter Werke? War die Aufklärung überhaupt eine rein philosophische Bewegung? Wann beginnt die Epoche der Aufklärung?

1.1 **Die Epoche der Aufklärung**
1.2 **Anfang und Ende der Moderne**
1.3 **Konjunkturen und Entwicklung der Aufklärungsforschung**

1.1 Die Epoche der Aufklärung

Die Einteilung in Perioden zählt zu den zentralen Aufgaben innerhalb der Geschichtswissenschaft, und die Erläuterung von Zäsuren und Epochenbezeichnungen gehört zu den Grundüberlegungen des Historikers bei der Annäherung an seinen Gegenstand. Eine Analyse der gewählten Datierungen kann wiederum viel über Standort und Methode eines historischen Werkes aussagen.

Epochenbezeichnungen

Dabei darf nicht aus dem Blick verloren werden, dass Epochenbezeichnungen einen idealtypischen Charakter haben. Es wird nicht behauptet, dass ein gewählter Begriff eine präzise Abbildung des Zeitalters darstellt, aber doch, dass er eine dominierende Tendenz repräsentiert. Die Debatte um den methodischen, heuristischen Nutzen einer in der Forschung etablierten Epochenbezeichnung kann allerdings so weit gehen, dass deren Tragfähigkeit grundsätzlich infrage gestellt wird. Derzeit wird etwa intensiv diskutiert, ob der Begriff des Absolutismus geeignet ist, die Epoche der Frühen Neuzeit angemessen zu erfassen; eine Debatte, die für die Bezeichnung des Zeitalters der Aufklärung bzw. des aufgeklärten Absolutismus nicht ohne Bedeutung ist (Asch 2005, S. 15f.). Häufig entzünden sich diese Debatten an der Frage der Repräsentativität eines gesellschaftlichen Teilbereichs für alle anderen: Kann ein politischer Herrschaftsstil (z. B. Absolutismus) oder eine kunsthistorische Richtung (z. B. Barock) den gesamtgesellschaftlichen Zustand eines Zeitalters umschreiben?

heuritischer Nutzen

Kritisiert wird auch der Anspruch von Epochenbegriffen auf universelle Gültigkeit: Kann ein Konflikt, der für eine bestimmte Region markant ist (z. B. Konfessionalisierung), umstandslos auf eine andere übertragen werden? Sind nicht nahezu alle Epochenbegriffe – wie Antike, Mittelalter oder Neuzeit – aus einer eurozentrischen Perspektive entwickelt und daher ungültig für andere Teile der Welt?

Kritik an universalem Geltungsanspruch

Die Unbestimmtheit der Metapher „Aufklärung" und ihre Umstrittenheit seit ihrer zeitgenössischen Prägung im 18. Jahrhundert machen ihr heuristisches Potenzial aus, um eine spezifische Phase der Neuzeit zu fassen, was sich in der Historiografie nun auch seit einiger Zeit etabliert hat (vgl. Stollberg-Rilinger 2011; Müller 2002; Borgstedt 2004). Epochenbezeichnungen dienen häufig dazu, Aggregatzustände innerhalb von Veränderungsprozessen aufzuzeigen oder – vorsichtiger formuliert – Sandbänke in einem fließenden Gewässer auszuloten. Das Bild der Aufklärung ist nicht das eines aggregierten Zustandes, wie bei den Begriffen Humanismus, Absolutismus

Metapher Aufklärung

11

DIE AUFKLÄRUNG: EPOCHE ODER PROJEKT?

und Nationalismus, sondern das des Wandels selbst. Die damit verbundene Vorstellung von Veränderung bezieht sich allerdings nicht auf konkrete politisch-historische Ereignisse, wie sie etwa in Prozessbegriffen der Säkularisierung oder der Konfessionalisierung gefasst werden sollen, sondern auf einen Wandel der Wahrnehmung, dem die Zeitgenossen metaphorisch Ausdruck verliehen. Seit den 1720er-Jahren tauchen vermehrt Begriffsbildungen auf wie *éclairer* oder *éclaircissement* bei dem Gelehrten Gottfried Wilhelm Leibniz oder das aus englischen Wochenschriften übernommene Verbum *to enlighten* für „aufklären" bei dem Schriftsteller Johann Christoph Gottsched (Stuke 1974, S. 247ff.). All diese Begriffe verweisen auf den Prozess des Erhellens, der Erleuchtung und damit einer veränderten Erkenntnis schlechthin: Sie sind Ausdruck eines neuen Blicks auf die Welt.

<small>Wandel der Wahrnehmung</small>

Mit der Wendung „Aufklärung" wird dann seit den 1770er-Jahren das Faktum eines Wahrnehmungswandels auf den Begriff gebracht. Die Wahrnehmung der Zeitgenossen korrespondiert mit der Zäsurbildung in der heutigen Forschung. Der Epochenbruch zwischen Mittelalter und Früher Neuzeit wird nach herrschender Forschungsmeinung um 1500 datiert und durch Phänomene beschrieben, die Anlass gaben, das universale christliche Weltbild zu erschüttern: die Eroberung Konstantinopels durch die Türken (1453), die Entdeckung der Neuen Welt (1492) und der Auftakt der deutschen Reformation (1517). Als andauernde Faktoren einer fundamentalen Veränderung gegenüber der mittelalterlichen Gesellschaft wurden neben der Auflösung der einheitlichen Christenheit der entstehende Frühkapitalismus und der frühmoderne Verwaltungsstaat angegeben. Eine grundlegende Voraussetzung des Weltbildwandels breiterer Schichten bestand in einer neuen Formierung der Öffentlichkeit, die durch die erhebliche Verbesserung des mechanischen Buchdrucks durch Johannes Gutenbergs Einsatz von beweglichen Lettern entstanden war (Schulze 2002, S. 29; → ASB MÜLLER, KAPITEL 12).

<small>Epochenbruch Mittelalter – Frühe Neuzeit</small>

Insbesondere der Streit um die Deutungshoheit der christlichen Heilslehre in konfessionellen Konflikten sowie die Unterminierung bzw. Infragestellung der Bibel als einziger Erkenntnisquelle und universal gültigem Geschichtsbuch durch die Entdeckung fremder Welten nährten die Skepsis gegenüber überliefertem Wissen. Während im Verlauf der Frühen Neuzeit die Versuche der Versöhnung neuer Erkenntnisse mit der christlichen Lehre im Verfahren der Akkomodation langsam abnahmen, wurden vermehrt Versuche unternommen, einen neuen, unverstellten Blick auf Welt und Kosmos einzunehmen:

<small>Infragestellung oder Bibel als Quelle</small>

Zentrale Werke, die diesen Prozess markieren, sind Johannes Keplers *Astronomia Nova* (Neue Astronomie, 1609), Francis Bacons *Novum Organon Scientarum* (Neues Organon der Wissenschaften, 1620) und Galileo Galileis *Due nuove scienze* (Zwei neue Wissenschaften, 1638).

Die Gelehrten des 18. Jahrhunderts blickten auf diesen Prozess wachsender Skepsis gegenüber verordneten Weltbildern und Traditionen zurück und verdichteten die Erfahrung einer täuschungsgefährdeten menschlichen Wahrnehmung zum Imperativ des stetigen Zweifels. Damit standen sie in der Tradition von René Descartes' *Discours de la méthode* (Abhandlung über die Methode, 1637), Baruch Spinozas *Tractatus theologico-politicus* (Theologisch-politischer Traktat, 1670) und John Lockes Essay *Concerning Human Understanding* (Versuch über den menschlichen Verstand, 1690). Alle Glaubenssätze, Gewohnheiten und unhinterfragten Gewissheiten kamen auf den Prüfstand der Kritik und konnten jederzeit mittels der natürlichen Vernunft als Aberglaube, Irrtum oder Unkenntnis entlarvt werden.

<small>Imperativ stetigen Zweifels</small>

Aufklärung ist folglich insofern ein doppelter Reflexionsbegriff, als er erstens einen Wahrnehmungswandel metaphorisch zu beschreiben sucht, der schon geraume Zeit andauerte und im 16. und 17. Jahrhundert als Anspruch eines neuen Wissens um die Welt artikuliert wurde. Im Verlauf des 18. Jahrhunderts wird dieser Anspruch reflektiert, auf den Begriff gebracht und zweitens zu einem Programm, manchmal sogar zur Vorstellung einer naturhaft ablaufenden Programmierung der Menschheitsgeschichte, erhoben: Seit den 1770er-Jahren entsteht der praktische Aufklärungsbegriff als Wissenschafts-, Erziehungs- und Bildungsprojekt. Und spätestens in der Auseinandersetzung um „wahre" und „falsche" Aufklärung zur Zeit der Französischen Revolution gerät der ideologiekritische Aufklärungsbegriff selbst in den Verdacht, Ideologie zu sein.

<small>Aufklärung als doppelter Reflexionsbegriff</small>

Wie lässt sich ein solcher komplexer Reflexionsbegriff mit einem Kulturraum und einer Epoche in Übereinstimmung bringen? Vorstehende Überlegungen zeigen, dass das Zeitalter der Aufklärung nicht präzise mit dem 18. Jahrhundert gleichgesetzt werden kann. Die zeitgenössischen Kommentatoren des 18. Jahrhunderts sahen sich vielmehr als Erben einer lange verfemten philosophisch-wissenschaftlichen Avantgarde. Es schienen sich ihnen zahlreiche neue wissenschaftliche, soziale und politische Möglichkeiten zu eröffnen, um Ansätze einer freieren Selbstverortung und Selbstbestimmung des Menschen zu verbreiten, die zuvor lediglich in kleinen Gelehrtenzirkeln debattiert worden waren. Die Gelehrten des 18. Jahrhunderts setzten damit die philosophische Tradition der Frühaufklärung fort, und es wurde ihnen sogar vorgeworfen, dass sie diesem Gedankengut wenig Neues hinzugefügt hätten. Was sie aber taten war, ältere Ideen zu bündeln, zu popularisieren sowie – und das ist das dramatisch Neue – sie in die Praxis des täglichen Lebens zu übersetzen. Wenn das nicht sofort möglich war, dann sollte zumindest gesichert sein, dass es in der Zukunft gelänge. Diese Gruppe der Aufklärer, verteilt über die Nationen Europas und Nordamerika, war deshalb eifrig darum bemüht, ihre eigene Gegenwart und Gesellschaft unverhüllt und unvoreingenommen – aus ihrer Genese mit den Mitteln der Vernunft – zu beschreiben und zu durchdringen, um sie zu verändern. In der angelsächsischen Forschung gibt es entsprechend eine Tendenz, die Aufklärung nicht als philosophische Strömung zu betrachten, was durch die Heterogenität der Bewegung auch in der Tat problematisch ist, sondern als Gruppe von Personen, die durch verschiedene Mittel eine „Kampagne zur Veränderung des Bewusstseins" lancierte (Darnton 1996, S. 5).

1.2 Anfang und Ende der Moderne

Als diese „Kampagne" ihren Höhepunkt erreicht hatte, wurden Stimmen laut, die den Gestus der Kritik in Zweifel zogen und eine Offenlegung der versteckten Agenda der Aufklärung forderten. Diese Forderung nahm die *Berliner Monatsschrift* 1783 zum Anlass, die Preisfrage „Was ist Aufklärung?" auszuloben.

Die Beantwortung der Frage durch den Philosophen Immanuel Kant (1724–1804) ist zu einem Schlüsseltext der Aufklärungsforschung geworden. Weniger bekannt ist, dass der jüdische Philosoph Moses Mendelssohn (1729–86) für seine Antwort „Über die Frage: Was heißt aufklären?" den ersten Preis erhielt. Eine kombinierte Lektüre beider Texte zeigt deutlich den zweifachen Charakter des Aufklärungsbegriffs: Während bei Mendelssohn die konkrete Beförderung des Bewusstseinswandels durch Bildung und Kultur im Vordergrund steht, legt Kant den Schwerpunkt seiner Argumentation auf das andauernde Projekt der Aufklärung. „Der Ausgang des Menschen aus seiner selbstverschuldeten Unmündigkeit" (Kant 1990, S. 9) ist ein fortschreitender Emanzipationsprozess, der erst in der Zukunft vollendet werden wird.

Die Zukunftsvorstellung wurde nicht mehr mit der christlichen Heilserwartung gleichgesetzt, sondern in ein neues theoretisches Modell der Vergangenheits-, Gegenwarts- und Zukunftsanalyse überführt. Diese Verzeitlichung des Denkens ist als Inbegriff modernen Bewusstseins interpretiert worden: Die Bestimmung des Menschen ist demnach nicht mehr von Gott gelenkt, sondern ein immanenter historischer Gattungsprozess, den man wissenschaftlich durchdringen und befördern kann. Historiker und Soziologen wie Reinhart Koselleck (1923–2006), Michel Foucault (1926–84) oder Wolf Lepenies (*1941) sehen zwischen 1750–1850 eine Phase, in der sich die Basisstrukturen dieses modernen Weltbildes herausbilden. Nach Kosellecks Theorie wurden die neuen Entdeckungen als so eklatant verschieden von allem bis dahin Vertrautem wahrgenommen, dass traditionelle Erfahrungsmuster und Weltdeutungen nicht mehr mit den neuen Erkenntnissen in Einklang gebracht werden konnten. Hinzu trat die Wahrnehmung eines sich stetig beschleunigenden Wandels (Koselleck 2000, S. 27ff.). Eine solchermaßen wachsende Diskrepanz von Erfahrung und Erwartung ließ neue Strategien zu ihrer Vermittlung nötig werden, die Koselleck in Formen der Verzeitlichung des Denkens sieht. Als Indizien dieses Prozesses betrachtet er die Herausbildung sogenannter Kollektivsingulare: Die Menschen berichten nicht mehr über Geschichten und einzelne Fortschritte, sondern die Menschheit insgesamt ist einem einheitlichen historischen Prozess, „der Geschichte", unterworfen. Diese Entwicklung kann, wenn man die Vergangenheit richtig zu interpretieren versteht, wissenschaftlich erforscht und als „Fortschritt" beschrieben werden. Foucault versteht diesen Wandel als den Übergang von einem repräsentierenden zu einem historischen Bewusstsein (Foucault 1995, S. 196f.).

Es stellt sich die Frage, wie sich ein solches Epochenbewusstsein ausdrückt. An welchen historischen Orten ist es zu finden? Setzt es schlagartig im 18. Jahrhundert ein?

Ein Zeichen eines neuen Umgangs mit der Vergangenheit ist der veränderte Rekurs auf die Antike. Während in Humanismus und Renaissance (15. und 16. Jahrhundert) antike Vorbilder die zentrale Referenz darstellen, gerade in Abgrenzung zum christlichen Weltbild, zeichnet sich seit dem ausgehenden 17. Jahrhundert eine neue Haltung ab. Aus dem französischen Literaturstreit *Querelle des anciens et des modernes* („Streit der Alten und der Neuen") ging die Partei der „Modernen" hervor, die das unerreichbare Ideal der antiken Vorbilder infrage stellte und eigene Ansätze als überlegen kennzeichnete. Ähnliche Debatten wurden um 1700 in der englischen „Bücherschlacht", dem *Battle of the Books* (Swift 1979) geführt, und unter deutschsprachigen Schriftstellern im spätbarocken Sprachenstreit (Johann Christoph Gottsched, Johann Jakob Breitinger, Johann Jakob Bodmer) ausgefochten (→ ASB D'APRILE/SIEBERS, KAPITEL 1.3).

Zeitalter der europäischen Revolutionen

In der politischen Geschichtsschreibung firmiert das Zeitalter der europäischen Revolutionen als Entstehungszeitraum der politischen Moderne, das, mit den Ereignissen in England 1640–88 beginnend, seinen Höhepunkt mit der Französischen Revolution 1789 erreicht und letzte Auswirkungen in den revolutionären Auseinandersetzungen um 1848 zeigt. Der astronomische Begriff der „Revolution" als wiederkehrender Sternenkonstellation wird von dem englischen Philosophen Thomas Hobbes (1588–1679) auf die Bürgerkriegsepoche in England (1642–49) übertragen, um einen politischen Umbruch zu kennzeichnen, der mit einer vergangenen Tradition radikal abschließt, um an eine ältere anzuschließen. Die politischen Konzepte, die im Umfeld der Revolutionsgeschehen des 17. und 18. Jahrhunderts entwickelt, artikuliert und umgesetzt wurden, gelten als die Grundlagen der modernen politischen Welt.

Revolutionsbegriff

Der Revolutionsbegriff wird insbesondere von französischen Aufklärern wie Voltaire (1694–1778) und Jean-Baptiste le Rond D'Alembert (1717–83) vom bewunderten englischen Vorbild auf eine notwendige Veränderung der Geisteshaltung übertragen: eine friedliche Revolution der Geister, die sich im Feld der öffentlichen Meinung schrittweise Geltung verschaffen wird. Die amerikanische Unabhängigkeitsbewegung wird dann schon emphatisch als Verbindung von geistiger und politischer Revolution begrüßt. Und spätestens die Französische Revolution wird als Austragungsort der politischen Ziele der Aufklärung interpretiert. Sie gilt als historischer Geburtsort der politischen Moderne, an dem ihre zentralen Ziele formuliert wurden: Freiheit, Demokratie, Gleichheit und Rechtsstaatlichkeit. Die verfassungsmäßige Sicherung der Menschen- und Bürgerrechte ist nicht mehr von der Agenda modernen politischen Denkens wegzudenken, sodass sich noch die Präambel der Verfassung für Europa der Tradition der Aufklärung verpflichtet sieht.

Mit der Infragestellung der Erfolgsgeschichte der Moderne rückte zunehmend auch die „Entzauberung der Welt" (Max Weber) durch die Aufklärung in den Fokus der Kritik. Zentrale Bedeutung hatte hier der philosophische Essayband *Dialektik der Aufklärung* (1947), den Max Horkheimer (1895–1973) und Theodor W. Adorno (1903–69) im amerikanischen Exil geschrieben hatten. In diesem wichtigen Werk der Kritischen Theorie wurde die Kehrseite der Ra-

Horkheimer und Adorno: *Dialektik der Aufklärung*

tionalisierung der Welt zum Analysemuster des Faschismus gemacht. Der dialektische Prozess zwischen Mythos und Rationalität wurde dort durch die Jahrhunderte verfolgt und seine spezifische Ausprägung im 18. Jahrhundert in der systematischen Vergegenständlichung der menschlichen Lebenswelt aufgrund von Berechenbarkeits- und Nützlichkeitserwägungen gesehen. Mit Michel Foucaults philosophischer Abhandlung *Ordnung der Dinge* (1966) erhielt die kritische Sicht auf das 18. Jahrhundert eine exponierte Stimme. Foucault beließ es nicht bei der Kritik an der Instrumentalisierung der Welt durch den Menschen, sondern rückte die Vergegenständlichung des Menschen seiner selbst in den Vordergrund. Die aus dieser These abgeleiteten Überlegungen zur fortschreitenden Selbstverwaltung des Menschen in Strafvollzug, Klinik und Psychiatrie ließen eine Kritik an der Rationalität der Aufklärung konkreter fassbar werden, als es die Formel von der „Entzauberung der Welt" vermocht hatte. Die Bedenken gegenüber dem Projekt der Moderne kulminierten in einer grundsätzlichen Aufklärungskritik, die unter anderem aus dieser Abgrenzung ihr eigenes, fernerhin als „postmodern" firmierendes Programm gewonnen hatte. Das wissenschaftliche Interesse richtete sich nun auf die problematische Rolle der Aufklärung, die sie für die kulturelle und politische Identität der westlichen Welt und ihren – nach innen und außen gerichteten – imperialen Herrschaftsanspruch gespielt hatte.

Der Bezug zur Moderne bemisst sich folglich immer noch über die Haltung zur Frage, ob man Aufklärung für einen notwendigen und wünschenswerten Vorgang (Habermas 1990, S. 32) oder für den ideologischen Ausgangspunkt eines autoritären Herrschaftskonzeptes hält. Die Frage „Was ist Aufklärung?" bleibt folglich für die Beschreibung der Gegenwart aktuell. Foucault erklärte sie sogar zur philosophischen Frage schlechthin: „Die moderne Philosophie ist die Philosophie, die seit nunmehr zwei Jahrhunderten auf die so sehr unbedachtsam aufgeworfene Frage: Was ist Aufklärung? eine Antwort zu geben versucht" (Foucault 2005, S. 688).

Die historische Epoche der Aufklärung bietet insofern immer noch einen zentralen Interpretationshorizont für die Deutung der Moderne, als sie von Anbeginn an eine ambivalente Form der Gegenwartsdiagnostik darstellte. Der Umstand, dass diese Debatte um die Bewertung der Aufklärung andauert, kennzeichnet – jenseits von polemischen Entgegensetzungen – ihren heuristischen Wert zur Beschreibung einer historischen Epoche in der Neuzeit.

1.3 Konjunkturen und Entwicklung der Aufklärungsforschung

Die Aufklärungsforschung ist inzwischen ein fester Bestandteil der Geschichtswissenschaft. Sie ist fest in interdisziplinär ausgerichteten Institutionen, Fachorganen und Publikationsreihen etabliert. Gerade in dieser Disziplin ist das keine Selbstverständlichkeit. Im Prozess der Professionalisierung und Institutionalisierung der Geschichte im 19. Jahrhundert war das Denken der Aufklärung dasjenige Denkmuster (Paradigma), von dem es sich abzugrenzen galt. Die Abstraktheit des aufklärerischen Denkens, das nützlichkeitsorientierte Menschenbild und das universalistische, fortschrittsgläubige Geschichtsbild boten die Stereotypen, von denen sich die entstehende Fachdisziplin – der sogenannte Historismus – distanzieren wollte: Die thematische Konzentration auf die politische Geschichte einzelner Völker und Staaten sowie die Entstehung der Nationalstaaten machte eine Abgrenzung von den menschheitsgeschichtlichen Schwärmereien des Aufklärungszeitalters unumgänglich. Das negative Bild der Aufklärung hat die Entstehung des historischen Denkens stets begleitet: als Gegenaufklärung, in der Romantik und vor allem in der deutschen Bewegung, die sich am Kosmopolitismus der deutschen Aufklärung und an ihrer Orientierung an der westeuropäischen Philosophie stieß. Besonders in Deutschland entstand aus dieser Gemengelage im Verlauf des 19. Jahrhunderts eine starke antiaufklärerische Tradition, die bis in das frühe 20. Jahrhundert alle aufrührerischen und republikanischen Gesinnungen mit den Ideen der Französischen Revolution und damit der Aufklärung identifizierte.

Mit dem beginnenden 20. Jahrhundert und vor allem in der Weimarer Republik zwischen 1918 und 1933 entstand ein neues Interesse an der Aufklärung, ihrer Philosophie und insbesondere ihrer Geschichtsschreibung. Die wissenssoziologischen Studien zur sich konstituierenden politischen Öffentlichkeit von den Soziologen Karl Mannheim und Ernst Manheim, die Dissertation von Hans Gerth über *Die sozialgeschichtliche Lage der bürgerlichen Intelligenz um die Wende des 18. Jahrhunderts* (1935) und vor allem Ernst Cassirers Arbeit zur *Philosophie der Aufklärung* (1932) entdeckten das 18. Jahrhundert als geistigen und politischen Bezugsraum. Diese Neuvermessung einer Traditionslinie wurde in der Zeit des Nationalsozialismus jäh unterbrochen. Nach 1945 wurden in der Bundesrepublik die von zumeist exilierten Autoren initiierten Forschungen nur zögerlich wieder aufgenommen. Anders verhielt es sich in der DDR, wo man auf der Suche nach deutschen demokratischen Traditionen schnell auf das Zeitalter der Aufklärung stieß, das man auf sein antifeudalistisches, revolutionäres Potenzial hin untersuchte. Aller Einwände gegen politisch gesteuerte Forschung in der DDR zum Trotz, konnten durch diesen Fokus einige der sogenannten Radikalen – wie etwa der Weltreisende Georg Forster (1754–94) – rehabilitiert werden, die im 19. Jahrhundert als Vaterlandsverräter verfemt worden waren (→ KAPITEL 14). Die Jakobinismus- und die Freimaurerforschung haben hier zentrale Impulse erhalten.

Die gründliche historiografische Neuerforschung des 18. Jahrhunderts setzte in der Bundesrepublik und auch international erst in den 1960er-Jahren ein. Als Verfechter einer positiven Traditionsbildung machte die sozialwissenschaftlich orientierte Geschichtswissenschaft – im Zuge der Abgrenzung vom geisteswissenschaftlich geprägten Historismus – bewusst methodische und materiale Anleihen bei der Aufklärungstheorie. Die geistige Wahlverwandtschaft bestand in der Vorrangstellung der Empirie sowie insbesondere in der Kritik, die als Denkfigur gegen politische Instrumentalisierungen der Wissenschaften, wie sie im Nationalsozialismus erfolgt waren, schützen sollte. Jürgen Habermas' Habilitationsschrift *Strukturwandel der Öffentlichkeit* (1962) war hier einschlägig und konnte in ihrer englischen Übersetzung von 1989 noch einige Wirkung in der angloamerikanischen Forschungslandschaft entfalten. Die Aufklärung sollte vor diesem Hintergrund nicht länger vorrangig als ideengeschichtliche Strömung, sondern vielmehr in ihrer historisch-sozialen Verankerung untersucht werden. Aus den 1970er- und 1980er-Jahren datieren viele Untersuchungen zur Sozialstruktur der europäischen Aufklärung.

In der Bundesrepublik Deutschland etablierte sich die Aufklärungsforschung in der 1975 gegründeten Deutschen Gesellschaft für die Erforschung des 18. Jahrhunderts (DGEJ). Sie verfügt über ein eigenes Fachorgan, die halbjährlich erscheinende Zeitschrift *Das 18. Jahrhundert*. In Frankreich, England, Schottland, den Niederlanden, Italien, Tschechien, Norwegen, Kanada und Nordamerika gibt es vergleichbare Institutionen, die ihrerseits in speziellen Fachorganen publizieren. Alle vier Jahre werden Tagungen der *International Society for Eighteenth-Century Studies* (ISECS) an verschiedenen Universitätsstandorten weltweit ausgerichtet (Graz 2011, Rotterdam 2015, Edinburgh 2019). An deutschen Universitäten gibt es verschiedene Spezialinstitute zur Erforschung der Aufklärung; unter ihnen hat sich das Internationale Zentrum zur Erforschung der Europäischen Aufklärung in Halle (IZEA) als zentrale Forschungseinrichtung speziell für das 18. Jahrhundert eingeführt.

Durch diesen andauernden Boom der Aufklärungsforschung zeichnen sich immer neue Herangehensweisen ab. Das Verhältnis zur Epoche der Aufklärung bemisst sich weiterhin am Umgang mit dem Erbe der Moderne. Insofern hat die postmoderne Kritik auch klare Spuren in der Aufklärungsforschung der vergangenen zwanzig Jahre hinterlassen. Eine wichtige Prämisse des ausgehenden 18. Jahrhunderts – dass die Aufklärung ein einheitliches Projekt sei – wird infrage gestellt, indem die Pluralität der Strömungen und nationalen Ausprägungen der Aufklärung*en* hervorgehoben wird. Neuerdings wurde auch wieder das Problem des anachronistischen Blicks und damit der verfehlte Modernebezug betont (Pečar, Tricoire 2015, S. 11ff.). Es bleibt aber insbesondere der Verdienst der Wissenschaftsgeschichte unter dem Eindruck der Schriften von Thomas Kuhn und Michel Foucault einen Perspektivenwechsel in der Erforschung der Aufklärung vorgenommen zu haben. Dieser besteht vor allem in der Dekonstruktion der Selbststilisierungen und späteren Stereotypisierungen des 18. Jahrhunderts als dem Jahrhundert der Säkularisierung und der Rationalität.

Aktuelle Forschung

Perspektivenwechsel

In vorliegender Einführung wird die zweifache Geschichte der europäischen Aufklärung erzählt: einerseits als Rekonstruktion einer Epoche und andererseits als Geschichte einer epochalen Konstruktionsleistung – der des aufklärerischen Diskurses.

Fragen und Anregungen

- Erläutern Sie, wozu Epochenbeschreibungen in der Geschichtsschreibung dienen und worin die Besonderheit des Epochenbegriffs „Aufklärung" liegt.
- Diskutieren Sie das Verhältnis von Aufklärung und Moderne.
- Erfindet die Geschichtswissenschaft ihre Gegenstände immer neu? Reflektieren Sie diese Frage vor dem Hintergrund der Geschichte der Erforschung des 18. Jahrhunderts.

Lektüreempfehlungen

- **Immanuel Kant: Beantwortung der Frage: Was ist Aufklärung?** [1784], in: Ehrhard Bahr (Hg.), Was ist Aufklärung?, Thesen und Definitionen, Stuttgart 1990, S. 9–17. *Kants Aufsatz in einer kleinen Edition des berühmten Preisausschreibens von 1783.*   Quellen

- **Moses Mendelssohn: Über die Frage: was heißt aufklären?** [1784], in: Ehrhard Bahr (Hg.), Was ist Aufklärung?, Thesen und Definitionen, Stuttgart 1990, S. 3–8.

- **Jonathan Swift: A Tale of a Tub. Written for the universal improvement of mankind & The battle of the books. An account of a battle between the ancient and modern books** [1704], New York 1979. *Satire über einen Gelehrtenstreit an der Epochenschwelle.*

- **Ronald Asch: Absolutismus**, in: Helmut Reinalter (Hg.), Lexikon zum aufgeklärten Absolutismus in Europa. Herrscher – Denker – Sachbegriffe, Wien/Köln/Weimar 2005, S. 15–22. *Gute lexikalische Einführungen ins Thema.*   Forschung

- **Robert Darnton: George Washingtons falsche Zähne oder noch einmal: Was ist Aufklärung?**, München 1997. *Grundlegende Überlegungen zum Verhältnis von Aufklärung und Moderne.*

- **Michel Foucault: Was ist Aufklärung?**, in: ders., Dits et Écrits. Schriften, Band IV, 1980–1988, hg. v. Daniel Defert und François Ewald, Frankfurt a. M. 2005, S. 687–707. *Ein postmoderner Blick auf das 18. Jahrhundert.*

- **Andreas Pečar / Damien Tricoire: Falsche Freunde. War die Aufklärung wirklich die Geburtsstunde der Moderne?** Frankfurt a. M./ New York 2015. *Kleine anregende Streitschrift.*

- **Roy Porter: Kleine Geschichte der Aufklärung**, Berlin 1991. *Immer noch eine der besten Einführungen zum Thema.*

- **Winfried Schulze: Einführung in die Neuere Geschichte**, Stuttgart 1987, 4., völlig überarbeitete und aktualisierte Auflage 2002. *Unverzichtbares Vademecum im Geschichtsstudium.*

2 Die Erweiterung des Horizonts

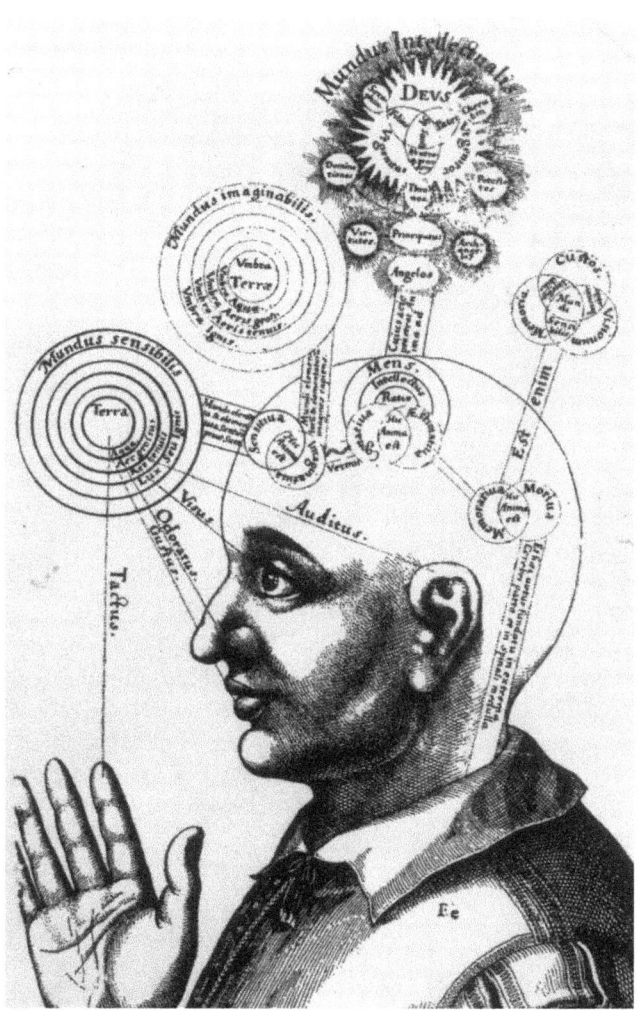

Abbildung 2: The Human Brain. Ventricular and sensory harmonies. Matthäus Merian: Illustration zu Robert Fludds *Metaphysik und Natur- und Kunstgeschichte beider Welten, nämlich des Makro- und des Mikrokosmos* (1617)

Der englische Philosoph und Mediziner Robert Fludd (1574–1637) wählte das Bild der Bewusstseinssteuerung des Menschen zur Illustration seiner Theorie vom Verhältnis des Makrokosmos zum Mikrokosmos. Fludd war der Überzeugung, dass jede Erscheinung im Universum ihr direktes Pendant auf Erden hat. Hier zeichnen sich bereits entscheidende Elemente der Erweiterung des Wahrnehmungshorizonts im Verlauf des 17. Jahrhunderts ab. Himmel und Erde stehen nicht mehr in einem streng hierarchischen Verhältnis zueinander, sondern in einem vom Menschen vermittelten. Dieses Bild lebt in der Aufklärung fort, etwa in Kants Diktum: „Zwei Dinge erfüllen das Gemüt mit immer neuer und zunehmender Bewunderung und Ehrfurcht [...]: Der bestirnte Himmel über mir, und das moralische Gesetz in mir." Die schrittweise Infragestellung des mittelalterlichen Weltbildes durch konfessionelle Streitigkeiten, kosmologische Erkenntnisse und geografische Entdeckungen werfen den Menschen auf seine eigene Wahrnehmung zurück: Die Möglichkeiten und Grenzen der Erkenntnis werden zum zentralen Thema der Philosophie in der Frühaufklärung.

Ein ähnlicher Gedanke findet sich in der Schrift *Versuch vom Wesen des Geistes* (1699) des deutschen Frühaufklärers Christian Thomasius (1655–1728): Der Mensch ist nicht nur kraft der durch die göttliche Gnade erhaltenen Vernunft dazu befähigt, die göttliche Ordnung zu erkennen. Vielmehr bilden Sinne und Vernunft eine untrennbare Einheit: Alle Sätze, die nicht nur der Ratio, sondern auch der sinnlichen Erfahrung widersprechen, müssen als falsch gelten. Viele der neuen Entdeckungen, ob durch das Fernrohr oder auf Schiffsreisen gemacht, stehen im Widerspruch zu scheinbar unhinterfragbaren Glaubenswahrheiten. So wird der Schöpfungsbericht nicht nur durch Galileo Galileis Entdeckung der Sonnenflecken auf den Prüfstand gestellt, sondern auch durch das heliozentrische Weltbild. Aber erst durch die Reflexion des Erkennens selbst – die Aufklärung – kann ein neues Weltbild entstehen.

2.1 Erkenntniswandel als Grundlage veränderter Weltbilder
2.2 Was versteht man unter der wissenschaftlichen Revolution?
2.3 Radikale Aufklärung und Frühaufklärung

2.1 Erkenntniswandel als Grundlage veränderter Weltbilder

Auf der Suche nach den Ursprüngen der Aufklärung sind verschiedene Umstände geltend gemacht worden:

Ursprünge der Aufklärung

1. Eine fundamentale Veränderung der Gesellschaft, die sich zuvor maßgeblich als eine feudale Ordnung konstituierte. Dieser sozialpolitische Umbruch wird zumeist mit dem Erstarken des Bürgertums in Zusammenhang gebracht.
2. Der Zerfall des christlichen Weltbildes durch den Aufstieg der modernen Wissenschaften – ein geistesgeschichtlicher Prozess, der als Säkularisierung bzw. Entstehung des Rationalismus charakterisiert wird.
3. Die Notwendigkeit einer neuen Deutung der Welt und des Menschen selbst, die als Bewusstseinswerdung des modernen Menschen und damit als anthropologischer Wandel interpretiert wird (Schneiders 1995, S. 12f.).

Aber was hat diese grundlegenden Veränderungsprozesse ausgelöst?

Der französische Historiker Paul Hazard (1878–1944) diagnostizierte in seinem berühmten Werk von 1935 *La crise de la conscience européenne* eine „Krise des europäischen Geistes", die er im scheinbar unspektakulären Interim zwischen den großen geistesgeschichtlichen Epochen des 17. und 18. Jahrhunderts ansiedelte. Das Grenzgebiet der Jahre 1680–1715 identifizierte er als ein unwegsames, „schwieriges Gelände", in dem sich die scheinbaren Kontraste der beiden Jahrhunderte allmählich auflösten und als Übergangsphänomene in einer Schwellenphase konturierten. Die begrifflichen Kontrastmittel, die Hazard zum Verständnis dieses Übergangs einsetzte, waren Autorität und Orthodoxie (wahre Lehre) zur Identifizierung des 17. Jahrhunderts und Freiheit und Heterodoxie (abweichende Lehre) als Lackmustests für das 18. Jahrhundert (Hazard 1939, S. 21). Trotz erheblicher Bedenken gegenüber der Linearität dieses Ansatzes (Kondylis 1986, S. 21), greift gerade die jüngere Forschung vor allem aus zwei Gründen auf diesen Vorstoß zurück: erstens, um die traditionell voneinander gesonderten Forschungsbereiche der Früh-, Hoch- und Spätaufklärung stärker zu verbinden, und zweitens, um eine stärker europäische Perspektive einzunehmen (Mulsow 2002, S. 4).

Die „Krise des europäischen Geistes"

Die Entgegensetzung der beiden Pole Autorität und Freiheit ist problematisch, da Absolutismus (17. Jahrhundert) und Aufklärung (18. Jahrhundert) keine sich gegenseitig ausschließenden oder ablösenden historischen Erscheinungen sind, was sich spätestens im scheinbar paradoxen Phänomen des „aufgeklärten Absolutismus" ausdrückt. Doch auch wenn man den Übergang vom 17. zum 18. Jahrhundert nicht als Siegeszug der Freiheit gegenüber der Autorität beschreiben will, so ist diese bipolare Deutungsstruktur doch dazu angetan, einen grundlegenden Veränderungsprozess als Verschiebung auf einer Skala zwischen Autorität und Freiheit zu charakterisieren. Das schließt nicht aus, dass im Verlauf dieses Prozesses neue Orthodoxien entstehen.

Verschiebung von Autorität zu Freiheit

Das Verhältnis zweier Jahrhunderte soll daher nicht nur durch wissenschaftliche Kategorien geordnet, sondern in der Wahrnehmung der Zeitgenossen reflektiert werden: Diese schildern einen Bewusstseinswandel, etwa ausgelöst durch Entdeckungen fremder Völker und Kulturen, durch die das Vertrauen in die Autorität der Vergangenheit und ihrer Ordnungsmodelle erschüttert wurde. Damit einhergehend wurde die Autorität von Texten, die auf einem absoluten Deutungsanspruch (Bibel) oder auf Geltung durch Tradition basierten, grundsätzlich hinterfragt. Der Ausgleich zwischen traditionellen Wissensbeständen und neuen Erkenntnissen wird mithin zur zentralen Aufgabe der Gelehrten des ausgehenden 17. und frühen 18. Jahrhunderts. Die Verortung des eigenen Bewusstseins erfolgt nicht mehr im Rahmen der biblischen Ordnung der Wesen, sondern im Möglichkeitsraum der eigenen Erkenntnisfähigkeit und damit in den Grenzen wissenschaftlicher Plausibilitäten. Es ist zu Recht darauf aufmerksam gemacht worden, dass diese Wahrnehmung nur von einer kleinen Avantgarde artikuliert wird. Nichtsdestotrotz entfaltet der Ausdruck des Bewusstseins begrenzter und zugleich neu eröffneter Erkenntnismöglichkeiten enorme Wirkung. An welchen Orten kann man diesem Bewusstseinswandel nachgehen? Richten wir unseren Blick nach Frankreich, das im 17. Jahrhundert Hierarchie, Disziplin und Ordnung zu seinen konstituierenden Grundprinzipien erhob.

Bewusstseinswandel

Neue Erkenntnismöglichkeiten

Frankreich vermochte seine Autorität, die es nach dem Westfälischen Frieden von 1648 hinzugewonnen hatte, in der zweiten Hälfte des 17. Jahrhunderts zu einem europäischen Hegemonialsystem in Politik und Kultur auszubauen. Inbegriff dieser Autorität war die Herrschaft des Sonnenkönigs Ludwig XIV. (1638–1715). Der Versuch, die politische, soziale und geistige Welt mit einer hierarchischen Ordnung zu durchziehen, kombiniert mit einer systematischen Förderung von Sprache, Wissenschaft und Künsten, schuf eine nachgerade klassische Kultur, die in ganz Europa zur bestimmenden wurde. Französisch trat das Erbe des Lateinischen an und avancierte zur *lin-*

Europäische Hegemonialmacht Frankreich

gua franca der Gelehrtenwelt; französische Literatur, Hofzeremonielle, Musik und Moden wurden in ganz Europa kopiert.

Sogar der Begründer des methodischen Zweifels, René Descartes (1596–1650), dessen Schriften der gesamten europäischen Frühaufklärung zentrale Anstöße gaben, lebte von einer Pension Ludwigs XIV. Und das war kein Widerspruch: Denn das Herrschaftssystem des französischen Königs basierte ebenso auf der Grundidee einer rationalen Durchdringung aller gesellschaftlichen Teilbereiche (Verwaltung, Wirtschaft, Militär) wie Descartes' philosophische Arbeiten zu Metaphysik, Ethik und Physik. Zudem bemühte sich Descartes lange um einen rationalen Gottesbeweis, ohne der Institution Kirche philosophische Aufmerksamkeit zu schenken. Bemerkenswert ist allerdings, dass Descartes seine wichtigsten Werke im freiwilligen holländischen Exil publizierte und Abstand von einer Veröffentlichung seiner 1632 verfassten Schrift *Traité de l'homme* (Abhandlung über den Menschen, 1662) nahm, da deren mechanistische Ausrichtung ihn des Verdachts der Heterodoxie und damit der Gefahr der Inquisition aussetzte. Die absolutistische Herrschaft konnte sich zwar Fabeldichter, Spötter und Satiriker leisten, aber keine Andersgläubigen, Skeptiker und Freigeister.

> René Descartes

Ein zentrales Datum für den Bewusstseinswandel der Zeitgenossen ist daher das Edikt von Fontainebleau aus dem Jahr 1685, in dem Ludwig XIV. den katholischen Glauben zur Staatsreligion erklärte und jegliche Ausübung des protestantischen Glaubens verbot. Damit nahm er die Zusicherung der religiösen Toleranz gegenüber den calvinistischen Protestanten in Frankreich (Hugenotten) zurück, die ihnen nach den Bürgerkriegen im Edikt von Nantes 1598 gewährleistet worden war. Dieser Rechtsakt und die daraus resultierenden Verfolgungen (→ ABBILDUNG 3) von protestantischen Gläubigen führten dazu, dass bis in die 1730er-Jahre mehrere Hunderttausend Hugenotten – Schätzungen gehen von 200 000 bis 750 000 Flüchtlingen aus –, in die protestantischen Länder Europas, vor allem in die Niederlande, nach England und in verschiedene Territorien des Deutschen Reiches wie zum Beispiel Preußen, aber auch nach Nordamerika flüchteten (Duchhardt 2007, S. 23ff.). Der wirtschaftliche Aufstieg dieser Länder ist mit dem calvinistisch motivierten Arbeitsethos der Flüchtlinge in Verbindung gebracht worden – eine sozialhistorische These, die insbesondere durch Max Webers Werk *Die protestantische Ethik und der ‚Geist' des Kapitalismus* (1904) Eingang in die historische Forschung gefunden hat.

> Edikt von Fontainebleau

DIE ERWEITERUNG DES HORIZONTS

Abbildung 3: Unbekannter Künstler: Kupferstich (Verfolgung und Ermordung der Protestanten nach der Aufhebung des Edikts von Nantes) (1685)

Folgen des Edikts von Fontainebleau

Das Edikt von Fontainebleau führte zu Aufständen innerhalb Frankreichs und zu einer oppositionellen Koalition protestantischer Länder (Preußen, Schweden, Niederlande), der sich auch der Kaiser des Heiligen Römischen Reiches, der Habsburger Leopold I., und Kurfürst Max Emanuel von Bayern in der Augsburger Allianz (1686) anschlossen. In der Auseinandersetzung um die Pfälzer Erbfolge eskalierte dieser Konflikt (Pfälzer Erbfolgekrieg 1688–97), in dem nun auch der neue englische König, Wilhelm von Oranien, an die Seite der Allianz getreten war. Dieser Krieg war nur einer unter vielen Konflikten zwischen dem imperialen Frankreich und dem Reich im Rahmen des Zweiten Dreißigjährigen Krieges (1667–97) und er brachte auch keine eindeutigen Sieger hervor: Ludwig, der die Macht der Großallianz wahrscheinlich überschätzt hatte, konnte zwar

Straßburg und das Elsass endgültig für sein Territorium gewinnen, musste aber im Gegenzug Wilhelm als König von England anerkennen.

Dennoch war Frankreich der große ideologische Verlierer der Auseinandersetzung: Ludwig XIV. wurde zur Symbolfigur der absoluten Orthodoxie – und ist es bis heute. Dagegen erscheint Wilhelm von Oranien als strahlender Held des Sieges der Freiheit, der *Glorious Revolution* von 1688/89. In der *Glorious Revolution* wurde der jahrzehntelange Konflikt zwischen Königtum und Parlament in England zugunsten des Parlaments entschieden. Der vorangegangene blutige Bürgerkrieg (1642–49) hatte König Karl I. den Kopf gekostet und zu einer Diktatur des Lordprotektors Oliver Cromwell geführt (1653–58), die mit der Inthronisierung Wilhelms und vor allem durch die Verabschiedung der *Bill of Rights* („Gesetz der Rechte") im Jahre 1689 endgültig beendet wurde. Erst nachdem Wilhelm den parlamentarischen Mitbestimmungsrechten dieses Gesetzes zugestimmt hatte, wurde er zum König ernannt.

Ludwig XIV. verlor nicht nur sein Gesicht, als er den Wahlkönig anerkennen und damit die Unterstützung des zu ihm geflohenen, rechtmäßigen Thronerben Jakob II. fallen lassen musste. Er verlor die Zustimmung der öffentlichen Meinung auf dem Kontinent und wurde zur Projektionsfigur der Kritiker am Absolutismus. Auch wenn England gegenüber Frankreich als ein wenig hinterwäldlerisch und kulturell ungelenk erschien, so schuf die Toleranz in diesem Land offensichtlich die Möglichkeit, weniger kunst- als wirkungsvolle geistige Blüten zu treiben. 1695 wurde vom House of Commons das Gesetz zur Abschaffung der regierungsamtlichen Vorzensur nicht erneuert und damit ausgesetzt. Obwohl nur indirekt zugebilligt, war damit in England die Zensur praktisch abgeschafft. Mit dem beginnenden neuen Jahrhundert und dem Regierungsantritt von Königin Anne im Jahr 1702 kamen aus England wirkmächtige Publikationen, vor allem von den Philosophen John Locke und Isaac Newton, aber auch von Literaten und Publizisten wie Alexander Pope, Jonathan Swift, John Arbuthnot, Joseph Addison und Richard Steele. Maßgeblichen Anteil an dieser Englandbegeisterung auf dem Kontinent hatten die immer populärer werdenden Englandreisen, aber vor allem die religiös und politisch motivierten Fluchtbewegungen, die viele Schriftsteller ins englische Exil zwangen. Dort nahmen die Exilanten die Sprache und Literatur ihres Zufluchtsorts an, aber auch die anderer Emigrierter, und berichteten über die Missstände und Verfolgungen in ihrem Heimatland.

Niederlande Eine zentrale Mittlerposition kam dabei den Niederlanden zu, wo Flüchtlinge und ausländische Studenten auf hochrangige Gelehrte trafen. Die freie Republik hatte Royalisten, Republikanern und religiös Verfolgten Exil geboten und wurde nun zum Umschlagplatz für die Ideen der europäischen Frühaufklärung: Beispielhaft sei die vom französischen Philosophen Pierre Bayle (1647–1706) seit 1684 fortgeführte Zeitschrift *Nouvelles de la République des lettres* genannt, die als neuartiges Periodikum Kulturgrenzen älterer Projekte dieser Art überwand. Bayle setzte seine publizistische Arbeit in den Niederlanden fort. Mit seiner Frage *Ce que c'est que la France toute catholique sous le règne de Louis le Grand* (Was das allerkatholischste Frankreich unter der Herrschaft Ludwigs des Großen [in Wahrheit] ist, 1686), hatte er Frankreichs Religionspolitik öffentlich angeprangert und der Lächerlichkeit preisgegeben.

Preußen Aber auch andere Staaten profitierten von der politischen und ideologischen Kräfteverschiebung in Europa: Preußen machte sich nach geschickten Arrondierungen seines Territoriums durch einen Winkelzug zum Königtum, die in der Selbstkrönung Friedrich I. (1657–1713) 1701 gipfelte. König Friedrich Wilhelm I. (1688–1740) vermochte es, diesem anmaßenden Akt, Staatsaufbau, Verwaltung und Militär anzupassen. Sein Sohn Friedrich II. (1712–86) stärkte dann den außenpolitischen Status Preußens (Burkhardt 2006, S. 170ff.) und verfolgte den Anspruch, ein aufgeklärter, toleranter Herrscher zu sein. Der Konstellationswechsel in Norddeutschland führte dazu, dass Preußen Frankreich den Rücken kehrte und sich mit Frankreichs traditionellen Bundesgenossen Schweden und dem Kaiser ins Einvernehmen setzte. Dieser Prozess wurde durch das Edikt von Potsdam (1685) unterstützt, in dem den Hugenotten nicht nur ein sicherer Zufluchtsort, sondern auch Privilegien und Subventionen zugesichert wurden. Die damit verbundene konfessionelle Toleranz verband sich mit einer vorausschauenden Wirtschaftspolitik, in der sich eine neue Auffassung des zukunftsplanenden, umfassenden Regierens ausdrückte.

Kaiserhof in Wien Auch am Kaiserhof in Wien war eine entsprechende Rationalisierung des politischen und ökonomischen Bereichs in Form einer neuartigen Politikberatung zu verzeichnen. Sie bestimmte die österreichische Verwaltungsreform im 18. Jahrhundert, die schließlich sogar der Verwaltungsreform in Preußen als überlegen angesehen werden kann (→ **KAPITEL 13.3**).

Die Skala von Autorität und Freiheit wird neu ausgemessen: Dogmatismus stellt sich als religiöse und wissenschaftliche Rückwärtsgewandtheit, Ignoranz und Intoleranz dar. Inwiefern der Toleranzbegriff von den neuen Autoritäten für ihre Zwecke instrumentalisiert wurde, wird noch zu erörtern sein. Die Zeichen der Zeit gehörten der vernunftgemäßen, rationalen Erschließung der Welt.

2.2 Was versteht man unter der wissenschaftlichen Revolution?

Es ist Konsens in der Wissenschaftsgeschichte, dass das neue wissenschaftliche Weltbild, das sich grundlegend vom christlichen Weltbild unterschied, im 16. Jahrhundert seinen Ausgang nahm und im 17. Jahrhundert theoretisch fundiert und schließlich durch die Aufklärung durchgesetzt wurde. Seltener wird indessen verhandelt, was dabei eigentlich unter „Wissenschaft" zu verstehen ist. Entspricht unser heutiger Begriff von Wissenschaft überhaupt den Vorstellungen des 17. und 18. Jahrhunderts?

Wissenschaftliches Weltbild

Ein Blick in die großen zeitgenössischen Lexika (Chambers, Zedler, Encyclopédie) zeigt ein überraschend einheitliches Bild: Aufgeführt werden nicht einzelne Disziplinen oder gar Naturwissenschaften, auf die der englische Begriff von „science" heute verengt ist, sondern „Wissenschaft" ist der Überbegriff für die Art und Weise, wie man Wissen von etwas erlangt.

Wissenschaftsbegriff

Der entscheidende Umbruch in den Wissenschaften des 17. und 18. Jahrhunderts erfolgte daher weniger durch das, was man entdeckte – die zentralen kosmologischen und geografischen Entdeckungen waren im 15. und 16. Jahrhundert gemacht worden (Christoph Columbus, Vasco da Gama, Nikolaus Kopernikus, Galileo Galilei, Johannes Kepler). Entscheidend war vielmehr die Form, wie man Entdeckungen machte: durch Erfahrung und Beobachtung; heute würde man sagen: „auf dem Wege der Empirie". Da die gegenwärtige Verfahrensweise in den Wissenschaften und insbesondere in den Naturwissenschaften nahezu ausschließlich auf empirischen Methoden beruht, kann man sich nur schwer vorstellen, dass dies einmal anders gewesen sein soll. Genau darin liegt jedoch die Sprengkraft der wissenschaftlichen Revolution: Im 17. Jahrhundert wurde dieser Methode zur Anerkennung und im 18. Jahrhundert zur Durchsetzung in vielen Wissenssphären verholfen. Wie verlief dieser Übergang?

Wissenschaftliche Methode

Der Lehrbetrieb der frühneuzeitlichen Universitäten war – wie die Wissenschaften des Mittelalters – in ein streng hierarchisches System

Frühneuzeitliche Universitäten

gegliedert. An den Universitäten gab es vier Fakultäten: die drei höheren (Theologie, Jurisprudenz und Medizin) und die sogenannte vierte, später philosophische Fakultät, die mit verschiedenen Fächern eine Art Grundstudium (*studium generale*) bereitstellte. Diese Fächer waren wiederum – der aristotelischen Systematik folgend – eingeteilt in das Trivium (Grammatik, Rhetorik, Dialektik) und das Quadrivium (Arithmetik, Geometrie, Astronomie, Musik). Fächer der heutigen Universität, wie etwa Physik, Chemie, Biologie, Geschichte, Geografie oder Philologien, konnte man in der Frühen Neuzeit nicht studieren, wiewohl die Fragen aus diesen Wissensbereichen den Zeitgenossen auf den Nägeln brannten.

Dieser Umstand fand seine Begründung darin, dass erfahrungsgebundenen Erkenntnissen damals ein untergeordneter erkenntnistheoretischer Rang zugemessen wurde. Man betrachtete die menschlichen Sinne als täuschungsgefährdet, weshalb nur Sätze, die der reinen Logik standhielten, als wahr und universell gültig erwiesen werden konnten: Sinnliche Beobachtungen und Erfahrungen galten als partikulare, flüchtige Wahrnehmungen, aus denen keine überzeitlichen Wahrheiten abgeleitet werden konnten. Anders als in unserem modernen Wissenschaftsverständnis, in dem Wissenschaft als Rahmen stetig wachsender, sich ständig erneuernder Erkenntnisprozesse angesehen wird, war für das traditionelle, scholastische Wissenschaftsverständnis das Sichern und Beschränken der Wissensbestände von grundlegender Bedeutung. Wissen wurde daher in kanonischen Schriften bewahrt, nach bestimmten Regeln ausgelegt und sich durch stetige Wiederholung angeeignet. Die kanonischen Schriften, wie die Bibel oder Werke der Antike (vor allem von Aristoteles), gaben allerdings keinerlei Auskunft zu den neuen – auch durch verbesserte Geräte möglich gewordenen – Beobachtungen und kosmologischen Phänomenen. Der deutliche Zuwachs an Wissen war mit den herkömmlichen Autoritäten nicht länger zu bewältigen und konnte folglich auch nicht mehr in das herkömmliche Wissensgefüge integriert werden. An die Stelle logischer Wahrheitskriterien trat nun das Kriterium der Alltagserfahrung. Die wissenschaftliche Revolution bestand daher in einer Aufwertung der Erfahrung, die zur Grundlage eines empirisch fundierten Weltbildes wurde. Das Vermögen der Kontrolle und Interpretation von Wahrnehmungen lag damit nicht mehr in einer formallogischen Urteilsbegründung, sondern in der Vernunft des einzelnen Individuums. Den traditionellen Einwand gegen die Subjektivität dieser Methode versuchte man durch Strategien zur besseren allgemeinen Nachvollziehbarkeit (Intersubjektivität) auszuräumen:

Die neue Objektivität basierte auf Augenzeugenschaft (Autopsie) und Wiederholungen (Experiment), Überprüfung (Beweis) und mittelfristiger Theoriebildung (Daston/Galison 2007, S. 9ff.).

Der Rationalismus der Frühaufklärung, der einen Gottesbeweis aus reiner Logik angestrebt hatte, und im Falle seines Scheiterns immer der Gefahr des radikalen Skeptizismus ausgesetzt war, hatte eine philosophische Alternative gefunden: den Empirismus, der um den Preis der Wahrheit zumindest plausible Antworten auf die neuen Fragen geben konnte. Besonderer Erfolg war jedoch den wissenschaftlichen Ergebnissen beschieden, die aus ihren empirischen Einzelbeobachtungen eine universell gültige rationale Theorie bestätigen konnten. Darin lag der besondere Erfolg des Newtonschen Gravitationsgesetzes: Auf neuem wissenschaftlichen Wege konnte vermittels eines einzigen Gesetzes die Einzigartigkeit und Vollkommenheit der Schöpfung bewiesen werden. Newtons Gravitationsgesetz

Doch gerade an der Person Newtons wird in der jüngeren Forschung Skepsis an der Meistererzählung der Wissenschaftsgeschichte und der Radikalität der wissenschaftlichen Revolution festgemacht. Es sei eine Fehldeutung, Newton zum Stammvater der empirischen Naturwissenschaften zu erklären; vielmehr müssten dessen religiöse Prägung und alchimistischen Interessen in die Analysen miteinbezogen werden. Die neuere Wissenschaftsgeschichte versucht verstärkt, den anachronistischen Blick zu vermeiden und die Philosophen des 17. und 18. Jahrhunderts in ihren eigenen Kontexten zu verstehen. Die eindeutige Abgrenzung verschiedener wissenschaftlicher Deutungsmuster wird zugunsten eines Nebeneinanders verschiedener Traditionen (religiöses und säkulares Weltbild, Esoterik, Rationalismus, Empirismus) aufgehoben. Wissenschaftsgeschichtliche Perspektiven

Der skeptische Blick auf die wissenschaftliche Revolution als radikaler Neuanfang (Shapin 1998, S. 9ff.) und die kritische Frage, wie viel Tradition in der modernen Wissenschaft steckt (Latour 1998, S. 152ff.), haben in der jüngeren Forschung zu etlichen Neubewertungen von Wissenschaftlern, Methoden, Praktiken und Disziplinen geführt. Der Umstand, dass es gerade wissensgeschichtliche und erkenntnistheoretische Aspekte sind, die eine neue Beurteilung des 18. Jahrhunderts ermöglichten, machen die Wissenschaftsgeschichte innerhalb der Frühneuzeitforschung zu einem der anhaltend produktivsten Segmente (Porter 2003). Tradition und moderne Wissenschaft

2.3 Radikale Aufklärung und Frühaufklärung

Die Vorstellung, wissenschaftliche Revolutionen hätten das christliche und wissenschaftliche Weltbild jäh voneinander getrennt, hat sich in der Forschung nicht durchgesetzt. Bestehen blieb die These, dass sich im Verlauf der Frühen Neuzeit ein sukzessiver Erkenntniswandel vollzog, der in verschiedene Phasen eingeteilt werden kann:

Sukzessiver Erkenntniswandel

1. Die kosmologischen Entdeckungen in der zweiten Hälfte des 16. Jahrhunderts schaffen die Grundlage für die Ablösung des mittelalterlichen Weltbildes (wissenschaftliche Revolution).
2. Die politischen Veränderungen des ausgehenden 17. Jahrhunderts führen zu einer Radikalisierung der neuen Deutungsangebote (Frühaufklärung).
3. Im letzten Drittel des 18. Jahrhunderts können radikale Programme in politische Forderungen übersetzt werden (Spätaufklärung).

Phasen der Aufklärung

In der ersten Phase wird das religiöse Deutungsmodell, das bis dahin maßgeblich auf der Logik der aristotelischen Scholastik basierte, auf eine alternative Grundlage – etwa die mechanistischen Interpretationen von Kosmos und Welt – gestellt. Diese Interpretationen konnten sich in der zweiten Phase, der Frühaufklärung, auch erkenntnistheoretisch im Rationalismus konsolidieren (René Descartes, Isaac Newton, Gottfried Wilhelm Leibniz). Bis auf wenige Ausnahmen, nämlich die Denkansätze der radikalen Aufklärung (Thomas Hobbes, Baruch de Spinoza etc.), war der Ausgangspunkt dieser Theorien jedoch weiterhin die vollkommene Schöpfung des allwissenden Schöpfers. Erst in der dritten Phase, der Spätaufklärung, konnten sich atheistische und pantheistische Strömungen fest etablieren. Dieses Phasenmodell verfolgt eine enge Verbindung von Wissenschaftsgeschichte, Politik- und Sozialgeschichte und Ideengeschichte (Jacob 2001, S. 15ff.).

Alle besagten geistigen Hauptströmungen sind nach Auffassung der amerikanischen Historikerin Margaret C. Jacob dadurch charakterisiert, dass sie nicht die herrschende Meinung ihrer Zeit repräsentierten, sondern von einer gelehrten Avantgarde getragen wurden, die sich häufig politischen Verfolgungen ausgesetzt sah. Die Avantgarde der Avantgarde in der zweiten Phase, also die Strömung der radikalen Aufklärung innerhalb der Frühaufklärung, bildet demnach das ideelle Rückgrat der Epoche. Zur Untermauerung dieser These werden vor allem zwei Argumente angeführt: Erstens habe sich das radikale Ferment der Aufklärung – anders als die Frühaufklärung im Allgemeinen – grundlegend von Humanismus und Renaissancephi-

Radikale Aufklärung

losophie unterschieden (Israel 2002, S. VIf.). Zum anderen antizipiere die radikale Aufklärung Ideen, die – anders als vielfach behauptet – nicht in der Spätaufklärung entwickelt wurden, sondern nur popularisiert und – schlimmer noch – verwässert worden seien. Die vor allem von dem amerikanischen Historiker Jonathan Israel vertretene These wird an der dauerhaften Wirksamkeit einzelner Autoren und Texte erhärtet, insbesondere an dem niederländischen Philosophen jüdischer Herkunft, Baruch de Spinoza (1632–77), dessen Schriften zum Sinnbild der Heterodoxie wurden. Seine besondere Bedeutung drückt sich auch in der frühen Substantivbildung des „Spinozismus" aus. Die Brisanz von Spinozas Thesen zu Metaphysik, Ethik, Politik und Erkenntnistheorie erschließt sich aus heutiger Perspektive kaum, was allerdings die zeitgenössische Aufregung gerade verständlich macht. Denn Spinozas Thesen erscheinen sehr modern, etwa seine Vorstellung, dass es keinen Gegensatz von Geist und Materie gibt, sondern nur eine Ursubstanz (Gott), die sich in allem Seienden (Natur) wiederfindet: Gott ist Natur und Natur ist Gott. Diese Vorstellung, für die der irische Philosoph John Toland (1670–1722) den Begriff des „Pantheismus" prägte, hatte später starken Einfluss auf herausragende Vertreter der deutschen Hoch- und Spätaufklärung wie Gotthold Ephraim Lessing und Johann Gottfried Herder. Auch Spinozas historisch-kritische Lektüre der Bibel, die ihren Offenbarungscharakter infrage stellt, seine Analyse der sozialdisziplinierenden Wirkung von religiöser Gesetzgebung und damit die funktionalistische Interpretation der Religionen im Allgemeinen, basierten auf Vorstellungen, die eher mit der Spätaufklärung in Verbindung gebracht werden.

<small>Baruch de Spinoza und „Spinozismus"</small>

Dennoch sollten Ideen einer Zeit nicht nur an ihrem unzeitgemäßen Charakter, ihrer „Modernität", gemessen werden. Es erscheint vielmehr sinnvoll, sie im zeitgenössisch gültigen Kräftespiel zwischen Autorität und Freiheit einzuordnen. Aus historischer Perspektive bemisst sich dieses Kräftespiel nicht nach allgemein und überzeitlich gültigen Werten, sondern nach den Bedingungen des Regelsystems der Orthodoxie und den Möglichkeiten der Heterodoxie. Der Philosoph Gottfried Wilhelm Leibniz (1646–1716) entwickelte, ebenfalls in kritischer Auseinandersetzung mit Descartes' Geist-Materie-Dualismus, eine völlig andere Vorstellung des Weltganzen als Spinoza: seine Monadenlehre als eine quasi physikalische Deutung vom göttlichen Wirken in der Welt; nämlich in ihren kleinsten, aber vollkommenen Einheiten (Monaden). Die Frage nach dem „Wie, auf welche Weise konstituiert sich der Zusammenhang von Kosmos und Welt?" ist der

<small>Aufklärung zwischen Autorität und Freiheit</small>

Indikator für den Erkenntniswandel an der Wende vom 17. zum 18. Jahrhundert. Der Blick des Menschen hinter die Himmelspforte offenbart neue Welten hinter der einen Welt. Einen neuen Zusammenhang herzustellen obliegt der reflektierenden Erkenntnis des Betrachters. Das Ergebnis ist keine Offenbarungswahrheit, sondern bleibt immer Theorie – ob nun als omnipräsente Ursubstanz oder als Wirksamkeit von Monaden.

Fragen und Anregungen

- Erläutern Sie, auf welch verschiedene Weise sich der Übergang vom 17. zum 18. Jahrhundert charakterisieren lässt.

- Durch welche politischen Ereignisse vollzieht sich eine ideologische Frontstellung in Europa?

- Benennen Sie die wesentlichen Kennzeichen des Erkenntniswandels in den Wissenschaften an der Wende vom 17. zum 18. Jahrhundert.

- Beschreiben Sie die Debatte um die „wissenschaftliche Revolution" in der Frühen Neuzeit und ihre Bedeutung für die Aufklärungsforschung.

- Erläutern Sie, was unter radikaler Aufklärung zu verstehen ist.

Lektüreempfehlungen

Quellen
- Pierre Bayle: Historisches und kritisches Wörterbuch. Eine Auswahl der philosophischen Artikel, hg. v. Günter Gawlick und Lothar Kreimendahl, 2 Bände, Hamburg 2003–06. *Auszugsweise Publikation der bedeutendsten Enzyklopädie der Frühaufklärung mit sehr guter Einleitung.*

- Raffaele Ciafardone: Die Philosophie der deutschen Aufklärung. Texte und Darstellung, bearbeitet v. Norbert Hinske und Rainer Specht, Stuttgart 1990. *Gute Quellenübersicht der gesamten Aufklärung, insbesondere zur Frühaufklärung.*

- Christian Thomasius: Ausgewählte Werke, Bd. 12: Versuch vom Wesen des Geistes oder Grund-Lehren so wohl zur natürlichen Wissenschaft, als der Sitten-Lehre [1699], hg. v. Kay Zenker,

Hildesheim 2004. *Grundlagentext zur Erkenntnistheorie der Frühaufklärung.*

- **Baruch de Spinoza: Ethik, Schriften und Briefe**, hg. v. Friedrich Bülow, Stuttgart 1982. *Zusammenstellung verschiedener Texte Spinozas.*

- **Johannes Burkhardt: Vollendung und Neuorientierung des frühmodernen Reiches 1648–1763**, (Gebhardt Handbuch der deutschen Geschichte, Bd. 11), Stuttgart 2006. *Klassisches Handbuch in hervorragender Neufassung.*   Forschung

- **Heinz Duchhardt: Barock und Aufklärung: Das Zeitalter des Absolutismus**, (Oldenbourg Grundriss der Geschichte, Bd. 11), 4. neubearbeitete u. erweiterte Auflage, München 2007. *Studierendenfreundliche Einführung mit Forschungsteil.*

- **Jonathan Israel / Martin Mulsow (Hg.): Radikalaufklärung**, Berlin 2014. *Hervorragender Band, der die wichtigsten Protagonisten der Debatte um die Radikalaufklärung versammelt.*

- **Margaret Jacob: The Enlightenment. A Brief History with Documents**, Boston / New York 2001. *Empfehlenswerte Einführung in die gesamte Epoche.*

- **Anthony Pagden, The Enlightenment: And Why It Still Matters**, Oxford 2013. *Beste neuere englischsprachige Überblicksdarstellung zur Aufklärung, die den Weltbildwandel ins Zentrum stellt.*

- **Richard van Dülmen / Sina Rauschenbach (Hg.): Macht des Wissens. Die Entstehung der modernen Wissensgesellschaft**, Köln u. a. 2004. *Umfassendes Kompendium zur Wissenschaftsgeschichte der Frühen Neuzeit.*

3 Die Erfahrung der Welt

Abbildung 4: Philipp Balthasar Sinold von Schütz: Frontispiz, *Reales Staats-, Zeitungs- und Conversationslexikon* (20. Auflage, 1744)

DIE ERFAHRUNG DER WELT

Das Frontispiz des äußerst erfolgreichen, seit 1704 vielfach neu aufgelegten „Realen Staats- Zeitungs- und Conversations-Lexicons" ziert eine allegorische Darstellung der Neuvermessung der Welt: Chronos, der Gott der Zeit, unterstützt die Dame Geographia darin, die Erde neu zu beschreiben. Der umtriebige Leipziger Verleger Johann Friedrich Gleditsch (1653–1716) prägte mit diesem Werk den Begriff des „Konversationslexikons", dessen Ansatz es war, die Leser der vielfältigen Berichterstattung aus fremden Ländern mit den wichtigsten Fachtermini vertraut zu machen. Der nach dem Verfasser der Vorrede Johann Hübner (1668–1731) sprichwörtlich gewordene „Hübner" kam damit dem kaum zu stillenden Bedürfnis der Zeitgenossen nach, alles über die verschiedenen Teile der Welt zu erfahren und am eigenen Land zu messen, um dann gelehrt darüber zu „conversiren". Der Hübner berichtete über geografische und architektonische Gegebenheiten, Adelsgenealogien, Reichstage, gelehrte Gesellschaften, Gerichtsentscheidungen, Währungen und Maßeinheiten, Kriegs-, Waffen- und Schiffstechnik sowie vielem mehr aus fremden Ländern.

Die sprunghaft anwachsende Publizistik im 18. Jahrhundert weckte die Neugier der Europäer auf Nachrichten aus aller Welt. Langsam eröffnete sich die Möglichkeit, Monografien, Periodika, Lexika und Zeitungen in Bibliotheken, Lesezirkeln und Lesegesellschaften einzusehen. Diese frühe Institutionalisierung des Lesens erlaubt Einsichten in die Lesegewohnheiten der Menschen des 18. Jahrhunderts. Reisebeschreibungen gehörten zum populärsten Lesestoff der Epoche der Aufklärung: ob als fiktionaler Text wie in Jonathan Swifts *Gullivers Reisen* (1726), als gespiegelte Introspektive wie in Montesquieus *Persischen Briefen* (1721), als ‚über Bande' gespielte Gesellschaftskritik wie in Voltaires *Briefen aus England* (1734) oder natürlich als Dokumentation des Reisenden selbst wie in Georg Forsters *Reise um die Welt* (1777). Sie boten das Quellenmaterial, um über die Welt ebenso viel zu erfahren wie über sich selbst. Die Neuvermessung der Welt verdeutlicht in besonderer Weise den doppelten Charakter des Aufklärungskonzeptes: einerseits die Sammlung neuer Fakten und die Öffnung für neue Erkenntnisse und andererseits die Reflexion dieser Erkenntnisse im Hinblick auf die eigene Standortbestimmung.

3.1 **Die Neuvermessung der Welt im 18. Jahrhundert**
3.2 **Veränderte Menschenbilder: Naturgeschichte und Anthropologie**
3.3 **Fremdheit und Identität**

3.1 Die Neuvermessung der Welt im 18. Jahrhundert

Ähnlich wie bei den kosmologischen Erkenntnissen ist bemerkenswert, dass die zentralen geografischen Entdeckungen bereits vor der Epoche der Aufklärung gemacht wurden. Afrika, Asien, Nord- und Südamerika befanden sich nahezu in den heutigen Umrissen auf den Landkarten der europäischen Seefahrer des 18. Jahrhunderts. Allegorien der vier Kontinente Europa, Asien, Afrika und Amerika bildeten eines der beliebtesten Motive barocker Darstellungen. Weniger genau kannte man indessen die Südhalbkugel der Erde, jenseits des 40. Breitengrades, wo man seit der Antike einen Südkontinent – die *terra australis incognita* – vermutete. Erst der britische Kapitän und Kartograf James Cook (1728–79) verzeichnete auf seiner ersten Weltumsegelung 1768–71 ausgehend von Tahiti die genaue Küstenlinie Neuseelands und betrat als erster Europäer die Ostküste Australiens. Zudem konnte Cook mit seiner Umrundung der Antarktis auf weiteren Reisen zeigen, dass – anders als in der Antike angenommen – Indischer und Atlantischer Ozean ineinander übergehen und die riesige Landmasse der sagenhaften *terra australis* nicht existiert.

Geografische Entdeckungen

James Cook

Angesichts dieses doch vergleichsweise mageren Befundes an Neuentdeckungen im 18. Jahrhundert stellt sich die Frage, wieso das Zeitalter der Aufklärung als Neubeginn der Vermessung der Welt gilt. Offenbar geht es nicht nur darum, *was* entdeckt wurde, sondern *wie* diese Entdeckungen vermittelt wurden bzw. auf welche Weise sich die Verarbeitung der Erkenntnisse veränderte. Was also bewirkte den Wandel im Umgang mit den Informationen, die schon seit geraumer Zeit aus zahlreichen Entdeckungen und Eroberungen bekannt waren?

Wandel im Umgang mit Informationen

Gerade die kaum von der Eroberung zu trennende Entdeckung Amerikas – der neuen Welt – (Bitterli 2006, S. 11ff.) stellte im Verlauf der Frühen Neuzeit eine extreme Herausforderung für das von der Schöpfungsgeschichte bestimmte Weltbild dar. Die Irritation bestand hauptsächlich darin, den aus alteuropäischer Perspektive barbarischen Status der indigenen Völker Amerikas zu erklären. Wie konnte es sein, dass die ‚Wilden' sowohl ihrer inneren und äußeren Verfassung nach in einem Stadium lebten, das durch die Erzählung der Genesis nicht abgedeckt war oder doch als längst abgeschlossen galt? Darüber hinaus machten die Entdeckungen und die damit einhergehende koloniale Inbesitznahme es auch ethisch und rechtlich er-

Herausforderung für das christliche Weltbild

forderlich, die Usurpation des Landes ebenso wie die Versklavung der Bevölkerung zu legitimieren. Der unbestrittene Ausgangspunkt einer solchen Begründung war der universale christliche Herrschaftsanspruch, theoretisch untermauert durch die aristotelische Logik und die Autorität der Kirchenväter. Diese erste Phase der Legitimationsstrategien des 16. und frühen 17. Jahrhunderts lässt sich folglich durch Versuche zur Integration der neuen Erkundungen in das christliche Weltbild charakterisieren.

Eine deutliche Veränderung dieser Argumentationsstruktur findet durch die langsame Verbreitung der Naturrechtsphilosophie im Verlauf des 17. Jahrhunderts statt. Allem voran durch die Schriften des niederländischen Rechtsgelehrten Hugo Grotius (1583–1645), der das überzeitlich gültige Naturrecht darauf zurückführte, dass der Mensch ausnahmslos ein vernunftbegabtes soziales Wesen sei. Schulbildend wirkte diese Auffassung, die insbesondere durch den deutschen Völkerrechtslehrer Samuel Pufendorf (1632–94) vertreten wurde und die sich grundlegend von der Theorie der Entstehung des Naturzustandes aus dem „Krieg aller gegen alle" eines Thomas Hobbes unterschied: Demnach verließen die Menschen den Naturzustand, indem sie sich durch einen freien Willensakt vergesellschafteten. Pufendorfs strenge Trennung von Naturrechtslehre und Moraltheologie, die zwischen den Pflichten des Menschen und des Bürgers unterscheidet, verwickelte ihn in verschiedene Debatten mit der kirchlichen Orthodoxie, aus denen er allerdings mehr Anhänger als Gegner gewann. Nach Jahren politischer und historiografischer Tätigkeit am schwedischen Hof unter Karl XI. folgte Pufendorf dem Ruf Friedrich Wilhelms III. als Berater und Hofhistoriograf nach Preußen. Seine philosophische Grundlegung der Rechtssicherung im vor- und außerstaatlichen Raum war besonders für die Lage der Hugenotten nach dem Edikt von Fontainebleau (1685) von besonderem Belang. Das zeigen auch die verschiedenen Rezeptionslinien und Übersetzungen. Sowohl Pufendorfs Hauptwerk *Acht Bücher vom Völkerrecht* (*De jure naturae et gentium*, 1672) als auch die überarbeitete Lehrbuch-Fassung *Über die Pflicht des Menschen und des Bürgers* (*De officio hominis et civis*, 1674) dienten im protestantischen Europa als Grundlage moralphilosophischer Vorlesungen; so zum Beispiel dem schottischen Philosophen Gershom Carmichael (1672–1729), der dadurch eine maßgebliche Rolle für die Ausrichtung der Anthropologie in der schottischen Aufklärung spielte. Besondere Bedeutung erlangte die Übersetzung des reformierten französischen Flüchtlings Jean Barbeyrac (1674–1744), die erheblichen

Einfluss auf die Weiterentwicklung der Naturrechtstheorie in den Niederlanden und in der Schweiz hatte (Haakonssen 2006, S. 251ff.). Dennoch ist Pufendorfs rationale Begründung des Naturzustandes nicht als Kritik an der biblischen Überlieferung oder am Offenbarungsglauben selbst angelegt, sondern sie versteht sich vielmehr als vernünftige Rekonstruktion der biblischen Wahrheit (Zedelmaier 2003, S. 26). Insofern findet sich auch hier noch der Vorsatz, die neuen geografischen und ethnologischen Erkenntnisse mit den traditionellen Wissensbeständen zu vereinbaren.

Doch blieb die rechtsphilosophische Begründung des Naturzustandes nicht folgenlos für die Deutung des Verhältnisses zwischen neuer und alter Welt. Die Debatte, ob es sich bei den ‚Barbaren' überhaupt um Menschen handele bzw. wie ihre untergeordnete Stellung aus der Hierarchie der Kreaturen Gottes erklärt werden könnte, wurde abgelöst von der Idee, dass sich die ‚Wilden' noch in dem Urzustand befänden, den die eigene Gesellschaft bereits überwunden hätte. Durch die Verweltlichung des Rechts, also die Ableitung des Rechts aus der vernünftigen Natur des Menschen und damit seine Universalisierung durch die gleichbleibende menschliche Natur – wie etwa bei den Philosophen Christian Thomasius (1655–1728) und vor allem Christian Wolff (1679–1754) – konnte die Einheit des Menschengeschlechts wieder hergestellt werden. Der englische Philosoph John Locke (1632–1704) brachte diese naturrechtliche Überlegung für das Verhältnis von alter und neuer Welt auf die einfache Formel „So war anfangs [...] die ganze Welt ein *Amerika*" (Locke 2007b, S. 46).

Verhältnis zwischen neuer und alter Welt
Verweltlichung des Rechts

Auf dieser Basis war es möglich, das Fremd- und Anderssein (*altérité*) der ‚wilden' Völker durch zumindest rhetorisch angelegte Vergleiche mit historisch entlegenen Gesellschaften zu nivellieren. In dieser Weise verfuhr der französische Jesuitenpater Joseph-François Lafitau (1681–1746). In seinem Werk *Mœurs des sauvages amériquains comparées aux mœurs des premiers temps* (*Die Sitten der amerikanischen Wilden im Vergleich zu den Sitten der Frühzeit*, 1724) lieferte er mittels detaillierter Beschreibung einen der ersten umfassenden Berichte der Lebensgewohnheiten der nordamerikanischen Indianer. Lafitau, der selbst fünf Jahre unter den Eingeborenen in Kanada gelebt hatte, wollte sowohl seinen Gastgebern wie auch seinen Erkenntnisobjekten ethnologische Gerechtigkeit angedeihen lassen. Er setzte die Indianer deshalb nicht einem direkten synchronen Vergleich aus, sondern verglich sie mit ähnlichen Kulturen im historischen Raum. Mit seiner präzisen Charakterisierung der Irokesen- und Huronen-Stämme am St. Louis-Strom schrieb Lafitau gegen

Lafitaus Modellstudie der Indianer

die in Europa verbreitete Vorstellung von den zivilisationslosen Barbaren an. Damit revidierte er die vorherrschende Beurteilung der Indianergemeinschaft als recht-, sitten- und gottlose Gesellschaft (Pagden 1996, S. 222f.). Lafitau versuchte zwar, die eigenständige Kulturleistung der Indianer anzuerkennen, allerdings um den Preis, sie in eine systematische, europäisch geprägte Sittengeschichte zu integrieren und ihnen dort einen statischen, unhistorischen Rang zuzuweisen. Als Resultat dieser Überlegungen hatte er seinen Bericht als Vergleich zwischen den Indianern und den Hellenen der homerischen Frühzeit angelegt und damit eine analytische Modellstudie geschaffen. Lafitaus neue Methode bestand darin, dass er seine Berichte auf eigenes Anschauungsmaterial stützte – und nicht wie so viele seiner Vorgänger auf das Hörensagen. Diese selbst erhobenen Daten verifizierte er anschließend durch einen Abgleich mit Überlieferungen aus der antiken Tradition.

Neue analytische Methode

Damit entsprach Lafitau dem neuen, auf Augenzeugenschaft (Autopsie) vertrauenden Wissenschaftsideal, das er zugleich durch antike Autoritäten absicherte. Trotz des Bemühens um eine adäquate Situierung der neuen Welt in der alten, bewahrte auch diese Methode den neugierig-distanzierten Blick auf die ‚Wilden' als ein unzeitgemäßes Phänomen. Diese Perspektive sollte sich erst im weiteren Verlauf des 18. Jahrhunderts wandeln.

Autopsie

3.2 Veränderte Menschenbilder: Naturgeschichte und Anthropologie

Grundlegende Bedeutung für die veränderte Wahrnehmung des Menschen im 18. Jahrhundert hatte das wissenschaftliche Ordnungssystem der Naturgeschichte. Die *historia naturalis* (Naturgeschichte) war traditionell der Wissensspeicher für die empirisch erhobenen Daten aus der Natur. Diese Daten wurden wiederum verschiedenen Klassifikationssystemen unterworfen. Europaweite Berühmtheit als Systematiker erlangte der schwedische Botaniker und Naturforscher Carl von Linné (in der latinisierten Schreibweise Linnaeus, 1707–78). In seinem Hauptwerk *System der Natur* (*Systema Naturae*, 1735) unterteilte er die Natur in nur drei Bereiche: Mineralien, Pflanzen und Tiere. In der zehnten Auflage dieses Werkes (1758) führte Linné die binominale Beschreibung ein, die er für die Klassifikation (Taxonomie) der Pflanzen entwickelt hatte: Statt ein Objekt mit einer willkürlichen langen Benennung zu versehen, bezeichnete

Ordnungssystem der Natur

Carl von Linnés Systema Naturae

nun der erste Name die Gattung und der zweite Name (Epitheton) die Art. Dieser formale Akt der Einrichtung einer bestimmten Nomenklatur stellte scheinbar nur eine Vereinfachung dar. Für die wissenschaftliche Beschäftigung mit der eigenen Spezies Mensch war diese Systematik jedoch äußerst folgenreich: Linné hatte den Menschen, vormals als die Krönung der Schöpfung angesehen, nicht nur der Tierwelt zugeordnet, sondern er unterschied den Menschen nur durch das Epitheton „sapiens" von der Gattung der Menschenaffen, deren kategoriale Zuordnung noch verschiedene Philosophen des 18. Jahrhunderts beschäftigte (Lord Monboddo, Johann Gottfried Herder).

Obwohl Linné ein sehr gläubiger Christ war, hatte er mit diesem Verfahren den unbestrittenen Rang des Menschen auf der höchsten Stufe in der Hierarchie der Wesen zumindest relativiert. Die entscheidende Veränderung bestand darin, dass der Mensch nicht außerhalb des Tierreiches stand, sondern dass sein Aussehen, seine Fortpflanzung, seine Ernährung etc. – genau wie die aller anderen Naturwesen – zum Gegenstand wissenschaftlicher Forschungen gemacht wurde.

Mensch und Tier

Während Linnés System noch einen statisch-klassifizierenden Charakter hatte, ging der französische Naturforscher Georges-Louis Leclerc, Comte de Buffon (1707–88) in seiner *Histoire naturelle générale et particulière* (*Naturgeschichte*, 1749–88) noch einen Schritt weiter. Dieses Werk umfasst 36 Bände und hat eine Schlüsselposition im Veränderungsprozess der Naturgeschichte. Denn Buffon plädiert hier in Abgrenzung zu Linnés taxonomischem System für eine alternative Methode in der Erfassung der Natur. Diese sollte in einer „physischen" Vorgehensweise bestehen, die den Vorgängen in der Natur nach Buffons Auffassung mehr entsprach als Abstraktionen. Für ihn waren es weniger die einzelnen Phänomene der Natur als ihr Verhältnis zueinander, ihre Antriebe und Abfolgen, deren Analyse der Erforschung der Natur angemessen sei. Buffon fasste die Ganzheit der Natur als einen abstrakten, überzeitlichen Rahmen auf. Damit war die Natur „eine fortwirkende Arbeit" und die Zeit ihr „Arbeiter", wodurch die Veränderung der Erde und der sie belebenden Gattungen zum eigentlichen Forschungsgegenstand der *Histoire naturelle* avancierte. Der Mensch war ein Bestandteil dieser Dynamisierten Naturgeschichte, weshalb sich Buffon weniger für das Individuum als für die Gattung interessierte: die Naturgeschichte der Menschheit (Reill 2005).

Obwohl die vor allem durch Michel Foucault hervorgehobene Bedeutung von Buffon für den Wandel der Naturgeschichte kritisiert wurde (Blanckeart 1993, S. 40), bestätigt der vielfache Rekurs durch die Zeitgenossen auf seine Schriften die von Foucault konstatierte, enorme Wirkung. Auch wenn seine verschiedenen Theorien zur Entstehung der Erde und den Epochen der Erd- und Menschheitsgeschichte umstritten waren, so wurden seine Schriften ebenso von hochrangigen Gelehrten als auch von einer breiteren Öffentlichkeit rezipiert (Sloan 2003, S. 176ff.). Zeitgenössische Lexikoneinträge unter den Stichwörtern „Mensch", „Naturgeschichte" und „Moralphilosophie" (*Encyclopædia Britannica* 1771, S. 270) zeigen, dass Buffons Theorien in der zweiten Hälfte des 18. Jahrhunderts geradezu kanonische Bedeutung erlangten.

Verzeitlichung der Naturgeschichte
Die Naturgeschichte ist damit nicht mehr ausschließlich ein Datenspeicher, sondern liefert selbst eine Folie zum Verständnis der Natur: die Entwicklung und Geschichte der Naturphänomene. Die Verzeitlichung der Naturgeschichte (Lepenies 1978) findet ihren Ausdruck in einer neuartigen Form der Geschichte des Menschen, die ihre Erzählung nicht mehr mit der Genesis in Einklang zu bringen versucht, sondern die Menschheit aus ihrer Entstehungsgeschichte heraus begreifen möchte. Die *Philosophischen Muthmassungen über die Geschichte der Menschheit* (1764) des Schweizer Philosophen Isaak Iselin (1728–82) bieten ein frühes Beispiel einer solchen Naturgeschichte des Menschen, aber auch die *Sketches of the History of Man* (*Versuche über die Geschichte des Menschen*, 1774) des schottischen Philosophen und Richters Lord Kames (1696–1782). Beide Vorschläge zur Rekonstruktion der Menschheitsgeschichte waren Antworten auf eine Preisfrage der Berner Patriotischen Gesellschaft von 1762 (Meyer 2008, S. 244). Anders allerdings als die späteren geschichtsphilosophischen Entwürfe (→ KAPITEL 14.3) konzentrierten sich diese Arbeiten auf das Individuum und nicht auf die Gattung. In Anlehnung an das entwicklungsgeschichtliche Konzept Buffons wurde der Mensch als integraler Bestandteil der Geschichte der Natur interpretiert. Die Untersuchung des Menschen in seinen naturhaften Lebensumständen – quasi unter Laborbedingungen wie in Reisebeschreibungen oder historischen Berichten vermittelt – sollte dazu beitragen, die Gesellschaftsordnung, die Ethik und das Rechtssystem nicht mehr normativ, sondern mit empirischen Studien zu begründen. „Ein Versuch die experimentelle Erkenntnismethode in die Moralphilosophie einzuführen" lautete der Untertitel des richtungsweisenden *Treatise of Human Nature* (1739/40; *Ein Traktat über*

die menschliche Natur), durch den der schottische Philosoph David Hume seinen Ruf als Atheist und Materialist begründet hatte.

Für diese neuartige „Wissenschaft vom Menschen" entstaubte der deutsche Mediziner und Philosoph Ernst Platner (1744–1818) den älteren scholastischen Begriff der *anthropologia*. Mit Anthropologie bezeichnete er eine empirisch erneuerte Menschenkunde und nicht mehr nur die philosophische Debatte um das Verhältnis von Körper und Seele. Platners *Anthropologie für Aerzte und Weltweise* (1772) wurde viel gelesen und galt in der deutschen Literatur schon kurz nach ihrem Erscheinen als Standardwerk. Der Mediziner Platner wurde aufgrund seiner physiologischen Grundlegung der Moralphilosophie neben den berühmten französischen und britischen Denkern gerade in der Popularphilosophie als Reformer der traditionellen Bestimmung der Philosophie angesehen. Insgesamt lässt sich seit der Mitte des 18. Jahrhunderts ein Trend ablesen, in dem die Philosophen sich zunehmend von der Klärung metaphysischer Fragen zurückziehen und sich auf die Analyse der physischen, geistigen und historischen Verfassung der eigenen Gattung konzentrieren (Beetz/Garber/Thoma 2007). Die Anthropologie bildete die wissenschaftliche Basis des Weltbildes in der Aufklärung.

Anthropologie

Gewappnet mit diesem geistigen Rüstzeug, Iselins Menschheitsgeschichte im Gepäck, nimmt der 17-jährige Georg Forster (1754–94) zur Unterstützung der naturkundlichen Forschungen seines Vaters Johann Reinhold Forster (1729–98) an James Cooks zweiter Weltumsegelung von 1772 bis 1775 teil. Die Berichte von den Erkundungsfahrten werden nicht länger Seeleuten, Missionaren und Abenteurern überlassen, sondern akademisch ausgebildetem Personal. Georg Forsters *A Voyage Round the World* (*Reise um die Welt*, 1777) macht ihn nach seiner Rückkehr zu einem gefeierten Autor. Seine Schilderung fremder Völkerschaften hat sich von der Begeisterung für Kuriositäten in den Reiseberichten des 17. und frühen 18. Jahrhunderts weit entfernt. Forster beschreibt die Begegnung mit den fremden Zivilisationen emphatisch als Kontakt mit dem Kindheitsstadium der eigenen Zivilisation. Der Vergleich der Kulturstadien dient ihm auch dazu, die Korruption in der eigenen Gesellschaft zu entlarven. Georg Forsters politisches Engagement während der Französischen Revolution ist von seinen anthropologischen Studien nicht zu trennen (van Hoorn 2004, S. 177ff.). Das Sammeln geografischer, botanischer, ethnologischer und anthropologischer Daten ist kein Nebenprodukt der Reisetätigkeit mehr – vielmehr werden Expeditionen zu wissenschaftlichen Zwecken unternommen. Die

Georg Forsters Reise um die Welt

Wissenschaftliche Expeditionen

Expeditionen konnten ihr Ziel im Orient haben, wie die berühmte Arabienreise (1761–67) des Mathematikers und Forschungsreisenden Carsten Niebuhr (1733–1815), aber auch in europäische Nachbarstaaten oder unmittelbar benachbarte Landschaften führen.

Neue Ordnung der Welt

Der Mensch hatte in sich selbst und in seiner Umgebung ein neues Studienobjekt gefunden. Die irritierende Vielfalt der Welt konnte in eine neue Ordnung gebracht werden. In der Vorstellung von anthropologischer Uniformität und historischer Differenz war die Einheit der Menschheit wiederhergestellt. Die Begegnung mit dem Fremden wurde nun nicht mehr als Kuriosität bestaunt oder als Verunsicherung empfunden, sondern als sinnstiftend für ein neues Weltbild erfahren.

3.3 Fremdheit und Identität

Stellenwert der Anthropologie

Die Auseinandersetzung mit der Anthropologie und Völkerkunde des 18. Jahrhunderts gehört zu den neueren Themen der Aufklärungsforschung. Initial wirkten auf diesem Gebiet vor allem die Arbeiten des französischen Philosophen Michel Foucault. Er sah im Wandel der Naturgeschichte einen Kernbereich des Umbaus der Wissenschaften an der Wende vom 17. zum 18. Jahrhundert. Im Feld der sammelnden *historia naturalis* und ordnenden Naturgeschichte wird der Übergang von einem repräsentierenden zu einem historisierenden Bewusstsein für Foucault besonders deutlich. Die bis in die 1970er-Jahre vorrangig ideengeschichtlich ausgerichtete Erforschung des 18. Jahrhunderts maß den Naturhistorikern und Anthropologen – unter anderem den sogenannten Popularphilosophen und ihren etwas kurios anmutenden Theorien über die Vielfalt der Völker, wilden Menschen und Orang-Utans – nur einen untergeordneten philosophiehistorischen Rang zu. Lange Zeit teilte die Forschung die Bedenken Immanuel Kants gegen die Versuche von Autoren wie Ernst Platner, dem Mathematiker und Philosophen Johannes Nikolaus Tetens (1736–1807) sowie dem Professor für Weltweisheit in Göttingen, Christoph Meiners (1747–1810), die Anthropologie zu einer eigenständigen Wissenschaft machen zu wollen. Für Kant stand nicht die empirische Menschenkenntnis im Vordergrund, also „die Erforschung dessen, was die Natur aus dem Menschen macht", sondern das, was der Mensch „als freihandelndes Wesen aus sich selber macht, oder machen kann und soll". Nicht die „Erkenntnis der *Sachen* in der Welt" konnte seiner Ansicht nach die Basis der Anthropologie sein, sondern „wenn sie die Erkenntnis des Menschen als *Weltbürger* enthält". Die empirisch basierte Anthropologie blieb für Kant ohne Rückbezüge zur Metaphysik Stückwerk (Kant 1998c, S. 399).

Ähnlich kritisch wurden die Versuche zur Naturgeschichte der Menschheit und Menschheitsgeschichtsschreibung des 18. Jahrhunderts von der Historiografiegeschichte beurteilt und nur selten in die großen Darstellungen aufgenommen. Die fachspezifisch separierten Disziplinengeschichten verorteten die Etablierung von institutionalisierter Anthropologie, Ethnologie, Biologie und Geschichtswissenschaft erst im 19. Jahrhundert. Die späteren Disziplinengrenzen verdeckten folglich den Blick auf eines der fruchtbarsten Forschungsfelder des 18. Jahrhunderts: die Entdeckung des Humanen. Seit den Pionierstudien der Philosophen Georges Gusdorf (1912–2000) und Sergio Moravia (*1940) vorrangig zu Frankreich sind etliche Einzeluntersuchungen entstanden (Wolff/Cipolloni 2007; für die Literaturwissenschaft vgl. → ASB KOŠENINA). Eine große systematische Darstellung der Anthropologie des 18. Jahrhunderts und vor allem ihres Verhältnisses zur Naturgeschichte steht allerdings noch aus.

Entdeckung des Humanen

Ein grundlegend verändertes Bild der Aufklärung konnte indessen die überaus reiche Forschung zu Reisetätigkeit und Reiseberichten im 18. Jahrhundert vermitteln. Die Begegnung mit dem Fremden und die sich daraus ergebenden Lehren wurden dabei weniger retrospektiv als ethnologisches Quellenmaterial bewertet, sondern schienen mehr Erkenntnisse über die Gesellschaft der Aufklärer als über außereuropäische Völkerschaften zu geben. Methodische Ansätze aus der Ethnologie halfen dabei, das objektive Referenzverhältnis von Beschreibenden und Beschriebenem zu problematisieren. Neben verschiedenen Studien des Ethnologen Michael Harbsmeier (z. B. *Wilde Völkerkunde*, 1994) hat Jürgen Osterhammel maßgeblich zu einer neuen Deutung der Distanzerfahrung im 18. Jahrhundert angeregt (Osterhammel 1989, S. 9ff.). Der veränderte Umgang mit der Textsorte des Reiseberichts als Spiegel des Beschreibenden ließ auch die wenigen spektakulären Beschreibungen ferner Länder und fremder Völkerschaften wieder näher an die vielen kleinen Erfahrungsberichte innerhalb Europas rücken. Auch die europäischen Reisen erlangten damit neue Aufmerksamkeit in der Debatte um eine europäische Identität (Maurer 1999b, S. 287). Reiseberichte liefern damit hervorragende Quellen für mentalitätsgeschichtliche Fragestellungen in der Erforschung des 18. Jahrhunderts. Mit ihrer Hilfe kann der nur schwierig nachzuweisenden Hypothese eines Bewusstseinswandels in

Bedeutung der Reiseberichte

Europäische Identität

der Epoche der Aufklärung nachgegangen werden. In der Lese- und Kommunikationsforschung hat die Reiseliteratur bislang nur wenig Interesse gefunden. Fruchtbar gemacht wurde sie indessen für die neueren Studien zum Kulturtransfer im 18. Jahrhundert. Hier werden keine linearen Rezeptionsgeschichten verfolgt, sondern es wird der Versuch unternommen, den interkulturellen Austausch zu rekonstruieren (Despoix/Fetscher 2004).

Neue Studien zum Kulturtransfer

Fragen und Anregungen

- Was versteht man unter dem Ansatz der „Neuvermessung der Welt" im 18. Jahrhundert?
- Charakterisieren Sie zentrale Positionen der Naturrechtsphilosophie.
- Vergleichen Sie die Menschenbilder in der Naturrechts- und in der Aufklärungsphilosophie.
- Beschreiben Sie den Wandel des Naturgeschichtskonzepts im 18. Jahrhundert am Beispiel geeigneter Autoren.
- Warum werden Naturgeschichte und Anthropologie in der zweiten Hälfte des 18. Jahrhunderts zu einem Modestudium?
- Erläutern Sie, welche Erkenntnisse die Analyse der Reiseliteratur für die Erforschung des 18. Jahrhunderts verspricht.

Lektüreempfehlungen

Quellen

- Encyclopæpdia Britannica; Or a Dictionary of Arts and Sciences, Compiled Upon a New Plan. In which the different Sciences and Arts are digested into distinct Treatises or Systems, 3 Bände, Edinburgh 1768–71 (Reprint, Chicago 1979). *Stets konsultierenswerte erste Auflage des berühmten Lexikons.*
- Georg Forster: Reise um die Welt [1777], hg. und mit einem Nachwort v. Gerhard Steiner, Frankfurt a. M. 1983. *Der Bericht eines der wenigen Augenzeugen unter den Weltreisenden in der deutschen Spätaufklärung.*

- Immanuel Kant: Anthropologie in pragmatischer Hinsicht [1798], in: ders., Werke in sechs Bänden, hg. v. Wilhelm Weischedel, Bd. VI, Darmstadt 1998. *Kants posthum erschienenen Anthropologievorlesungen.*

- John Locke: Zweite Abhandlung über die Regierung [1690], kommentiert v. Ludwig Siep, Frankfurt a. M. 2007. *Neue, gut kommentierte und günstig anzuschaffende Edition des Klassikers.*

- Urs Bitterli: Die Entdeckung Amerikas. Von Kolumbus bis Alexander von Humboldt, München 1991, Neuausgabe 1999. *Frühe Zusammenschau der Amerikareisen.*

Forschung

- Jürgen Goldenstein: Georg Forster. Zwischen Freiheit und Naturgewalt, Berlin 2015. *Ausgezeichnete neue Biographie Forsters, die dem Facettenreichtum dieses Lebens entspricht.*

- Knud Haakonssen: German Natural Law, in: Mark Goldie / Robert Wokler (Hg.), The Cambridge History of Eighteenth Century Political Thought, Cambridge 2006, S. 251–290. *Hervorragender Überblick zum Thema Naturgeschichte.*

- Michael Harbsmeier: Wilde Völkerkunde. Andere Welten in deutschen Reiseberichten der Frühen Neuzeit, Frankfurt a. M. u. a. 1994. *Starker Impuls aus der Ethnologie.*

- Anthony Pagden: Das erfundene Amerika. Der Aufbruch des europäischen Denkens in die neue Welt, München 1996. *Kluge Hinweise zum Weltbildwandel durch die Erfahrung der Welt.*

- Larry Wolff / Marco Cipolloni: The Anthropology of the Enlightenment, Stanford 2007. *Breite Zusammenstellung neuerer Beiträge.*

4 Die Entdeckung der Ungleichheit

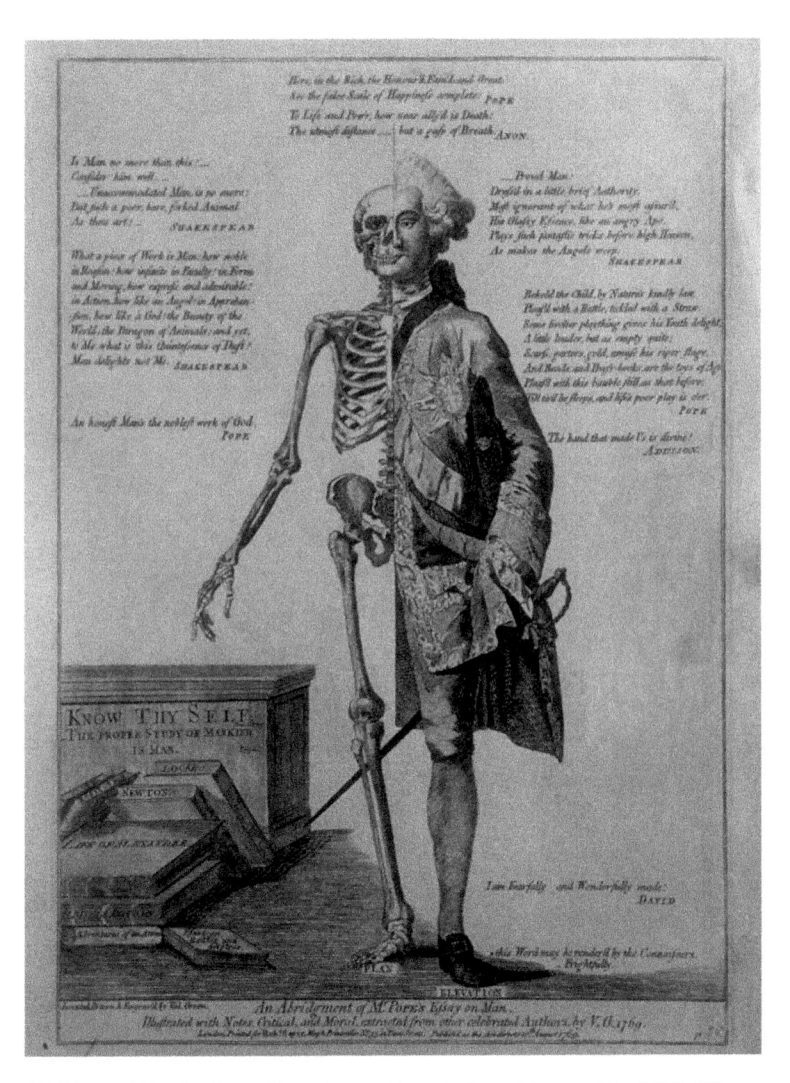

Abbildung 5: Valentine Green: Illustration zu Alexander Popes *Essay on Man* (1732–34)

DIE ENTDECKUNG DER UNGLEICHHEIT

Es erscheint zunächst paradox, für das 18. Jahrhundert die „Entdeckung der Ungleichheit" zu reklamieren. Kaum eine Gesellschaft war so stark von Ungleichheit geprägt wie die ständische Ordnung im Europa der Frühen Neuzeit. Und doch offenbart die Illustration zu einem der beliebtesten Gedichte der Aufklärungszeit – dem „Essay on Man" des englischen Poeten Alexander Pope (1688–1744) –, dass man die Ungleichheit erst als solche wahrnehmen musste, um die Gleichheit der Menschen neu zu begründen. Der Edelmann auf dem Kupferstich von Valentine Green ist mit allen Merkmalen der Distinktion ausgestattet, die auf einen hohen sozialen Status hinweisen. Er trägt kostbare, dem Geschmack der Zeit entsprechende Kleidung: einen Frack aus Brokat und Seide, Kniebundhosen oder „Culotte", ein Schwert, einen Orden und eine gepuderte Perücke. Doch diese Merkmale bleiben nur äußerlich. Ein Memento Mori offenbart die Gleichheit aller Menschen vor dem Tode. Die Ungleichheit ist vom Menschen gemacht, während die Natur die Gleichheit unter den Menschen vorsieht.

Die ständische Gesellschaft mit ihren klar festgelegten Hierarchien durch Titel, Status, Kleidung etc. war in der frühneuzeitlichen Vorstellung Teil der göttlichen Ordnung. Über Stand, Rang oder Position des Einzelnen in der Gesellschaft entschied die Geburt. Diese geburtsrechtliche Ordnung nicht als unumstößlich, sondern als gewachsen oder konstruiert anzusehen, war eine Vorstellung des 17. Jahrhunderts – sie zu verändern, eine Idee des 18. Jahrhunderts. Die Konfrontation mit anderen Gesellschaftsformen – und der daraus resultierende Vergleich in geografischer oder historischer Hinsicht – war auch in diesem sozialpolitischen Kontext von großer Bedeutung. Ein anderer grundlegender Aspekt war die Verflüssigung der Grenzen zwischen den Ständen. Dieser Prozess unterminierte zugleich die Unhinterfragbarkeit der ständischen Ordnung. Erst die Möglichkeit der Überwindung von Standesgrenzen schuf die Basis für eine Kritik am Feudalismus als ungerechter, Ungleichheit schaffender Gesellschaftsform.

4.1 **Die ständische Ordnung**
4.2 **Gesellschaftlicher Wandel durch Pluralisierung**
4.3 **Konzepte der Gleichheit**

4.1 Die ständische Ordnung

So treffend es ist, das 18. Jahrhundert als Phase des gesellschaftlichen Übergangs in die Moderne zu charakterisieren, so grundlegend unterscheidet sich die Lebenswelt dieses Jahrhunderts von der heutigen. Im gegenwärtigen Denken sind alle Menschen von Geburt an gleich und sie haben zumindest die Möglichkeit, ihre soziale Stellung im Leben mitzubestimmen – diese Vorstellung findet im Begriff der „Chancengleichheit" ihren Ausdruck. Dagegen ist die frühneuzeitliche soziale Ordnung maßgeblich vom geburtsständischen Prinzip beherrscht. Das heißt, dass die Herkunft des Vaters über sozialen Stand, Rechtsstellung, Beruf und Gruppenzugehörigkeit entscheidet. Ein fundamentaler Unterschied zu modernen Gesellschaften besteht insbesondere bei der Differenzierung und Festlegung der Rechtsstellung der Personen, aber auch im systematischen Ausschluss sozialer Mobilität, den diese Ordnung konstitutiv vorsieht (Gall 1993, S. 3ff.). [Geburtsständisches Prinzip]

Der Soziologe Max Weber (1864–1920) entwickelte für diese Sozialordnung den Begriff der „Ständischen Lage". Danach erfolgt die „soziale Schätzung", wie er es nennt, nicht ausschließlich durch Geldbesitz, sondern durch eine bestimmte „Lebensführungsart", die Abstammungs-, Berufs- und Sozialprestige des Individuums bestimmt. Die soziale Distinktion der ständischen Gesellschaft bemisst sich daher weniger nach ihrem Erwerbs- und Konsumverhalten als vielmehr nach „sozialer Ehre" (Weber 2005, S. 226ff.). Die Kategorie der Ehre ist dabei keine vernachlässigungswürdige Äußerlichkeit, sondern der wesentliche Modus, nach dem sich gesellschaftliche Identität und Wertschätzung richtet. Ehre, Ehrverletzung und der Umgang mit letzterer offenbaren die Manifestationen der gesellschaftlichen Grenzen zwischen den Ständen, also des Adels, des Militärs, der Kleriker, der Bauern, aber auch der sogenannten unterständischen Schichten. [Max Weber] [„Soziale Ehre"]

An Webers idealtypisierendem Zugriff wurde kritisiert, dass er auf die moderne Klassengesellschaft hinziele. Dennoch lässt sich aus seiner Definition das zentrale Charakteristikum der ständischen Ordnung ableiten: die durch Geburt bestimmte Übereinstimmung von Selbsterhaltungsweise, Rechtsstatus und Lebensform. Das für die moderne Gesellschaft typische Gegenüber von Staat und Gesellschaft oder von „öffentlich" und „privat" ist in der Frühen Neuzeit noch unbekannt. In dieser Zeit bestimmt die ständische Lage einer Person in jeglicher Hinsicht ihre Lebensform: den Status im Herrschaftsgefüge über die Mög- [Ständische Lage] lichkeiten der Kommunikation und die Heiratspläne bis hin zur Kleiderordnung. Anders als die Klassengesellschaft ist die ständische Ordnung Ausdruck eines Rechtsgefüges, das nicht an eine allgemeingültige Verfassung gebunden ist, die für alle gleichermaßen gilt. Rechte und Pflichten ergeben sich aus der jeweiligen Korporation, der man qua Stand angehört: also der Dorfgemeinde, der Stadt, der Grafschaft, der Universität, dem Kloster etc. (Stollberg-Rilinger 2011, S. 70).

Ständegesellschaft

Die Vorstellung einer nach Ständen gegliederten Gesellschaft findet ihre Grundlage im christlich-abendländischen Weltbild. Nach diesem hat jeder Mensch einen ihm von Gott zugedachten Rang, und er verhält sich dann gottgefällig, wenn er seinen durch Geburt gegebenen Platz in der Welt einnimmt, die daran gebundenen Verpflichtungen erfüllt und sich entsprechend ‚standesgemäß' verhält. Die feudale Ordnung unterschied drei Stände: den Adel, die Geistlichkeit (Klerus) und die Bauern. Eine stärker hierarchisierende Struktur ergab sich insbesondere durch die Funktionen, die den Ständen seit dem Mittelalter zugewiesen wurden: der Adel dem „Wehrstand", der Klerus dem „Lehrstand" und die Bauern dem „Nährstand". Diese „ordo-Konzeption" der Gesellschaft erhält sich bis ins 18. Jahrhundert. Allerdings fehlt in dieser Ordnung noch das Bürgertum, dessen Entstehung und Rolle als so bedeutsam für den gesellschaftlichen Umbruch in der Epoche der Aufklärung angesehen wird.

Tatsächlich war die Geschichte der Frühen Neuzeit von Konflikten innerhalb der ständischen Ordnung geprägt. Nichtsdestotrotz blieb diese Gesellschaftsstruktur über einen langen Zeitraum erstaunlich stabil. Dies ist nicht zuletzt auf zunehmende Interventionen der Obrigkeit in Phasen der Erschütterung der ständischen Ordnung zurückzuführen, vor allem auf den Ausbau des monarchischen Gewaltmonopols und der Fürsorge (Schulze 2002, S. 139ff.). So ist es nicht ohne eine gewisse Ironie, dass im Prozess des Aufstiegs der monarchischen Gewalt in Europa und der damit einhergehenden systematischen Zurückdrängung des Adels gerade jene Schicht befördert wurde, die später die soziale Basis der Herrschaftskritik bilden sollte: das Bürgertum. Durch die Ausweitung des Staatsapparates in den europäischen Monarchien erlangte seit dem ausgehenden 17. Jahrhundert die Schicht der bürgerlichen Gebildeten eine immer größere Bedeutung: Männer im Dienste der Monarchen oder der lokalen Obrigkeiten, also Juristen, Pfarrer, Beamte und Gelehrte. Diese Berufsgruppen verfügten zwar meist nicht über materielle Unabhängigkeit, doch durch ihre Möglichkeiten der Einflussnahme in staatlichen Funktionen wuchs ihr Selbstbewusstsein.

Herausbildung des Bürgertums

DIE STÄNDISCHE ORDNUNG

Das Bürgertum definierte sich in der Frühen Neuzeit ursprünglich über die Zugehörigkeit zum Rechtsraum der Städte. Die spezifische zunft-und gildenförmige Verfassung der Städte verlor im Verlauf des 18. Jahrhunderts an Einfluss, sodass die Bezeichnung „bürgerlich" zu einem Sammelbegriff einer sich stark verändernden heterogenen sozialen Schicht wurde. Trotz der Heterogenität und unterschiedlichen Ausprägung dieser Gesellschaftsschicht in den europäischen Ländern lassen sich zwei Prozesse hervorheben, die in ganz Europa die Entwicklung des Bürgertums begünstigten: Der jenseits der Kleingewerbe- und lokalen Handwerksgrenzen expandierende Handel und die Frühindustrialisierung ließen das Besitzbürgertum anwachsen. Diese Schicht expandierte sowohl in starken Handelsstaaten wie England als auch unter dem Schild des Merkantilismus wie etwa in Frankreich und wurde zu einer potenten gesellschaftlichen Größe. Vor allem im statischen Gefüge der französischen Ständegesellschaft verschafften die in Handel, Industrie und Staatspacht erwirtschafteten Vermögen den Bürgern die Möglichkeit, durch den Kauf von Ämtern und Privilegien den sozialen Aufstieg in den Adel zu erreichen. In England hingegen führte dieser Prozess zur Stärkung der *gentry* – dem niederen Adel. Damit verbunden war eine sukzessive Auflösung der Grenze zwischen niederem Adel und Besitzbürgertum, das sich dadurch wiederum deutlicher von den unterständischen, plebejischen Schichten abgrenzte. Die Entstehung des Bildungsbürgertums aus der anwachsenden Nachfrage nach Staatsdienern war besonders im Heiligen Römischen Reich ein hervorstechendes Phänomen, da in den souveränen Fürstenstaaten die juristischen, fiskalischen und polizeilichen Aufgaben stark anstiegen. Durch die Anwartschaft auf Ämter und die langsam zunehmende Professionalisierung solcher Beamtenstellen und anderer akademischer Berufe erhöhte sich auch die Zahl der mittellosen Akademiker, die sich mehr schlecht als recht mit Hauslehrerstellen und Gelegenheitspublizistik über Wasser hielten. Das „symbolische Kapital" (Pierre Bourdieu), das die Bürger von den unterständischen Schichten trennte, bestand in der „Bildung", die im 18. Jahrhundert zumindest im Anspruch ständeübergreifend war. Dennoch hatte sich mit den gebildeten Ständen eine klar identifizierbare Schicht zwischen den Adel und das ‚gemeine Volk' geschoben. Das Bildungsbürgertum war in der sozialen Hierarchie sowohl nach oben als auch nach unten durchlässig und entwickelte deshalb auch neue Formen der Identitätsbildung und Abgrenzung.

Wachsende Bedeutung des Bürgertums

Besitzbürgertum

Bildungsbürgertum

4.2 Gesellschaftlicher Wandel durch Pluralisierung

Die Konzentration auf die Entstehung des Bürgertums in den Städten hat lange vom Alltag des Großteils der Gesellschaft im 18. Jahrhundert abgelenkt: dem Leben der Bauern auf dem Lande. Dieses Leben wies bei aller Unterschiedlichkeit in den europäischen Regionen eine Gemeinsamkeit auf: Es war geprägt von einer lokalen Herrschaft, die über Grund und Boden verfügte und dessen Bestellung der Adelsstand über verschiedene Formen der Gutsherrschaft (Fron, Pacht, Rente etc.) delegierte (Trossbach 1993, S. 6ff.). Diese Agrarstruktur war hoch differenziert: Grundbesitzer konnte der Landesherr, ein Kloster oder ein Gutsbesitzer sein; bei den Bauern reichte das Spektrum von Hofbesitzern über Bewirtschafter kleiner Höfe bis hin zu sogenannten Neusiedlern, die über kein eigenes Land verfügten und keinen Zugang zur Allmende, das heißt dem gemeinschaftlich genutzten Landeigentum, hatten. Die Gesamtheit dieser unterbäuerlichen Schichten nahm in manchen Gegenden (wie z. B. Schlesien) im Verlauf des 18. Jahrhunderts stark zu.

Wichtige Ursachen dafür lagen zum einen in erbrechtlichen Regelungen, die in vielen europäischen Regionen Teilungen des bäuerlichen Besitzes vorsahen – Realteilung statt geschlossener Vererbung –, zum anderen im starken Bevölkerungswachstum nach dem Dreißigjährigen Krieg.

Häufiger noch als die Bauern wird in der Forschung die größte Gruppe der Bevölkerung vernachlässigt: die Menschen, die keinerlei ständische Herrschaftsrechte hatten und deren Heterogenität im Begriff der „unterständischen Schichten" synthetisiert wurde (von Friedeburg 2002, S. 1). Auf dem Lande fasst man darunter Personen, die der Vormundschaft eines Bauern unterstanden: das Gesinde, die Knechte und Mägde. Mit der Zunahme unterbäuerlicher und unterständischer Schichten wuchs auf dem Dorf das Konfliktpotenzial. Das weckte sowohl den staatlich-interventionistischen – wie in Preußen und später auch in den österreichischen Erblanden – als auch den aufgeklärt-erzieherischen Reformeifer: Bevölkerungsumsiedlung (Peuplierung) und Bauernbefreiung waren bei Aufklärern und aufgeklärten Herrschern gleichermaßen beliebte Reformziele – häufig gegen den erbitterten Widerstand der zu reformierenden Gruppen.

Mit zahlreichen Konzepten und Reformen wurde auf die allmähliche Auflösung der ständischen Grenzen reagiert, die den Adel ebenso wie die Bauern betraf. Der Hochadel – Monarchen und Fürsten – konnte seine Stellung nach den Konfessionskriegen im 17. Jahrhundert ausbauen. Mit diesem Zuwachs an Macht ging der Versuch einher, den landsässigen Adel enger anzubinden und sich gleichzeitig von ihm abzugrenzen, was sich in einer immer aufwendiger werdenden Hofhaltung und einem komplexen höfischen Zeremoniell äußerte. Diese Prozesse vertieften den sozialen Abstand zum niederen Adel und zur allgemeinen Bevölkerung, was jedoch zunächst keinen Anstoß erregte, sondern als klarer Ausdruck von göttlicher Gewalt und Ordnung angesehen wurde. Höfische Repräsentation, Bälle, Konzerte, Jagden, Paraden und Revuen waren Teil des barocken Welttheaters (*theatrum mundi*). Der Soziologe Norbert Elias (1897–1990) hat für die Entwicklung des französischen Hofes in der Frühen Neuzeit gezeigt, inwiefern Luxus und Verschwendung am Hofe Ludwigs XIV. eine Konsequenz des Übergangs vom traditionellen Lehenswesen (Wehrdienst und Bodenvergabe) hin zur kapitalisierten Form der Hoheit über Grund und Boden war. Diese mittelbare Form der Herrschaft musste sich neu, durch eine in der Prachtentfaltung klar artikulierte Überlegenheit, legitimieren (Elias 1983, S. 222ff.).

Norbert Elias

Das eifersüchtige Ringen um Stand und Ehre innerhalb des Adels wurde insbesondere dadurch geschürt, dass die Zahl der Nobilitierungen – der Erhebungen in den Adelsstand – im 17. Jahrhundert stark anstieg. Das Recht zur Nobilitierung oblag dem Monarchen und im Reich einzig dem Kaiser. Dieser machte trotz des Widerstandes des älteren Adels bei Kaufleuten, Unternehmern, Offizieren, Beamten und Gelehrten seit dem ausgehenden 17. Jahrhundert vermehrt von diesem Recht Gebrauch. So vergab er etwa den Titel, wenn die Bewerber verschuldete Güter kauften, deren Besitz ihnen gleichzeitig den Zugang zum Landtag ermöglichte. Dadurch wurde der Lehensgedanke weiter aufrecht erhalten, da die neuen Besitzer den Stand gleich mit erwarben. In anderen europäischen Ländern war der Erwerb des Adelstitels ebenfalls an den Besitz von Gütern gebunden. Der Titel konnte aber beispielsweise in Frankreich auch für erhebliche Geldbeträge in Verbindung mit einem hohen Staatsamt erworben werden. Die Konkurrenz trat folglich an jenen Stellen auf, wo der niedere Adel nicht ausreichend kapitalstark war, um mit den Kommerzialisierungs- und Kapitalisierungsprozessen in Landwirtschaft und Handel Schritt zu halten. Bürgerliche Unternehmer waren hier häufig erfolgreicher und erwirtschafteten bessere Erträge auf ruinösen Gütern, wodurch sie eine Nobilitierung erlangten. Sie konnten nur durch eine immer diffiziler werdende Abgrenzung des Altadels davon abgehalten werden, innerhalb der Stände aufzusteigen. Andererseits kann auch beobachtet werden, dass Teile des niederen Adels

Nobilitierungen

Niederer Adel

aus finanziellen oder ideologischen Gründen nicht in den Konkurrenzkampf der höfischen Lebensform traten, sondern dem neuen Ideal der Bildung entgegenkamen. Ihre Kinder ließen sie durch Hauslehrer erziehen, Jesuitengymnasien und später Universitäten besuchen. Die auf den engeren familiären Bereich bezogene adelige Lebensform korrespondierte mit der Ausbildung eines Typs von Edelmann, der durch Bildung und eigene Tätigkeit – und nicht durch seine angeborene Stellung – zum *pater familias* (Hausvater) seiner Herrschaft wurde. Mit diesem Selbstverständnis rückte der niedrige Adel deutlich in die Nähe des bürgerlichen Hausvaterideals (→ KAPITEL 13.1).

<small>Neuer Typ des Edelmanns</small>

Grundsätzlich lässt sich seit dem ausgehenden 17. Jahrhundert eine starke Pluralisierung der ständischen Ordnung feststellen, die sich nicht auf die Ausbildung einer bürgerlichen Gesellschaft begrenzen lässt. Die Aufklärung reagierte auf die gesellschaftlichen Sollbruchstellen, die der Pluralisierungsprozess innerhalb der ständischen Ordnung hinterlassen hatte. Der von den Aufklärern immer wieder formulierte Anspruch, eine Gesellschaftskritik jenseits der ständischen Ordnung formulieren zu wollen, war mehr als ein Lippenbekenntnis (Möller 1986, S. 290). Die bürgerlich-aufgeklärte Kritik an der höfischen Lebensform und die Angst vor den ungebildeten, unterständischen Schichten waren Ausdruck der neuen Perspektive auf die eigene Lebenswelt. Die Gesellschaftsordnung wurde nicht mehr als gottgewollt anerkannt: die soziale Ungleichheit war entdeckt. Für die Aufklärungsphilosophie ergab sich daraus die zentrale Herausforderung, die Genese der Ungleichheit und ihre verschiedenen Erscheinungsformen gesellschaftstheoretisch zu analysieren. Die Neukonzeption der bürgerlichen Gesellschaft war Ausgangspunkt dieser Überlegungen und Zielvorstellung zugleich.

<small>Pluralisierung der ständischen Ordnung</small>

<small>Entdeckung der Ungleichheit</small>

4.3 Konzepte der Gleichheit

Eine der wirkungsmächtigsten Antworten auf die Frage nach dem Ursprung der Ungleichheit unter den Menschen gab der französische Philosoph Jean-Jacques Rousseau (1712–78). Anlass war eine Preisfrage der Akademie von Dijon, die 1753 im *Mercure de France* veröffentlicht wurde: „Welches ist der Ursprung der Ungleichheit unter den Menschen, und ist sie durch das natürliche Gesetz gerechtfertigt?" Rousseau hatte bereits die vorherige Preisfrage der Akademie von Dijon beantwortet: „Hat die Wiederherstellung der Wissenschaften und Künste dazu beigetragen, die Sitten zu reinigen?" Mit seiner

<small>Jean-Jacques Rousseau</small>

provokanten Verneinung dieser Frage war er über Nacht zu einem gefeierten Autor in ganz Europa geworden. Deshalb sah man in diesem zweiten Fall davon ab, mit seiner erneuten Auszeichnung möglicherweise eine streitbare Entscheidung zu fällen. Denn Rousseau hatte wiederum eine unerwartete Antwort gegeben. In acht der zehn eingesandten, heute noch erhaltenen Schriften wurde die Auffassung vertreten, dass die Ungleichheit eine *institution divine* sei, von Gott eingerichtet und autorisiert.

Rousseau hingegen interpretiert die Ungleichheit als eine anthropologische Disposition, die untrennbar mit dem Menschsein verbunden ist (*conditio humana*). Für Rousseau sind Vertragstheorien wie die von Thomas Hobbes (→ KAPITEL 3.1) verfälschende Konstruktionen, da sie zwischen der Barbarei des Naturzustandes und der Sittlichkeit der bürgerlichen Gesellschaft unterscheiden. Rousseau hält dagegen, dass sittliche Gesellschaften in ihrer Dekadenz barbarisch sein und wilde Völker höchsten moralischen Ansprüchen genügen können. Auch seine Methode ist ungewöhnlich: Er analysiert den Menschen auf der Basis anthropologischer Studien, die er aus historischen Quellen, vor allem aus Reiseberichten gewinnt. Daraus entwickelt er eine Naturgeschichte der Menschheit, die sowohl das Potenzial der stetigen Vervollkommnung des Menschen (Perfektibilität) als auch die Gefahr seines Verfalls (Depravation) birgt. Die Ungleichheit ist konstitutiv für diese Prozesse des Menschengeschlechts. Die Gleichheit ist kein ursprünglicher Naturzustand, sondern eine anthropologische Prämisse, die besagt, dass alle Menschen über die Fähigkeit verfügen, sich zu vervollkommnen (Rousseau 1997, S. 103).

Mit der Idee der Perfektibilität hatte Rousseau der Debatte über die Ungleichheit im 18. Jahrhundert einen wichtigen Baustein geliefert. Viel rezipiert, hoch umstritten und dennoch oft kopiert findet sich die Denkfigur der sukzessiven Vervollkommnung in zahlreichen Variationen bei verschiedenen Autoren wieder. Der schottische Moralphilosoph John Millar (1735–1801) greift in seinem Buch *The Origin of the Distinction of Ranks* (*Vom Ursprung des Unterschieds in den Rangordnungen und Ständen der Gesellschaft*, 1778) den Perfektibilitätsgedanken auf und kombiniert ihn mit einer anderen anthropologischen Prämisse: der Uniformität, also der gleichbleibenden Natur des menschlichen Wesens. Die Erfahrung der Ungleichheit der Menschen – ob auf der Ebene der ständischen Gesellschaft oder der globalen Zivilisationsunterschiede – kann damit in einen gemeinsamen Bezugsrahmen gesetzt werden. Die Uniformität der menschlichen Natur, die „Gleichheit der Wünsche und der Fähigkeiten diese

Wünsche umzusetzen, hat überall auf der Welt eine bemerkenswerte Übereinstimmung der Entwicklung des Menschengeschlechts gezeitigt", folgert Millar (Millar 1986, S. 3). Die faktische gesellschaftliche Ungleichheit wird damit zum Ausgangspunkt genommen, um die Nivellierung dieser zunehmenden gesellschaftlichen Brüche an einen Prozess des Fortschritts zu delegieren. Die Gleichheit besteht vor allem als anthropologische Bezugsgröße, durch die man historische Völkerschaften, ethnologische Berichte und Standesunterschiede untereinander vergleichen, vermitteln und in Beziehung setzen konnte: Die Erfahrung der „Gleichzeitigkeit des Ungleichzeitigen" wird zur Bedingung für die Vorstellung von der Gleichheit der Menschen und der Einheit des Menschengeschlechts. Die Entwicklung der Menschheit folgt überall der gleichen Logik – nur mit unterschiedlichen Geschwindigkeiten. Im Prinzip sind alle Menschen gleich, aber ihren Lebensumständen und Bedingungen nach faktisch ungleich.

Gleichzeitigkeit des Ungleichzeitigen

Der neue Blick auf die Ungleichheit erlaubte auch Auseinandersetzungen mit bis dahin kaum berührten innergesellschaftlichen Tabus in Europa: der Stellung von Frauen und Juden (→ KAPITEL 13.2). Interessanterweise wurden beide Themen mit einer Lieblingsbegrifflichkeit der Aufklärer kombiniert: der Sklaverei. Sie fassten darunter jede Form von gewalttätiger Unterdrückung, und das Schicksal der „Negersklaven" stand paradigmatisch für das Problem der Grenzen der Aufklärung und ihrer Gleichheitskonzeption. Im direkten Vergleich mit dem Problem der Emanzipation der Juden verhandelte der Göttinger Professor der Weltweisheit, Christoph Meiners, in seiner Schrift *Ueber die Natur der afrikanischen Neger und die davon abhängige Befreyung, oder Einschränkung der Schwarzen* von 1790 die Frage, wie viel Vernunft und Eigenständigkeit den „Negersklaven" zuzutrauen sei; er blieb skeptisch hinsichtlich ihrer Emanzipation (Meiners 2000, S. 5ff.).

Sklaverei

Die Entdeckung der Ungleichheit führte zu einer systematischen Untersuchung ihrer Entstehung in allen gesellschaftlichen Bereichen. Dabei wurde die anthropologische Gleichheit der Menschen von den meisten Aufklärern bejaht. Bei der Einlösung der politischen Gleichheit war man zögerlicher. Sie wurde häufig in Konzepten der Emanzipation, des Fortschritts oder der Vervollkommnung als Projekt in die Zukunft verlagert.

Analyse der Ungleichheit

Fragen und Anregungen

- Charakterisieren Sie die ständische Ordnung der Frühen Neuzeit.
- Beschreiben Sie, auf welche Weise sich die ständische Ordnung seit dem ausgehenden 17. Jahrhundert veränderte.
- Erläutern Sie, wie die Aufklärungsphilosophie die Erfahrung der Ungleichheit verarbeitete.
- Worin besteht das Gleichheitspostulat der Aufklärung und wo liegen seine Grenzen?

Lektüreempfehlungen

- **Christoph Meiners: Ueber die Natur der Afrikanischen Neger und davon abhangende Befreyung, oder Einschränkung der Schwarzen** [1790], mit einem Nachwort hg. v. Frank Schäfer, 3. Auflage, Hannover 2000. *Kleine Studienausgabe.* Quellen

- **John Millar: The Origin of the Distinction of Ranks: Or, An Inquiry into the Circumstances which give Rise to Influence and Authority in the Different Members of Society** [1771], 4. Auflage, Edinburgh 1806 [Reprint, Aalen 1986]. *Klare zeitgenössische Analyse der Gesellschaft, die von der modernen Soziologie als Pionierstudie entdeckt wurde.*

- **Jean Jacques Rousseau: Diskurs über die Ungleichheit. Discours sur l'inégalité** [1755], hg. v. Heinrich Meier, 4. Auflage, Paderborn u. a. 1997. *Hervorragend kommentierte zweisprachige Studienausgabe.*

- **Norbert Elias: Die höfische Gesellschaft. Untersuchungen zur Soziologie des Königtums und der höfische Aristokratie**, Frankfurt a. M. 1983. *Lesenswerter Klassiker.* Forschung

- **Robert von Friedeburg: Lebenswelt und Kultur der unterständischen Schichten in der Frühen Neuzeit**, (Enzyklopädie Deutscher Geschichte, Bd. 62), München 2002. *Sehr gute Arbeit zu den Rändern der frühneuzeitlichen Gesellschaft.*

- Lothar Gall: **Von der ständischen zur bürgerlichen Gesellschaft,** (Enzyklopädie Deutscher Geschichte, Bd. 25), München 1993. *Hilfreicher Forschungsüberblick zum Verhältnis von Gesellschaftswandel und Modernisierungstheorie.*
- Horst Möller: **Vernunft und Kritik. Deutsche Aufklärung im 17. und 18. Jahrhundert,** Frankfurt a. M. 1986. *Immer noch uneingeholt die beste Überblicksdarstellung zur deutschen Aufklärung, die sozial- und ideengeschichtliche Aspekte – etwa beim Thema Ungleichheit – gekonnt zu verbinden weiß.*
- Barbara Stollberg-Rilinger: **Europa im Jahrhundert der Aufklärung,** Stuttgart 2000, Neuauflage 2011. *Zur Anschaffung empfohlene, hervorragende Einführung in die europäische Aufklärung mit Quellenteil, die die Grenzen des Aufklärungsprojektes (Gleichheitspostulat, Vernunftpostulat, Freiheitspostulat) mitreflektiert.*
- Max Weber: **Wirtschaft und Gesellschaft. Grundriss der verstehenden Soziologie,** mit einem Vorwort von Alexander Ulfig, Frankfurt a. M. 2005. *Großer Klassiker in erschwinglicher Studienausgabe.*

5 Das europäische Mächtesystem

„Die illuminirten Figuren stellen auf dem Bilde einen Kosaken und einen schwarzen Husaren, und auf dem andern einen Kroaten und Bergschotten dar. Diese Krieger gehören in mehrfacher Beziehung zu den merkwürdigsten Truppengattungen des siebenjährigen Krieges, und sind hier wegen ihres ausgezeichneten Costüms nach dem Leben abgebildet worden." (von Archenholz 1998, S. 376)

Abbildung 6: Illustration zur *Geschichte des Siebenjährigen Krieges* (1789) des preußischen Offiziers Johann Wilhelm von Archenholz

DAS EUROPÄISCHE MÄCHTESYSTEM

Der Publizist Johann Wilhelm von Archenholz (1741–1812) wählte in seiner „Geschichte des siebenjährigen Krieges" (1789) die Abbildungen der vier Soldaten, um die Vielgestaltigkeit des weltumspannenden Großkonflikts (1756–63) zu illustrieren. Nicht nur die „ausgezeichneten Kostüme" der Soldaten, sondern auch die Verschiedenartigkeit ihrer Bewaffnung und Kampfesstile sind Ausdruck des Vielvölkerkriegs. An dem Konflikt waren verschiedene europäische Großmächte wie Preußen, Großbritannien, Österreich, Frankreich und Russland beteiligt, aber auch diverse mittlere und kleinere Staaten. Die globale Dimension des Kriegsgeschehens über Europa, Nordamerika, Indien und die Weltmeere hat dazu geführt, von einem „Ersten Weltkrieg" in der Frühen Neuzeit zu sprechen. Die Benennung „Dritter Schlesischer Krieg" zeugt von dem Umstand, dass es sich um einen Konflikt in einer Abfolge von Kriegen handelte. Dennoch markiert der Siebenjährige Krieg einen Wendepunkt in der Geschichte des 18. Jahrhunderts.

Das politische System Europas im 17. und 18. Jahrhundert ist geprägt von ständigen kriegerischen Auseinandersetzungen. An kaum einem anderen historischen Prozess offenbaren sich die politischen Profile und Interessen, die wirtschaftlichen Ressourcen und das soziale Kalkül der europäischen Mächte deutlicher als in ihrer Neigung, Kriege zu führen; der sogenannten Bellizität. Krieg galt nicht als letztes Mittel (*ultima ratio*), sondern als legitimes Instrument der Politik. Die Vielzahl der Konflikte des 18. Jahrhunderts verdeutlicht dieses machtpolitische Prinzip: Nordischer Krieg, Spanischer Erbfolgekrieg, Türkenkrieg, Polnischer Erbfolgekrieg, Englisch-Spanischer Kolonialkrieg, Österreichischer Erbfolgekrieg, Siebenjähriger Krieg, Amerikanischer Unabhängigkeitskrieg, Bayerischer Erbfolgekrieg, Koalitionskrieg – um nur einige der Auseinandersetzungen zu nennen. Dennoch zeigt sich gerade im Verlauf des Siebenjährigen Krieges ein Wandel in dieser Auffassung. Was als typischer Kabinettskrieg der Frühen Neuzeit, also als militärische Fortsetzung diplomatischer Verhandlungen unter den Herrscherhäusern begann, wandelte sich zunehmend zu einem Krieg um die öffentliche Meinung. Aufgeklärte Publizisten wie Archenholz ergriffen Partei in einem Konflikt, in dem nichts Geringeres als die Sache der Freiheit auf die Banner der Kriegsparteien geschrieben worden war.

5.1 **Die Ordnung des Krieges**
5.2 **Das europäische Kräftefeld**
5.3 **Neutarierung des Gleichgewichts**

5.1 Die Ordnung des Krieges

Der Zeitraum des ausgehenden 17. bis Ende des 18. Jahrhunderts wird in der Geschichtsschreibung als die Phase der europäischen Staatsbildungsprozesse angesehen. Der Westfälische Friede von 1648, der den Dreißigjährigen Krieg mit Friedensverträgen beendete, markiert für diesen vielgestaltigen Prozess eine grundlegende Zäsur (→ ASB BRENDLE, KAPITEL 13). Die Ereignisse des Dreißigjährigen Krieges hatten Vorstellung und Umsetzungsmöglichkeiten einer europäischen Universalmonarchie zunehmend unterminiert. Die Idee, dass die Gestalt Europas von ausschließlich einer Universalmacht bestimmt wird, gehörte zum christlich-abendländischen Weltbild. Konzeptionell verankert war diese Vorstellung in der sogenannten Vier-Weltreiche-lehre, wie sie in der Danielprophetie des Alten Testamentes angedeutet war. Nach deren Auslegung lebte man nach der Abfolge des babylonischen, persischen und griechischen Weltreiches immer noch im römischen, das fortgeführt werden sollte – nicht nur, um dem sonst nahenden Weltende zu entgehen. Der Wille zur Fortsetzung dieser Herrschaft (*translatio imperii*) durch das römisch-deutsche Kaisertum offenbart sich in der Benennung des Reiches: Heiliges Römisches Reich Deutscher Nation. Diese universale Ordnung (*monarchia universalis*), in der die religiöse Einheit der Christenheit mit einer politischen Einheit – repräsentiert durch universale Gewalten wie Papst und Kaiser – um Kongruenz rang, war spätestens durch die Spaltung der Christenheit in der Reformation diskreditiert worden. Das Reich Kaisers Karl V. (1500–58) war das letzte, das diesem Anspruch einer universalen Herrschaft noch gerecht werden konnte, wenngleich die Dimensionierung dieses Riesenimperiums, seine politische und verwaltungstechnische Durchdringung, auch dort eine zentrale Herrschaftsform zu einem organisatorischen Problem erwachsen ließ. Die Abspaltungen von Böhmen und den Niederlanden aus dem Reichsverband und die Konkurrenz um die Vormachtstellung in Europa mit Frankreich und Schweden waren im Verlauf des 17. Jahrhunderts der Grund für den langsamen ideellen und faktischen Geltungsverlust der Universalmonarchie (Burkhardt 2006, S. 26ff.).

Während die universale Ordnung ihre Wirkmächtigkeit einbüßte, setzte sich im 17. Jahrhundert und mit allem Nachdruck seit dem Westfälischen Frieden ein politisches Nebeneinander verschiedener Mächte in Europa durch. Dem Anspruch dieser Mächte, als Staaten mit eigener Souveränität aufzutreten, war durch die Staats- und Naturrechtslehre (Jean Bodin, Hugo Grotius) des 16. und 17. Jahrhun-

Geltungsverlust der Universalmonarchie

Heiliges Römisches Reich Deutscher Nation

Herausbildung souveräner Staaten

derts der Weg geebnet worden. Seinen völkerrechtlichen Ausdruck fand er darin, dass die überlegen Mächte Frankreich und Schweden als gleichberechtigte Partner im Westfälischen Frieden fungierten.

Die Zerstückelung des Reichsterritoriums und die Stärkung der Reichsstände, denen mit den Bestimmungen des Westfälischen Friedens Vorschub geleistet worden war, galten der preußischen Geschichtsschreibung des 19. Jahrhunderts (Heinrich von Treitschke) als Gründe für die Schwächung des Heiligen Römischen Reiches und als Hindernis einer deutschen Nationalstaatsbildung, wie sie in den anderen europäischen Staaten in der Frühen Neuzeit erfolgreich vollzogen worden war. Diese kritische Interpretation des Westfälischen Friedens und seiner Folgen half zudem, den Gegensatz zu Frankreich zu verschärfen und die Erringung der Vormachtstellung Preußens im Reich nicht nur zu legitimieren, sondern als historisch-notwendige Grundlage einer nun endlich zu vollziehenden, erfolgreichen Nationalstaatsbildung zu konstruieren. Diese verfälschende Indienstnahme der Geschichte für die Reichsgründung 1871 wird schon durch einen Blick auf die kriegerischen Ereignisse des ausgehenden 17. Jahrhunderts und des 18. Jahrhunderts korrigiert. Die unterschiedlichen Positionen der Reichsfürsten bieten wenig Anhaltspunkte für die Konstruktion einer nationalen Entgegensetzung zwischen Frankreich und Deutschem Reich. Zu komplex waren die wechselnden Koalitionen (Rheinbund) und die Durchsetzung Preußens als führende Macht in Europa (Hegemonialmacht) zu unbestimmt.

In diesem Sinne erfolgte schon nach dem Zweiten Weltkrieg und – nachhaltiger für die Forschung – 1998 mit der 350-Jahrfeier des Westfälischen Friedens eine Neubewertung: Die Westfälischen Friedensschlüsse wurden seitdem als beispielhafte europäische Friedensordnung angesehen, die insbesondere dem Heiligen Römischen Reich eine in der Frühen Neuzeit vorbildhafte Form der Gewaltenteilung gab (Duchhardt 1998, S. Iff.). Damit wurde die zeitgenössische Kritik an der „Monströsität" (Pufendorf) der Reichsverfassung revidiert und an aufgeklärte Verfassungsinterpretationen des Reiches angeschlossen. Schon der französische Staatstheoretiker Montesquieu (1689–1755) hatte zwar nicht systematisch, aber im Zusammenhang mit seiner Analyse des englischen Regierungssystems auf die Vorbildhaftigkeit der gemischten Verfassung im Heiligen Römischen Reich hingewiesen. Für Pufendorf war allerdings genau diese Vorstellung der Mischverfassung im Jahr 1667 Anlass gewesen, die Reichsverfassung als politisch unhaltbare Zwitterkonstruktion zu kritisieren:

„Was aber das Geschwätz über die gemischten Staatsformen angeht, so ist das leichter abzufertigen. Denn abgesehen davon, dass jede Mischung verschiedener Staatsformen nur ein Monstrum von Staat darstellen kann, so passt auch keine genau auf das deutsche Reich. Denn in ihm haben weder mehrere ungeteilt die Souveränität, noch sind deren Bestandteile unter mehrere Personen oder Kollegien verteilt" (Pufendorf 1976, S. 114).
Im Gegensatz zu dieser Interpretation sah Jean-Jacques Rousseau in den Bestimmungen über das Reich im Westfälischen Frieden die Grundlage für ein friedliches Gleichgewicht in Europa, und der Göttinger Staatsrechtslehrer Johann Stephan Pütter (1725–1807) vertrat als Pionier der Verfassungsgeschichte sogar die Auffassung, dass das Heilige Römische Reich ein Verbund souveräner Einzelstaaten gewesen sei. In seiner *Historischen Entwickelung der heutigen Staatsverfassung des Deutschen Reichs* (1786–87) entwickelte er im Auftrag von Königin Charlotte, einer mecklenburgischen Prinzessin und nunmehrigen Gemahlin des englischen Königs Georg III., die Vorteile der Reichsverfassung: Er pries ihre verschiedenen Institutionen und Repräsentationsformen als innenpolitisch ausgewogen und außenpolitisch friedenssichernd.

Diese vielfach diversifizierte Struktur des Reiches als einheitliches Corpus, als habsburgische Einflusssphäre, als Überbau der an Bedeutung gewinnenden Reichskreise und schließlich als Basis der Fürstentümer war es aber auch, die seinen völkerrechtlich schwierig zu definierenden Status ausmachte. Dem Kampf der Reichsstände um eine eigenständige völkerrechtliche Anerkennung, die insbesondere mit der Zulassung zu Friedens- und Bündnisverhandlungen einherging, war zwar mit dem *jus belli ac pacis* („Recht des Krieges und des Friedens") des Westfälischen Friedens entgegen gekommen worden. Doch galt dies nur in Fällen, in denen das gesamte Reich als Konfliktgegner auftrat. Die frühe Form der Gewaltenteilung im Westfälischen Frieden mit der Einschränkung der Exekutive durch das Mitspracherecht der Stände einerseits und die Nichtanerkennung einer eigenständigen Souveränität der Reichsstände andererseits war also keine innere Strukturschwäche des Regelwerks. Sie bot aber Frankreich eine diplomatische Möglichkeit, seine Machtsphäre an der Grenze zum Reich sukzessive zu erweitern. Frankreich konnte zudem durch den Pyrenäenfrieden von 1659 seine jahrzehntelange Auseinandersetzung mit Spanien für sich entscheiden. Damit hatte Spanien seine lang andauernde europäische Vormachtstellung eingebüßt. Frankreichs aggressive Expansionspolitik unter König Ludwig XIV.

Struktur des Reiches

Vormachtstellung Frankreichs

stellte eine neue Herausforderung für das Ordnungssystem in Europa dar.

5.2 Das europäische Kräftefeld

Das Kräftefeld der Mächte in Europa war in Spannung geraten. Die Kriege des 18. Jahrhunderts waren die Austragungsorte dieser dynastischen und machtpolitischen Konflikte (→ ABBILDUNG 7). Veränderungen also, denen man nun auch auf dem Wege neuer theoretischer Erkenntnisse zu begegnen versuchte. Der Rationalismus des 17. Jahrhunderts hatte mit seinem mechanistischen Weltbild die Figur des „Gleichgewichts der Kräfte" (*balance of power*) geschaffen. Kriege waren ein Mittel zur Herstellung eines solchen außenpolitischen Gleichgewichts, das neben der Kriegskunst substanziell aus zwischenstaatlichen Verhandlungen bestand. Verhandlungen dienten zum einen der paritätischen Interessensvermittlung durch Ausgleich und zum anderen der Entschädigung für Macht- und Gebietsverluste. Die bellizistische Disposition des zum Absolutismus strebenden Fürstenstaates im 18. Jahrhundert ist ohne die Vorstellung von der Wahrung eines gerechten Friedens nicht zu verstehen (Kunisch 1992, S. 131ff.). Gelehrtendiskurs und diplomatisches Handeln sind in diesem Zusammenhang kaum zu entkoppeln. Zum Verständnis des europäischen Mächtesystems darf das diplomatische Kalkül hinter den Friedensverhandlungen ebenso wenig vernachlässigt werden wie das Kriegsgeschehen selbst.

Dass das Prinzip der *balance of power* zur Basis des politischen Machtgefüges Europas erklärt wurde, verdankte sich insbesondere der englischen Diplomatie, die es bei der Beendigung des Spanischen Erbfolgekrieges im Frieden von Utrecht 1713 geltend machte. Die komplizierten Regelungen der Friedensschlüsse schrieben unter diesen komplexen Vorraussetzungen keine eindeutigen Gewinner fest. Vielmehr untermauerten sie Gegensatz wie Gleichgewicht zwischen Habsburg und Frankreich bei gleichzeitiger Durchsetzung neuer Kräfte in Europa. England setzte sich neben verschiedenen überseeischen Territorialzugewinnen insbesondere mit der Anerkennung der hannoverschen Erbfolge durch. Österreich erhielt die bis dahin unter spanischer Herrschaft stehenden südlichen Niederlande, Holland wurden strategische Punkte zur Sicherung seiner Grenze mit Frankreich überlassen – die sogenannte Barriere. Außerdem wurden Österreich die spanischen Nebenländer Mailand, Neapel und Sardinien zu-

Machtpolitische Auseinandersetzungen

1688–97	Pfälzischer Erbfolgekrieg
1689	Wiener Große Allianz
1700–21	Großer Nordischer Krieg
1701–13/14	Spanischer Erbfolgekrieg
1707	Parlamentsvereinigung Englands und Schottlands
1713	Pragmatische Sanktion
1714–18	Venezianisch-Österreichischer Türkenkrieg
1715/16	Erster Jakobitenaufstand
1718–20	Krieg der Quadrupelallianz
1722–25	Kongress von Cambrai
1726–29	Englisch-Spanischer Krieg
1727–29	Kongress von Soissons
1736–39	Russisch-Österreichischer Türkenkrieg
1739–42/48	Englisch-Spanischer Kolonialkrieg
1740–42	Erster Schlesischer Krieg
1740–48	Österreichischer Erbfolgekrieg
1741–43	Russisch-Schwedischer Krieg
1744–45	Zweiter Schlesischer Krieg
1745/46	Zweiter Jakobitenaufstand (*The Forty-Five*)
1754–63	Franzosen- und Indianerkrieg
1756	*Renversement des alliances*
1756–63	Siebenjähriger Krieg
1768–74	Russisch-Türkischer Krieg
1772	Erste Polnische Teilung
1775–83	Amerikanischer Unabhängigkeitskrieg
1778/79	Bayerischer Erbfolgekrieg
1785	Deutscher Fürstenbund
1787–92	Russisch-Österreichischer Türkenkrieg
1788–90	Russisch-Schwedischer Krieg
1792	Russisch-Polnischer Krieg
1792–97	Erste Koalition gegen Frankreich
1793	Zweite Polnische Teilung
1794	Kościuszko-Aufstand
1795	Dritte Polnische Teilung

Abbildung 7: Machtpolitische Auseinandersetzungen im 18. Jahrhundert

gesprochen. Das Königreich Sizilien wurde Savoyen zuerkannt. Neben der Sicherung verschiedener besetzter Gebiete konnte Preußen vor allem die Anerkennung seines Königstitels völkerrechtlich durchsetzen.

Die Resultate des Spanischen Erbfolgekrieges (1701–14) und des parallel stattfindenden Großen oder Zweiten Nordischen Krieges (1700–21) sind Ausdruck der dramatischen Kräfteverlagerung in Europa am Beginn des 18. Jahrhunderts. Spanien verlor endgültig seine Vormachtstellung im Westen und Schweden konnte seine Hegemonialstellung im Ostseeraum nicht mehr aufrechterhalten. Wie der Frieden von Utrecht die Machtverschiebungen im Süden Europas verdeutlicht, beschreiben die Friedensschlüsse von Stockholm (1719/20), Frederiksborg (1720) und Nystad (1721) die veränderte Machtkonstellation im Norden. Dänemark konnte gegenüber Schweden wieder an Einfluss gewinnen, während Schweden verschiedene Provinzen an Russland abtreten musste. Durch die Abtretung der Herzogtümer Bremen und Verden an Hannover verlor Schweden seinen Einfluss an der deutschen Nordseeküste, während die Übergabe von Teilen Vorpommerns an Brandenburg-Preußen, für das junge Königtum einen erheblichen Machtzuwachs bedeutete (→ KAPITEL 2.1). Insgesamt bestätigte der Ausgang des Nordischen Krieges das neue dynastische Selbstverständnis Preußens und verstärkte gleichzeitig den Druck auf die preußische Expansion, der vor allem vom Imperialismus des Zarenreiches unter Peter dem Großen ausging.

Friedensschlüsse von Stockholm, Frederiksborg, Nystad

Neben der Machtverschiebung innerhalb der etablierten Staatenwelt veränderte das Aufkommen neuer Kräfte die politische Landkarte Europas. Kleinere Dynastien versuchten, ihre völkerrechtliche Gleichberechtigung durch die Erringung von Königswürden zu erreichen: Preußen hatte mit einem völkerrechtlich geschickten Schachzug 1701 den Titel „König in Preußen" erworben. Daneben bestand diese Möglichkeit aber nur selten, wie etwa im Fall der Wahlkrone von Polen, die der Kurfürst Friedrich August II. von Sachsen (1696–1763) für sich errungen hatte. Dynastische Verbindungen wie im Falle des Hauses Hannover und England konnten ebenfalls dazu führen, die volle königliche Souveränität zu erreichen. Dieses Streben nach Königswürde erklärt, wieso das ohnehin durch seine Wahlmonarchie destabilisierte Polen zu einem umkämpften strategischen Punkt innerhalb des europäischen Kräftefeldes wurde. Ausgangspunkt des Polnischen Erbfolgekriegs (1733–35) war der Versuch, die polnische Krone der Erbmasse des sächsischen Kurfürstentums einzuverleiben. In diesem Konflikt zwischen dem Kurfürsten von Sach-

Aufkommen neuer Kräfte

Polnischer Erbfolgekrieg

sen und dem polnischen Anwärter Stanislaus Leszczyński, standen sich der „Dreibund" Österreich, Preußen und Russland und die Verbündeten Frankreich und Spanien gegenüber. Leszczyński, Schwiegervater Ludwigs XV., verzichtete im Frieden von Wien 1735 zugunsten von Sachsen auf den polnischen Thron und bekam dafür die Herzogtümer Bar und Lothringen zugesprochen. Diese scheinbar unverhältnismäßige Großzügigkeit der Habsburger in den Friedensverhandlungen lag im Kalkül des römisch-deutschen Kaisers Karl VI. Damals sollte nämlich Franz Stephan, Herzog von Bar und Lothringen, sein zukünftiger Schwiegersohn werden. Der Kaiser stellte diesen vor ein klares Junktim, das in den Worten seines diplomatischen Unterhändlers Johann Christof Bartenstein (1689–1767) auf eine einfache Formel gebracht wurde: „Keine Abtretung, keine Erzherzogin." Es ergab sich die günstige Gelegenheit, dass Franz Stephan von Lothringen mit dem gerade verwaisten Großherzogtum Toskana abgefunden werden konnte, da die dort herrschende Linie der Medici ausgestorben war. Was als Hasardstück der Kabinettspolitik erscheint, war ein geschickter Schachzug im dynastischen Kräftespiel um den dauerhaften Machterhalt. Mit der Abtretung von Neapel und Sizilien an Spanien und der Preisgabe des strategisch wichtigen Territoriums Lothringen an Frankreich hatte Habsburg im Präliminarfrieden von Wien (1738) Frankreichs endgültige Anerkennung der Pragmatischen Sanktion (*sanctio pragmatica*) erreicht. Die Urkunde dieses Titels von 1713 sollte dem Hause Habsburg auch ohne männliche Nachkommenschaft die Erbfolge sichern. Das Prinzip lautete Linealprimogenitur mit subsidiärer weiblicher Erbfolge: Demnach war nach dem vollständigen Aussterben des Hauses im Mannesstamm die älteste Tochter thronfolgeberechtigt. Auch Österreichs Engagement im Krieg Russlands gegen die Türkei war neben territorialen Interessen der Anerkennung der Pragmatischen Sanktion durch Zarin Katharina I. geschuldet. Dass die Sorge um den Erhalt sowohl der habsburgischen Hausmacht als auch der Kaiserwürde nicht haltlos gewesen war, zeigte sich gleich nach dem unerwarteten Tode Karls VI. am 20. Oktober 1740. Mit dem Herrschaftsantritt seiner erst 23-jährigen Tochter Maria Theresia entstand eine neue Konfliktlage, die eine politische Neutarierung des Gleichgewichts Europas erforderte.

Die Karte (→ ABBILDUNG 8) zeigt die politische Situation in Europa im Jahr des Herrschaftsantritts Maria Theresias in Österreich und Friedrich II. in Preußen 1740.

Dynastisches Kräftespiel

Pragmatische Sanktion

DAS EUROPÄISCHE MÄCHTESYSTEM

Abbildung 8: Europa um 1740

DAS EUROPÄISCHE KRÄFTEFELD

St. Petersburg

——— Grenzen des
Heiligen Römischen Reiches
Deutscher Nation

▨ **BRANDENBURG-PREUSSEN**

▨ **HABSBURGISCHE ERBLANDE**

▨ **OSMANISCHES REICH**
(mit Vasallenstaaten)

Königreich
Polen

Warschau

Kaiserreich Russland

Ungarn

Schwarzes Meer

Osmanisches Reich

Mittelländisches Meer

5.3 Neutarierung des Gleichgewichts

Tatsächlich hatten die vorbeugenden Maßnahmen zur Anerkennung der *sanctio pragmatica* nicht verhindern können, dass auch die Kurfürsten von Sachsen und Bayern aufgrund ihrer Ehen mit Töchtern des römisch-deutschen Kaisers Joseph I. Erbansprüche an das Haus Habsburg geltend machten. Dem Wittelsbacher Kurfürsten Karl Albrecht (1697–1745) gelang es sogar, sich mit Unterstützung Frankreichs 1742 in Frankfurt am Main zum Kaiser (Karl VII.) krönen zu lassen und damit die über 300 Jahre währende Herrschaftskontinuität der Habsburger zu unterbrechen. Schon wenige Tage nach der Zeremonie marschierten österreichische Truppen in München ein, sodass Kaiser Karl VII. sein Land verlor und bis zu seinem jähen Tod 1745 im Frankfurter Exil leben musste. Sein Sohn Max Joseph (1727–77) verzichtete im sogenannten Füssener Frieden, dem zwischen Bayern und Österreich 1745 geschlossenen Friedensvertrag, auf jedweden Anspruch an die österreichische Erbfolge, sicherte dem Gemahl Maria Theresias, Franz Stephan, bei der Kaiserwahl seine Stimme zu und erlangte damit seine Stammlande zurück.

Maria Theresia sah sich allerdings einem weitaus unberechenbareren und mächtigeren Gegner gegenüber: dem jungen Kronprinzen Friedrich, der im gleichen Jahr wie sie den preußischen Thron bestiegen hatte und nur zwei Monate nach dem Tod ihres Vaters als König Friedrich II. in Schlesien einmarschiert war. Dieses selbstbewusste Auftreten verdankte sich weniger einer dynastischen Ambition als der Militärmacht, auf die er sich stützen konnte. Sein Vater, der „Soldatenkönig" Friedrich Wilhelm I., hatte – neben dem Ausbau der Truppenstärke auf 80 000 Mann – auf die Disziplinierung seiner Armee besonderen Wert gelegt. Das preußische Exerzierreglement, in dem Vorschriften für die militärische Ausbildung und Befehlsausübung festgehalten waren, war nicht nur Ausdruck eines gnadenlosen militärischen Drills, sondern auch eine neue Form der flexibleren Kriegsführung. Für diese neuartige Kriegsführung war die Desertion (Fahnenflucht) nicht mehr das hauptsächlich zu bewältigende logistische und finanzielle Problem (Dipper 1991, S. 304).

Preußens punktueller Schlag in Schlesien hatte sich bald zu einem europäischen Großkonflikt um die österreichische Erbfolge ausgewachsen, der das ältere System des österreichisch-französischen Gegensatzes zunächst zu bestätigen schien. Die Einbettung in den kolonialen Zusammenhang zeigte indessen, dass es nicht Habsburg, sondern England war, das für Frankreich die zentrale macht- und handelspolitische Herausforderung darstellte. Die parallel verlaufenden überseeischen Konflikte und die Erfolge Preußens in den ersten beiden Schlesischen Kriegen veranlassten den Wiener Hof dazu, eine Allianz der Staaten zu schmieden, die sich durch den Aufstieg Preußens bedroht fühlten. Der österreichische Diplomat Wenzel Anton Graf Kaunitz (1711–94) arrangierte das unerwartete Bündnis zwischen Habsburgern und Bourbonen, das als *renversement des alliances* („Umkehrung der Allianzen") bekannt geworden ist und einer diplomatischen Revolution gleichkam. Dem war im Januar 1756 unmittelbar die sogenannte Konvention von Westminster vorausgegangen, in der sich England und Preußen gegenseitige Bündnispflicht im Kriegsfall zusicherten. Friedrich II. wartete – wie in anderen Fällen zuvor – nicht das Eintreten dieser Lage ab, sondern marschierte am 29. August 1756 in Sachsen ein. Der Dritte Schlesische oder der Siebenjährige Krieg (1756–63) hatte damit begonnen. Statt um territoriale Zu- oder Rückgewinne ging es in diesem Krieg um die schiere Existenz der Staaten. Ebenso wie sich Königreiche erschaffen konnten, war es auch vorstellbar, dass sie wieder von der politischen Landkarte verschwanden, was sich spätestens bei der dritten polnischen Teilung zeigen sollte. Diese Form der existenziellen Bedrohung war ein zentrales Kennzeichen der neuen Art der Kriegsführung, die stärker als die vorangegangenen Kabinettskriege auf einer Mobilisierung der öffentlichen Meinung basierte. Friedrich II., der sich schon in den beiden ersten Schlesischen Kriegen der Bedeutung dieser Waffe bewusst geworden war, perfektionierte sie im Siebenjährigen Krieg zu einer systematisch gesteuerten Propaganda. Die darin angeprangerte kriegstreiberische Haltung Österreichs wurde in den Kontext eines katholischen Feldzuges gestellt; ein Argument, das mit der Koalitionsbildung zwischen den katholischen Mächten Habsburg und Frankreich erhärtet werden konnte. Mit zahlreichen Argumenten wurde die Nötigung zu einem Präventivschlag Preußens begründet und in mehreren Sprachen verbreitet. Die Propaganda verfehlte nicht ihr Ziel, auch weil es auf der österreichischen Seite an vergleichbaren „Staatsschriften" mangelte. Insbesondere beim preußischen Militär kam ein Landespatriotismus auf, der die Verteidigung der Freiheit, der Reichsprivilegien und der Religion als den Auftrag Preußens ansah.

Die öffentliche Meinung blieb von dem Kriegsgeschehen nicht mehr unberührt. Der Siebenjährige Krieg stellt einen Wendepunkt innerhalb der dynastischen Konflikte des 18. Jahrhunderts dar: Er wurde als Austragungsort aufklärerischer Ideale angesehen, und das ge-

Schlesische Kriege

Siebenjähriger Krieg

Mobilisierung der öffentlichen Meinung

Parteinahme des Bürgertums

bildete Bürgertum bezog zunehmend Partei. Die Reduktion dieses Vorgangs in der Geschichtsschreibung des 19. Jahrhunderts auf ein „Erwachen des nationalen Geistes" verkennt, dass patriotische Schriften wie *Vom Tode für das Vaterland* (1761) des Philosophen Thomas Abbt (1738–66) einer Politisierung der Gesellschaft dienen sollten. Das nationale Pathos verband sich mit einem Appell an die bürgerliche Mitverantwortung in der „wohleingerichteten Monarchie" (Hellmuth 1998, S. 45f.). Die Mobilmachung der öffentlichen Meinung schien auch erforderlich, da die militärische Lage Preußens im Jahr, in dem Abbt seine Schrift publiziert hatte, nahezu ausweglos erschien. England zog sich nach dem Sturz des Premierministers William Pitt des Älteren (1761) vollständig aus dem kontinentalen Geschehen zurück und konzentrierte sich auf den überseeischen Konflikt, der für Preußen keine Entlastung darstellte, da weder Habsburg noch Russland bei dieser kriegerischen Auseinandersetzung engagiert waren. Stattdessen suchte England eine Annäherung an Frankreich, stellte die Subsidienzahlungen für preußische Kriegsdienste ein und ließ Friedrich II. damit nur noch den Ausweg, auf Schlesien zu verzichten. In dieser Lage konnte Preußen nur durch ein Wunder gerettet werden, das tatsächlich eintrat: Nach dem Tod der russischen Zarin Elisabeth (1709–62) schloss ihr Nachfolger, ein Verehrer Friedrichs, Zar Peter III. (1728–62), Frieden und kurz darauf ein Bündnis mit Preußen (1762). Der Reichstag von Regensburg beschloss die Neutralität des Reiches, und 1763 beendeten England und Frankreich ihre inner- und außereuropäischen Konflikte im Friedensschluss von Paris (Anderson 2000, S. 503ff.). Nur wenige Tage später kam auf Vermittlung von Sachsen der Friedensschluss von Hubertusburg zustande, der den preußisch-österreichischen Konflikt regelte: Schlesien blieb preußisch, während Preußen in einem Geheimartikel Erzherzog Joseph versprach, ihm bei der Wahl zum römisch-deutschen Kaiser seine Stimme zu geben.

Friedensschlüsse (margin)

Das Gleichgewicht innerhalb der europäischen Fünfmächtestruktur (Pentarchie) wurde neu austariert: Frankreich und Englands Kräfte waren in die Kolonialpolitik involviert; Russland, Preußen und Österreich waren die gestärkten Mächte im Osten, stellten aber ihre Rivalitäten zurück, als sich die Gelegenheit ergab, die geschwächte Adelsrepublik Polen untereinander aufzuteilen. Drei Teilungen (1772, 1793, 1795) ließen Polen von der politischen Landkarte verschwinden. Ein ähnliches Schicksal drohte auch dem Kurfürstentum Bayern, das nach dem Aussterben der bayerischen Linie der Wittelsbacher als Tauschobjekt im Machtpoker des Reiches gehandelt wurde. Auch in

Neue Machtverhältnisse in Europa (margin)

diesem Fall vermochte Friedrich II. sich als Wahrer der Reichsrechte gegenüber dem Kaiser zu profilieren.

Seit dem Siebenjährigen Krieg hatte die absolutistische Herrschaft eine neue Form gefunden. Noch deutlicher zeigte sich dieser Wandel in der Konfrontation der neuen Antipoden Friedrich II. und Joseph II. Der Machtzuwachs nach außen musste mit einem reformerischen Programm und einem signifikanten Reformansatz nach innen einhergehen, um die erforderliche Akzeptanz des gebildeten Bürgertums zu finden. Die Verständigung unter den Mächten war nicht mehr ausschließlich im Rahmen geschickter Kabinettspolitik zu erreichen, sondern zunehmend zu einer Frage der öffentlichen Meinungsbildung geworden.

Wandel der absolutistischen Herrschaft

Fragen und Anregungen

- Charakterisieren Sie das System der europäischen Mächte nach dem Westfälischen Frieden.
- Nennen Sie die wichtigsten europäischen Konfliktlinien im 18. Jahrhundert.
- Erläutern Sie, inwiefern der Siebenjährige Krieg einen Wendepunkt in der Geschichte des 18. Jahrhunderts darstellt.

Lektüreempfehlungen

- Johann Wilhelm von Archenholz: Geschichte des siebenjährigen Krieges in Deutschland, (Reprint der Ausgabe von 1828), Leipzig 1998. *Spannend zu lesende Quelle eines Kriegsteilnehmers.*

Quellen

- Samuel Pufendorf: Die Verfassung des deutschen Reiches [1667], übersetzt und mit Anmerkungen und einem Nachwort versehen von Horst Denzer, Stuttgart 1976. *Die berühmte Kritik des Naturrechtslehrers an der Verfassung des Heiligen Römischen Reiches Deutscher Nation.*

- Jean-Jacques Rousseau: Auszug aus dem Plan des Ewigen Friedens des Herrn Abbé de St. Pierre [1756/61]; Urteil über den ewigen Frieden [1756/82], in: Karl von Raumer (Hg.), Ewiger Friede. Friedensrufe und Friedenspläne seit der Renaissance, Freiburg i. Br./München 1953, S. 343–379. *Gute Zusammenstellung zum Friedensdenken in der Frühen Neuzeit.*

- **Christoph Dipper: Deutsche Geschichte 1648–1789,** Frankfurt a. M. 1991. *Zur Anschaffung empfohlene sozial-, wirtschafts- und politikgeschichtliche Einführung in die Epoche.*
- **Heinz Duchhardt (Hg.): Der Westfälische Friede,** (Historische Zeitschrift, Beiheft, Nr. 26), München 1998. *Wichtige Ansätze zur Neuinterpretation des Friedenswerkes.*
- **Marian Füssel: Der Seibenjährige Krieg. Ein Weltkrieg im 18. Jahrhundert,** München 2010. *Prägnante Überblicksdarstellung.*
- **Johannes Kunisch: Friedensidee und Kriegshandwerk im Zeitalter der Aufklärung,** in: ders., Fürst – Gesellschaft – Krieg. Studien zur bellizistischen Disposition des absoluten Fürstenstaates, Köln / Weimar / Wien 1992. *Analyse zum Friedensdenken im kriegerischen 18. Jahrhundert.*
- **Barbara Stollberg-Rilinger: Maria Theresia. Die Kaiserin in ihrer Zeit. Eine Biographie,** München 2017. *Fulminante Biographie, durch die man ein Bild der Politik im 18. Jahrhundert erhält.*

6 Kolonialismus und Kosmopolitismus

Abbildung 9: Illustration zum Sklavenhandel, aus: M. Chambon, *Le commerce de l'Amérique par Marseille* (1764)

Die obere Abbildung zeigt einen englischen Sklavenhändler, wie er am Kinn eines Sklaven leckt, um dessen Gesundheitszustand zu überprüfen. Auf dem unteren Bild ist festgehalten, wie die Zurückgebliebenen nach der Abfahrt des Sklavenschiffes um die Verschleppten trauern und klagen. Im Lichte der Aufklärung erschien es als Skandal, nicht einen spanischen Konquistador des 16. Jahrhunderts, sondern einen englischen Kaufmann des 18. Jahrhunderts bei der skrupellosen Verschleppung von Sklaven an der Küste Afrikas abgebildet zu sehen. Der Artikel „Sklavenhandel" in Diderots und D'Alemberts „Encyclopédie" ließ keinen Zweifel daran, dass die Sklaverei „gegen die Religion, die Moral, die Naturgesetze & alle Rechte der menschlichen Natur verstößt". Das dahinter stehende Welthandelssystem nahm der Autor Louis de Jaucourt (1704–79) allerdings von dieser Kritik aus, da der damit verbundene Wohlstand „zugegebener Maßen" unter der Abschaffung des Sklavenhandels „eine Zeitlang leiden" würde (Encyclopédie 2001, S. 363f.). Mit dieser grundsätzlich bejahenden Haltung zum kolonialen Handelssystem stand Jaucourt nicht alleine. Im Gegenteil: Unter den Aufklärern finden sich neben Vertretern des Weltbürgertums auch Vordenker rassistischer Theorien und glühende Verteidiger der Sklaverei. Wie ist dieses scheinbare Paradox zu erklären?

Aufklärung und Kolonialismus scheinen zunächst zwei widerstreitende Prinzipien der Neuzeit zu sein. In der Emanzipationsbewegung des 18. Jahrhunderts wurde „Sklaverei" zum Kampfbegriff gegen jede Form der Unterdrückung und Entmündigung, und die „Wilden" galten als frei und unkorrumpiert von den Zivilisationsprozessen der Moderne. Doch war die Sensibilisierung für die Machtanmaßung europäischer Völker in der Welt relativ gering, was die postmoderne Kritik dazu veranlasste, in der Aufklärung eine philosophische Legitimationsgrundlage des Imperialismus im 19. Jahrhundert zu vermuten. Mit der wissenschaftlichen Vermessung der Welt sei demzufolge die Basis ihrer imperialistischen Eroberung gelegt worden. Im Lichte dieser Debatte sollen Aneignungspraxis und -theorie der Welt im 18. Jahrhundert reflektiert werden.

6.1 **Kolonisierungsprozesse im 18. Jahrhundert**
6.2 **Die Entstehung der Differenz: Europa und die koloniale Welt**
6.3 **Imperialismus und Weltbürgertum**

6.1 Kolonisierungsprozesse im 18. Jahrhundert

Die europäische Eroberung der Welt, die im Gefolge der Entdeckung Amerikas den Beginn der Neuzeit markiert, war im 18. Jahrhundert bereits weitgehend abgeschlossen. Die europäischen hegemonialen Mächte des 16. und 17. Jahrhunderts, vor allem Spanien, Portugal, Holland, England und Frankreich, hatten ihre überseeischen Reiche gegründet. Russland eignete sich durch die Eroberung Sibiriens ein Territorium an, das durchaus mit Gebietsannexionen der westeuropäischen Nationen in Amerika vergleichbar war. Von „Kolonisierung" kann man insbesondere im Falle der beiden Amerika sprechen, da auf diesem Kontinent die Möglichkeit der vollständigen Kontrolle der indigenen Völkerschaften gegeben war, die sich auf eine militärische, wirtschaftliche und ideologische Überlegenheit der erobernden Mächte gründete. Diese Überlegenheit als „Entwicklungsdifferenz" zur Voraussetzung dessen zu machen, was man als „Kolonialismus" beschreiben kann (Reinhard 2008, S. 1ff.), war eine Idee der europäischen Aufklärung. Ob diese Idee mehr der Maxime des Weltbürgertums (Kosmopolitismus) oder eher einer Unterdrückungsideologie geschuldet war, bleibt zu erörtern. Auf jeden Fall ist es schwierig, in der Welt des 18. Jahrhunderts den Sachverhalt einer kolonialen Struktur – das heißt einer europäisch dominierten Fremdherrschaft – in dieser eindeutigen Form vorzufinden.

Kolonisierung der beiden Amerika

Von einer Kolonisierung Asiens etwa kann man im 18. Jahrhundert kaum sprechen, da sich dort weder eine nennenswerte europäische Einwohnerschicht noch eine europäisch geprägte Kolonialkultur entwickelte. Asien war vor allem als Handelspartner von Bedeutung. Als koloniale Metropole lässt sich am ehesten Batavia – das heutige Jakarta – als Mittelpunkt des holländischen Handelsnetzes charakterisieren. Dennoch ist auch hier zu Recht darauf hingewiesen worden, dass es sich in diesem Falle nicht um eine europäische Kolonialherrschaft handelte, sondern vielmehr um eine „chinesische Kolonialstadt unter holländischer Protektion" (Osterhammel 2006, S. 32).

Asien

In Indien blieb die Fremdherrschaft zunächst vor allem auf Befestigungen in Küstenstädten (Fort St. George in Madras, Fort William in Kalkutta) begrenzt, wo die Engländer auf einheimische Kräfte bei der Sicherung ihrer militärischen Stützpunkte zurückgreifen konnten. Erst 1772 entstand mit Bengalen ein koloniales Großprojekt, das wiederum eng mit den Ambitionen seines ersten Generalgouverneurs Warren Hastings (1732–1818) zusammenhing. Hastings wich damit von der bisherigen Linie Englands ab, den Handelspartnernationen

Indische Küstenstädte

KOLONIALISMUS UND KOSMOPOLITISMUS

eine relativ starke innere Autonomie zuzugestehen. Dieser bis dahin vollzogenen Politik lag kein klares Konzept der Regierung zugrunde, sondern sie wurde im Konfliktfeld verschiedener Interessen ausgehandelt: allen voran der *East India Company* (EIC), ihrer Londoner Niederlassungen und nicht zuletzt der Interessenspolitik, die die Krone verfolgte.

Ostindienhandel

Der Ostindienhandel war in der ersten Hälfte des 18. Jahrhunderts ein gutes Geschäft und es gehörte fast zum guten Ton der europäischen Außenpolitik, das ehemals unangefochtene niederländische Monopol der *Vereenigden Oostindischen Compagnie* (VOC) durch vergleichbare Unternehmungen niederringen zu wollen. Neben Frankreich gründeten auch Dänemark, Schweden, Brandenburg-Preußen, Portugal, Spanien, Schottland, Genua, Polen und Österreich Ostindienkompanien, die letztlich alle aufgrund von Kapitalmangel scheiterten. Allein der Erfolg der österreichisch-belgischen Kompanie war Teil des Einsatzes für die Anerkennung der Erbfolge Maria Theresias durch England und Holland. Die englische Kompanie konnte sich vor allem durch eine flexiblere Anpassung an die Markterfordernisse im Verlauf des 18. Jahrhunderts behaupten. Während sich die Holländer auf den umkämpften Gewürzhandel konzentrierten und Baumwollwaren nur für den Umschlag mit Gewürzen erwarben, konnten die Engländer von ihrem Ausweichstützpunkt in Vorderindien schneller auf die wachsende Nachfrage nach preiswerter Baumwollkleidung reagieren. Zum einen kamen indische Wollwaren in Europa vermehrt in Mode, zum anderen brauchte man billige, leichte Kleidung für die wachsende Anzahl afrikanischer Sklaven in Amerika (Reinhard 2008, S. 49ff.).

Das dritte bedeutsame Importsegment bildeten Kaffee- und Teewaren. Seit dem ausgehenden 17. Jahrhundert wurden in europäischen Städten Kaffeehäuser gegründet, die vorrangig von Holländern mit Kaffee aus dem Jemen und Java beliefert wurden. Die sich langsam durchsetzende Mode des Teetrinkens bevorzugte den englischen

Handel mit China

Handelsverkehr mit China, das sich seit 1685 dem europäischen Markt geöffnet hatte. Aber auch diese Handelsbeziehung war keine einseitig ausbeuterische, sodass entsprechende Handelsorte in China keinesfalls als europäische Kolonien bezeichnet werden können.

Hafenstädte in Afrika

Gleiches gilt für Afrika, das vor der französischen Eroberung Algeriens seit 1830 durch die französischen Truppen kaum kolonisiert worden war. Auch hier beschränkte sich die Herrschaft auf die Sklavenhäfen, die allerdings kaum als militärische Stützpunkte ausgebaut wurden, sodass einer Ausdehnung ins Hinterland die Basis fehlte.

Die niederländische Siedlungskolonie am Kap der Guten Hoffnung bildete hier seit der Mitte des 17. Jahrhunderts eine Ausnahme, doch auch dort wurde nicht die einheimische Bevölkerung verschleppt und versklavt. Vielmehr wurde der Markt für Menschenhandel von Madagaskar und Mosambik aus beliefert. Die Kenntnisse über Afrika beschränkten sich im 18. Jahrhundert folglich hauptsächlich auf die Küstenlinie und Afrika wurde vor allem aus ökonomischer Perspektive als Ressource für den Sklavenhandel betrachtet. Das Vordringen in das Landesinnere schien zu riskant und auch nicht notwendig, da einheimische afrikanische oder arabische Sklavenhändler die europäischen Händler mit der menschlichen ‚Ware' in den Hafenstädten West- und Ostafrikas versorgten. Die Hauptroute der verschifften Sklaven lief von Westafrika nach Mittelamerika und nach Südamerika. Dort baute man mit dem Einsatz ihrer Arbeitskraft ergiebige Kulturpflanzen wie Zuckerrohr, Kaffee, Tabak und Kakao in Plantagen an.

Ein aufgeklärter Diskurs über Sitten, Zustand und Herkunft der afrikanischen Bevölkerung – vergleichbar mit dem der indianischen Völker – ist im 17. und 18. Jahrhundert kaum zu finden. Die Wahrnehmung der afrikanischen Völker als potenzielle Sklaven überlagerte das Forschungsinteresse an Menschen im Naturzustand, mit dem die Bewohner des amerikanischen Kontinents analysiert wurden (→ KAPITEL 3.1). Eine Ausnahme bildete die Neugierde an den sogenannten Hottentotten – eine abfällige Sammelbezeichnung für die in Südafrika lebenden Nomadenvölker der Khoikhoi –, deren ungebärdete Wildheit die Reisenden faszinierte. Im Gegensatz zu den überwiegend rassistisch abwertenden Klassifikationen der „Hottentotten", die noch die 1786 erschienene Studie des schwedischen Naturforschers Anders Sparrmann (1747–1820) prägen, fiel das frühe Urteil des preußischen Gesandten und Völkerkundlers Peter Kolb (1675–1726) deutlich positiver aus. In seinem Reisebericht *Caput bonae spei hodiernum d. i. vollständige Beschreibung des Africanischen Vorgebürges der guten Hoffnung* (1719) schilderte er die Khoikhoi als edles, den Indianern an Mut und Weisheit vergleichbares Volk (Withers 2007, S. 159ff.).

Wahrnehmung der afrikanischen Völker

Mit der sich im Verlauf des 18. Jahrhunderts immer weiter durchsetzenden Philosophie der Aufklärung verband sich folglich nicht unbedingt ein kritisches Bewusstsein, das die Gepflogenheiten des kolonialen Systems beanstandete. Im 18. Jahrhundert gewannen anthropologische und naturkundliche Untersuchungen zunehmend an Bedeutung, und auch Entdeckungsreisen wurden erstmals vor-

Mangelnde Kritik am Kolonialismus

nehmlich zu wissenschaftlichen und nicht zu ökonomisch-imperialen Zwecken unternommen. Dennoch wurden das koloniale Handelssystem und der humanitäre Tribut, den es erforderte, kaum infrage gestellt. Der Bewusstseinswandel erfolgte erst, als die Kolonien aus der Warte Europas zu einer eigenständigen politischen Größe wurden.

6.2 Die Entstehung der Differenz: Europa und die koloniale Welt

Kolonialismus als Phänomen verstehen und begrifflich fassen zu können, entsprach somit keinem bestimmten Stadium der europäischen Expansion im universalhistorischen Prozess. Entscheidend war vielmehr eine veränderte Selbstwahrnehmung Europas und seiner Rolle in der Welt. Imperiale Fremdherrschaft kann als Signum der gesamten Epoche der Frühen Neuzeit gelten. Aber erst im 19. Jahrhundert wurde mit dem Begriff „Kolonialismus" das spezifische Expansionsstreben Europas bezeichnet, wobei eine deutliche Entwicklungsdifferenz zwischen den kolonisierten und den kolonisierenden Völkern angenommen wurde. Die Aufklärung spielte für diesen Wahrnemmungswandel allerdings eine bedeutsame Rolle.

Veränderte Selbstwahrnehmung Europas

In der zweiten Hälfte des 18. Jahrhunderts war zudem die Globalisierung als Form des Welthandelssystems in eine neue Phase getreten, die entscheidende Veränderungen mit sich brachte. Der englische Historiker Christopher Bayly beschreibt diesen Schritt als Übergang von der archaischen zur protomodernen Globalisierung. Der Prozess habe sich von etwa 1750 bis 1850 vollzogen und könne nicht – wie bislang vielfach geschehen – durch eine Fixierung auf Europa als Akteur verstanden werden, sondern nur durch eine Untersuchung der Wechselbeziehungen zwischen den verschiedenen Akteuren. Charakterisiert ist dieser Vorgang laut Bayly durch die Unterordnung der älteren Logik der Globalisierung unter ihre protomoderne Form, die quasi unbeabsichtigt aus dem sich langsam durchsetzenden englisch-amerikanischen Kapitalismus hervorging. Begleitet wurde dieser Wandel von einer „Kannibalisierung" der traditionellen Formen globalen Austausches. Diese Entwicklung führte zu einer systematischen „Inferiorisierung" der bisherigen Austauschformen und Handelspartner bis hin zur Legitimierung eines Überlegenheitsanspruchs durch und von Europa (Bayly 2007, S. 81ff.).

Neue Phase der Globalisierung

Auf der Ebene des Weltmarktes hieß das, dass sich seit dem 18. Jahrhundert der Kapitalismus in Europa, der Karibik und an der

Ostküste Amerikas in gravierender Weise verändert hatte. Diese neue Form des Kapitalismus hatte nichts mehr mit der traditionellen Bindung von Kapital, Land, Gütern und Arbeitskräften zu tun. Die protomodernen Gesellschaften waren auf die Reproduktion von Kapital ausgerichtet, was bedeutete, dass sich die Verfügung über die Produktionsmittel über den Markt und damit über das neu entstehende Konsumverhalten regulierte. Dadurch veränderte sich auch die ältere Kodierung des Konsums: Er drückte nun nicht mehr eine individuelle oder kulturelle Praxis aus, sondern wurde vielmehr zum Symbol homogenisierter, gesellschaftlicher Machtstrukturen. Am deutlichsten zeigte sich der globalisierte Kapitalismus im mittelamerikanischen Plantagesystem, das die Vorstellung einer jeweils eigentümlichen Tradition und ortsgebundenen Form der Produktion von Waren aufhob. Geschaffen wurde stattdessen eine neue Klasse von Verbrauchern, deren gesellschaftliche Klammer im Konsumverhalten lag und deren gemeinsames Interesse im Erwerb von Prestigegütern bestand.

Wandel des Kapitalismus

Es ist somit nicht verwunderlich, dass das Besitzdenken eine besondere Rolle im angelsächsischen Aufklärungsdenken spielt. Diese Erkenntnis veranlasste den kanadischen Politikwissenschaftler C. B. Macpherson (1911–87) bereits 1954 zu der These, dass die liberaldemokratische Politiktheorie englischer Herkunft (Thomas Hobbes, James Harrington, John Locke) immer mit der einheitsstiftenden Prämisse des „Besitz-Individualismus" einhergehe (Macpherson 1990, S. 11ff.). Die Verbindung von Freiheitsrechten und Besitzrechten in der Aufklärungsphilosophie war deshalb von fundamentaler Bedeutung für die Ablösung von Feudalrechten einerseits und eine politisch liberale Neukonstituierung von Gesellschaften wie in den Kolonien Amerikas andererseits. Mit dieser Verbindung wird allerdings auch das Problem der Rechtsstandswahrung von Besitzlosen virulent. Denn der politische Status bemaß sich am Besitz selbst oder an den ererbten oder durch Belehnung erworbenen Bezügen. Eine der wenigen, außerhalb der feudalen Strukturen bestehende Möglichkeit zum Eigentumserwerb lag folglich in der Auswanderung. Der schottische Moralphilosoph und Ökonom Adam Smith (1723–90) begründete den Besitz- und Überlegenheitsanspruch der Kolonisten in seinem berühmten Werk *An Inquiry into the Nature and Causes of the Wealth of the Nations* (*Untersuchung über Wesen und Ursachen des Nationalreichtums*, 1776) aus ihren umfassenderen Kenntnissen der Landwirtschaft, des Handels und des Marktes gegenüber den ‚beschränkten' Ureinwohnern. Die Sklavenwirtschaft beurteilte er als eine historisch vielfältig vorhandene und den Erfordernissen des Marktes angepasste Erscheinung, hielt sie aber für wenig profitabel und ethisch problematisch. Doch auch bei Smith ist eine moralische Entrüstung über die Sklavenwirtschaft kaum zu finden. Zu erdrückend erscheinen ihm die Vorteile, die die Entdeckung Amerikas für den Wohlstand der europäischen Nationen mit sich gebracht hat. An dieser Stelle entsteht Europa aus seiner Differenz zu den Kolonien:

„Die allgemeinen Vorteile, die Europa, als ein Land gedacht, aus der Entdeckung und Kolonisierung Amerikas für sich ableiten konnte sind eine Zunahme der Genussmöglichkeiten und eine Steigerung des Industriefleißes" (Smith 1979, S. 591).

Unabhängigkeitserklärung

Die Geburt der amerikanischen Nation 1776 – im gleichen Jahr, in dem Smiths *Wohlstand der Nationen* erschien –, wurde in diesem Sinne auch als Revolution der Besitzstandswahrung interpretiert (Barudio 2003, S. 364). In der Unabhängigkeitserklärung (*Declaration of Independence*) vom 4. Juli 1776 findet sich der gegenseitige Begründungszusammenhang von „land" und „liberty" und damit Grundsätze insbesondere der europäischen Aufklärung im Hinblick auf die Rechtsgarantien für das Individuum und seine Besitztümer. Die Ablösung vom englischen „Mutterland" der dreizehn Staaten von Amerika erlangte besondere Brisanz dadurch, dass Großbritannien Steuerzahlungen seiner Kolonisten forderte. Diese Anforderung schien England schon deshalb völlig unbezweifelbar und gerechtfertigt, als es den Siebenjährigen Krieg auf dem nordamerikanischen Kontinent für sich entschieden hatte und im Friedensschluss von 1763 vor allem Frankreichs Einflusssphäre auf Teile Kanadas zurückgedrängt hatte. Mit dem wachsenden Interesse der britischen Krone an den Kolonien gingen Pläne zur festen Stationierung von Truppen einher. Dieser Plan widersprach zutiefst dem Prinzip der zivilen Sozietät, dem die Kolonien in ihrem Selbstverständnis gehorchten. Nach verschiedenen Konfrontationen zwischen den nordamerikanischen Kolonien und ihrem Mutterland England eskalierte der

Boston Tea Party

Konflikt bezeichnenderweise in der sogenannten *Boston Tea Party* 1774, als die Kolonisten dem Tee-Handelsmonopol der von London gesteuerten *East India Trading Company* tatkräftig entgegentraten: In einer symbolischen Aktion warfen sie von den Schiffen der *Company* aus mehrere Ladungen Tee ins Meer. Beide Parteien wichen anschließend nicht mehr von ihren Positionen ab. Während in London noch über eine gerechte Form der Besteuerung debattiert wurde, bestand in den jungen Medien der Kolonien Übereinstimmung, dass die Besteuerung des Tees willkürlich (*ad libitum*) sei und ungebührlich in die unabhängige und freie Entscheidung der Bürger eingreife.

Unter dem Slogan „no taxation without representation" (keine Besteuerung ohne Vertretung) forderten die Kolonisten politische Repräsentation im Parlament von London. Dabei beriefen sie sich auf die Tradition der Magna Charta (1215), die besagte, dass nur gewählte Repräsentanten Steuern erheben dürften. Das Recht auf Widerstand und die Gegenwehr gegen einen patrimonialen Despotismus wurde auf den freien Erwerb von Eigentum und die daraus abgeleiteten Freiheitsrechte gegründet.

Das konstitutive Verhältnis von Besitz und Freiheit wird auch in den sogenannten *Federalist Papers* verhandelt, einer Serie von 85 Artikeln, die in den Jahren 1777/78 in verschiedenen New Yorker Zeitungen erschienen, um die neuen Bundesstaaten von dem in Philadelphia ausgearbeiteten Verfassungsentwurf zu überzeugen. Die Politiker Alexander Hamilton (1757?–1804), James Madison (1751–1836) und John Jay (1745–1829) publizierten ihre Artikel unter Pseudonym und identifizierten in der ungleichen Verteilung von Eigentum den Ursprung für soziale Ungleichheit und Zwist in der Gesellschaft. Die vorrangige Aufgabe der Regierung sei deshalb, die Möglichkeit und Fähigkeit der Menschen zum Erwerb von Eigentum zu schützen (Hamilton/Madison/Jay 2007, S. 95). Sklaven waren in diesen Schutz allerdings nicht eingeschlossen, wobei man diese – anders als in den Südstaaten – nicht selbst als Besitz betrachtete, sondern als „Mischung aus Person und Eigentum" kennzeichnete. Sobald die Sklaven ihre Rechte zurückerlangen würden, könnten sie auch als Personen mit einem Recht zur Repräsentation eingestuft werden (Hamilton/Madison/Jay 2007, S. 345f.).

Federalist Papers

Mit der amerikanischen Unabhängigkeitsbewegung – auch Amerikanische Revolution genannt – war ein entscheidender Bruch mit der alten Ordnung vollzogen worden. Erst aus diesem neuen Blickwinkel entstand die Vorstellung eines überkommenen ‚Alteuropa'. Europa brauchte die jungen Kolonien nicht militärisch, aber aus den Augen der jungen Abtrünnigen durch ihren „Unternehmungsgeist, der das kommerzielle Leben Amerikas auszeichnet" (Hamilton/Madison/Jay 2007, S. 100) zu fürchten. Was als Nebenschauplatz des Siebenjährigen Krieges begonnen hatte, erwuchs zu einer völkerrechtlichen Alternative: die Unabhängigkeitserklärung als ein auf Chancengleichheit basierender Gesellschaftsvertrag. Völkerrechtlich unabhängig wurden die Bundesstaaten erst im Frieden von Paris 1783, der den Amerikanischen Unabhängigkeitskrieg zwischen dem Königreich Großbritannien und den dreizehn Kolonien in Nordamerika beendete. Auch hier spielten die Konflikte in Europa wieder eine maß-

Amerika und Alteuropa

gebliche Rolle. Dennoch war ein Präzedenzfall geschaffen worden: die Konstituierung einer Nation aus den Grundsätzen der Vernunft.

6.3 Imperialismus und Weltbürgertum

In der amerikanischen Unabhängigkeitserklärung waren erstmals Fundamentalsätze der europäischen Aufklärung in die politische Wirklichkeit umgesetzt worden: „Wir halten diese Wahrheiten für ausgemacht, dass alle Menschen gleich erschaffen wurden, dass sie von ihrem Schöpfer mit gewissen unveräußerlichen Rechten begabt wurden, worunter Leben, Freiheit und das Streben nach Glückseligkeit sind", lautet der oft zitierte Satz aus der Präambel. Der Gleichheitsgrundsatz und die unveräußerlichen Menschenrechte als zentrale politische Forderungen der Aufklärungsphilosophie wurden in dieser Gründungsurkunde der Vereinigten Staaten von Amerika eingelöst. Dies war vor allem auf die federführende Redaktion des Textes durch Thomas Jefferson (1743–1826) zurückzuführen, den späteren dritten Präsidenten von Amerika. Das neben Freiheit und Unverletzlichkeit der Person hervorgehobene „Streben nach Glück" stand als Formulierung für die Möglichkeit, Eigentum erwerben und frei darüber verfügen zu können.

Gleichheitsgrundsatz und Menschenrechte

Die amerikanische Unabhängigkeitserklärung ist als Beginn des Dekolonisierungsprozesses gewertet worden (Reinhard 2008, S. 142ff.). Dieser Prozess wurde maßgeblich von den Ideen des Naturrechts und der Aufklärung beeinflusst. Allerdings könnte man auch die gegenteilige These vertreten, nämlich dass die Erklärung der amerikanischen Unabhängigkeit einen weiteren Schritt zur europäischen Hegemonialstellung in der Welt darstellte – und damit zu etwas führte, was später als Kolonialismus oder Imperialismus – Herrschaft auf der Basis von Entwicklungsdifferenz – bezeichnet wurde. Eine Begründung für diese Auffassung wäre die qualitative Veränderung der Fremdherrschaft aufgrund der im 18. Jahrhundert erfolgenden wissenschaftlichen Durchdringung des Verhältnisses der Völker untereinander und einer Theoretisierung des kolonialen Anspruchs.

Unabhängigkeitserklärung und Dekolonisierung

Entscheidend für die neue Sichtweise auf das koloniale Geschehen im 18. Jahrhundert ist die Interpretation und philosophische Deutung der Reiseberichte (→ KAPITEL 3). Auffällig ist, dass die Reiseberichte den meisten Autoren nicht vorrangig zum Verständnis fremder Länder und Völkerschaften im Sinne einer frühen Ethnologie dienten.

Reiseberichte

Vielmehr nutzten sie diese Berichte vielfach zur empirischen – also auf Erfahrung beruhender – Unterfütterung der neuen philosophischen Weltdeutung. Der tief in Naturrechtstheorie und Aufklärungsphilosophie verwurzelte Gleichheitsgrundsatz unter Menschen und Völkern fand in verschiedenen Metaphern und einem emphatischen Kosmopolitismus Eingang in die politische Philosophie. So bezeichnete der Schriftsteller Christoph Martin Wieland (1733–1813) „alle Völker des Erdbodens als eben so viele Zweige einer einzigen Familie, und das Universum als einen Staat, worin sie mit unzähligen anderen vernünftigen Wesen Bürger sind." Dieser kosmopolitische Staat existiere, „um unter allgemeinen Naturgesetzen die Vollkommenheit des Ganzen zu befördern, indem jedes nach seiner besonderen Art und Weise für seinen eigenen Wohlstand geschäftig ist" (Wieland 1797, S. 160). Die Ambivalenz des kosmopolitischen Projektes der Aufklärung kommt hier deutlich zum Tragen: Die irritierende Verschiedenheit der Völker wird im Gleichheitspostulat der Menschheit als eine Ganzheit aufgelöst. Gleichzeitig hat dieses Ganze eine Ordnung, die sich nach der Fähigkeit bemisst, „eigenen Wohlstand zu schaffen". Ist diese Fähigkeit bei manchen Völkern nicht gegeben oder wird sie nicht genutzt, wie es Adam Smith den „wilden und barbarischen Nationen" attestierte, kann diese Aufgabe von anderen übernommen werden, ohne dass damit gegen die Naturgesetze der Vollkommenheit verstoßen wird. Was also im Hinblick auf das Individuum in der Ablehnung des Geburtsrechtes politischen Ausdruck fand, äußerte sich hinsichtlich des Verhältnisses der Völker untereinander in einer Skepsis gegenüber nationalen Stereotypen. Sowohl für das Individuum als auch für die Völker der Welt bestand in diesem Denkmodell Chancengleichheit. Wurden die Chancen nicht wahrgenommen, konnte dieses Versäumnis durch die Befähigung – die besseren praktischen und wissenschaftlichen Kenntnisse von anderen – kompensiert werden. Die Differenzen zwischen den Völkern bestanden in den Augen der Aufklärer nicht vorrangig in nationalen Eigenheiten, gegen deren Stereotypisierung in verschiedenen Werken des 18. Jahrhunderts polemisiert wurde (Prignitz 2005, S. 380). Um die Verschiedenheit der Völker zu begreifen, müsse man vielmehr ihre Geschichte betrachten, also die unterschiedliche Ausbildung ihrer prinzipiell gleichartigen Ausstattung. Diese differente Entwicklung einer ursprünglich einheitlichen Disposition aller Menschen wissenschaftlich zu erforschen, durch erste rassentheoretische Ansätze zu erklären und schließlich evolutionär zu begründen, war ein Prozess, der sich erst langsam seit dem ausgehenden 18. Jahrhundert abzeichnete.

Kosmopolitismus

Verschiedenheit der Völker

Wissenschaftliche Begründung der Differenz

Dennoch steht außer Frage, dass der Imperialismus des 19. Jahrhunderts grundlegend auf dieser aufklärerischen Gedankenfigur basierte, auch wenn diese zunächst einer emphatischen Idee des Weltbürgers – wie sie etwa Kant in seiner Schrift *Zum ewigen Frieden* (1795) formulierte – geschuldet war. Das philosophische Postulat der Einheit des Menschengeschlechts und die daraus abgeleitete Gleichheit aller Menschen schien nur um den Preis der Entwicklungsdifferenz unter den Völkern eingelöst werden zu können. Dass diese Entwicklungsdifferenz vielfach nur scheinbar wissenschaftlich analysiert wurde und oft Ausdruck eines angemaßten, moralischen Überlegenheitsgefühls war, gehört zu den Ambivalenzen der Aufklärung. Erste Ansätze wie die Überlegungen des Göttinger Philosophen Christoph Meiners *Ueber die Natur der afrikanischen Neger* (1790), in denen rassentheoretische Vermutungen angestellt werden, etwa dass die europäisch-weiße, „kaukasische Rasse" den „Negern" grundsätzlich überlegen sei, werden im Namen der „wahren Aufklärung und Geistes-Bildung" formuliert (Meiners 2000, S. 5f.). Obwohl Meiners von dem weltreisenden Georg Forster und seinem Göttinger Kollegen Georg Christoph Lichtenberg (1742–99) für diese Theorien scharf kritisiert wird, ist die aufgeklärte Prämisse der Gleichheit der Menschen infrage gestellt. Nicht nur das Gleichheitspostulat, sondern auch die Beherrschung der Welt wird ‚wissenschaftlich', aus den Grundsätzen der Aufklärung begründet.

Fragen und Anregungen

- Beschreiben Sie die Veränderungen der Globalisierung im 18. Jahrhundert.
- Erläutern Sie an einem geeigneten Beispiel die Haltung der Aufklärungsphilosophie zum Welthandelssystem und zur Sklavenwirtschaft ihrer Zeit.
- Diskutieren Sie die Bedeutung der amerikanischen Unabhängigkeitserklärung für den Bruch zwischen neuer und alter Welt.
- Worin liegt die Ambivalenz des Kosmopolitismuskonzepts der europäischen Aufklärung?

Lektüreempfehlungen

- Die Welt der Encyclopédie, hg. v. Annette Selg und Rainer Wieland, Frankfurt a. M. 2001. *Populäre deutschsprachige Edition von Auszügen des berühmtesten Lexikons der Aufklärung zum Kennenlernen.*

Quellen

- Alexander Hamilton/James Madison/John Jay: Die Federalist Papers [1787/88]. Vollständige Ausgabe, übersetzt, eingeleitet und mit Anmerkungen versehen von Barbara Zehnpfennig, München 2007. *Kenntnisreiche deutschsprachige Edition dieses wichtigen Quellenkorpus.*

- Adam Smith: An Inquiry into the Nature and Causes of the Wealth of Nations [1776], in: The Glasgow Edition of the Works and Correspondence of Adam Smith, hg. v. Roy H. Campbell und Andrew S. Skinner, Bd. 1 und 2, Oxford 1979. *Kanonischer Text der Gesellschaftsanalyse in der Aufklärung.*

- Christoph Martin Wieland: Das Geheimniß des Kosmopoliten-Ordens [1788], in: ders., Sämmtliche Werke, Bd. 30: Vermischte Aufsätze, Leipzig 1797, S. 148–194. *Ausdruck einer neuen Form des globalen Denkens.*

- Günter Barudio: Das Zeitalter des Absolutismus und der Aufklärung 1648–1779, (Fischer Weltgeschichte, Band 25), Frankfurt a. M. 1981, Neuauflage 2003. *Thesenstarke Einführung vor allem zur europäischen Geschichte mit Schwerpunkt auf Skandinavien.*

Forschung

- Christopher A. Bayly: „Archaische" und „moderne" Globalisierung in Eurasien und Afrika, ca. 1750–1850, in: Sebastian Conrad/Andreas Eckert/Ulrike Freitag (Hg.), Globalgeschichte. Theorien, Ansätze, Themen, Frankfurt a. M./New York 2007, S. 81–108. *Guter, in die neue Globalgeschichte einführender Sammelband.*

- Crawford B. Macpherson: Die politische Theorie des Besitzindividualismus. Von Hobbes bis Locke, übersetzt v. Arno Wittekind, Frankfurt a. M. 1990. *Anregender Klassiker.*

- Jürgen Osterhammel: Welten des Kolonialismus im Zeitalter der Aufklärung, in: Hans-Jürgen Lüsebrink (Hg.), Das Europa der Aufklärung und die außereuropäische koloniale Welt, Göttingen 2006, S. 19–36. *Interdisziplinär angelegter Sammelband zum*

Thema Kolonialismus, in dem Osterhammel den Widerspruch von Aufklärung und Kolonialismus reflektiert.

- **Wolfgang Reinhard: Die Unterwerfung der Welt. Globalgeschichte der europäischen Expansion 1415–2015,** München 2017. *Monumentale Darstellung eines weltgeschichtlichen Zusammenhangs.*

- **Charles W. J. Withers: Placing the Enlightenment. Thinking geographically about the Age of Reason,** Chicago / London 2007. *Einführung in Idee und entstehende Disziplin der Geografie im Aufklärungszeitalter.*

7 Diskurse von Macht und Herrschaft

Abbildung 10: Illustration zu François Fénelon: *The adventures of Telemachus, the son of Ulysses* (1774)

Im Verlauf des 18. Jahrhunderts wird der Roman „Aventures de Télémaque" („Abenteuer des Telemach", 1699) aus der Feder des französischen Geistlichen François Fénelon (1651–1715) immer populärer. Die Buchillustration spielt mit dem Gegensatz von unreflektierter Machtausübung und aufgeklärter Herrschaft. „Integrität enthüllt dem Königtum die Wahrheit" lautet die Unterschrift des Bildes. Ursprünglich hatte Fénelon seinen Roman als Fürstenspiegel verfasst, um den französischen Kronprinzen auf seine Aufgabe vorzubereiten. Adressat war der Herzog von Burgund (1682–1717), Enkel des „Sonnenkönigs" Ludwig XIV. Schnell wurde das Werk als Kritik an der absolutistischen Herrschaftspraxis Ludwigs XIV. aufgefasst. Telemach, der Held des Romans, wird durch historische Szenen politischer Entscheidungen geführt, die der zeitgenössischen Situation in Frankreich auffällig ähneln: Die opportunistischen Klugheitslehren der Staatskunst, die den Königen durch korrupte Berater vermittelt werden, führen in Kriege und Finanzkrisen. Erst die Einsicht in die „wahren" Aufgaben der Monarchie – Interessenausgleich mit den Nachbarländern, wirtschaftliches Wachstum und politische Reformen – schafft die Möglichkeit, willkürliche Machtentfaltung in legitime Herrschaft zu verwandeln.

Die Kritik am Absolutismus wurde als Kernbestand der europäischen Aufklärung gesehen. Dennoch ist es schwierig, das politische Denken des Aufklärungszeitalters aus einem direkten Gegensatz zu den bestehenden Herrschaftsformen herleiten zu wollen. Viele Reformprojekte und politische Schriften, wie auch Fénelons Roman, entstehen im direkten Umfeld des Hofes oder werden sogar von Monarchen selbst verfasst. Zunächst wird auch nicht die Herrschaftsstruktur als solche thematisiert, sondern vielmehr ihre Ausgestaltung und Grundlegung. Im Gegensatz zu den großen politischen Entwürfen des 17. Jahrhunderts (John Locke) verändert sich im 18. Jahrhundert insbesondere die Art und Weise, in der das Politische gedacht wird. Nicht der raffinierten Regierungskunst oder naturrechtlichen Konstruktionen gehört das Interesse, sondern der „Wissenschaft des Politischen" als einem Forschungsfeld, das dem der Astronomie oder der Physik vergleichbar ist.

7.1 Absolutismus und Aufklärung
7.2 Theorie und Praxis der Reformpolitik
7.3 Grenzen der Politikreform

7.1 Absolutismus und Aufklärung

Das Konzept des „Absolutismus" als Beschreibungsform der politischen Herrschaft des 17. und 18. Jahrhunderts ist in der neueren Forschung zunehmend umstritten. Zu rar sei in der historischen Wirklichkeit der künstlich zur historiografischen Beschreibung entwickelte Idealtypus des Absolutismus im Sinne einer uneingeschränkten Machtausübung. Gerade die Untersuchung der Herrschaft des Sonnenkönigs Ludwig XIV. – die mit absoluter Herrschaft gleichgesetzt wird – zeige deutlich, dass das Bild der uneingeschränkten Machtausübung kaum aufrechtzuerhalten sei. Aber auch im Falle anderer, als „absolut" gekennzeichneter Regentschaften erweise sich die traditionelle Mitsprache ständischer Gewalten sehr viel umfassender als in der älteren Forschung angenommen. Eine komplette Ausschaltung der Stände und ihrer Repräsentationsformen habe in kaum einem der europäischen Reiche durchgesetzt werden können. Auch ließe sich der Ausbau absolutistischer Macht nicht direkt proportional mit dem Abnehmen ständischer Mitsprache ins Verhältnis setzen (Durchhardt/Schnettger 2015). Zu holzschnittartig verfahre die schematische Entgegensetzung des französischen und des englischen Modells: auf der einen Seite Absolutismus, dessen rücksichtslose Ausschaltung der ständischen Vertretung schließlich zur Revolution führte, und auf der anderen Seite konstitutionelle Monarchie, in der sich das Parlament als feste politische Größe der Staatsgewalt etablierte. Eine solche Sichtweise ignoriere die vielen Zwischenformen; auch in diesen beispielhaften Nationen.

> Absolutismus als politische Herrschaftsform
>
> Mitsprache ständischer Gewalten

Die Zwischenform schlechthin ist die des aufgeklärten Absolutismus, auch wenn man sie nicht als Mittlerposition zwischen Ständen und Monarchen begreifen kann. Stattdessen wird hier eine andere Koalition geschmiedet, die eine gemeinsame Gegnerschaft zu den Kräften in der Mitte der gesellschaftlichen Rangordnung, insbesondere zu Klerus und Adel, verbindet. Der deutsche Nationalökonom Wilhelm Roscher (1817–94) hatte den Begriff des „Aufgeklärten Absolutismus" geprägt, um die subtilste Steigerung des monarchischen Herrschaftssystems durch Rationalität und Effizienz zu kennzeichnen. Er bezeichnete damit folglich keine freiwillige Beschränkung der Machtsphäre, als die der aufgeklärte Absolutismus später häufig interpretiert worden ist, sondern einen Vorgang des komplexen Machtausbaus, dem die Aufklärung als herrschaftsstabilisierende Ideologie diente. Doch auch dieses Bild der systematischen Instrumentalisierung der Aufklärung durch den Absolutismus legte den Fokus stark

> Aufgeklärter Absolutismus

auf eine Seite des Begriffspaares und blieb damit der Logik verhaftet, die neuerdings zur Revision des gesamten Konzepts des Absolutismus geführt hat (Borgstedt 2004, S. 18ff.).

Betrachtet man indessen beide Begriffe – Absolutismus und Aufklärung – vor allem in ihrer methodisch-heuristischen Funktion (→ ASB BUDDE/FREIST/GÜNTHER-ARNDT, KAPITEL 9), so liefert gerade die Kombination einen geeigneten Rahmen, um das Feld des Politischen vom ausgehenden 17. bis in das 18. Jahrhundert zu erkunden. Gerade in diesem Feld kann von einem Diskurs im Sinne eines Kommunikationszusammenhangs jenseits isolierbarer Äußerungen und Motivlagen gesprochen werden (Budde/Freist 2008, S. 165), da man damit dem Problem der mangelnden Abgrenzung begegnen kann: In vielen Fällen ist es kaum möglich, zwischen Herrschern und Beherrschten, Motiven und Folgen, Theorie und Praxis, historischen Rekursen und Utopien zu unterscheiden. Das Phänomen des aufgeklärten Absolutismus ist Ausdruck dieser Diffusion: Der Herrscher stilisiert sich als erster Diener des Staates zum Beherrschten und rückt dennoch nicht von der Vorstellung einer uneingeschränkten Alleinherrschaft ab.

Diffusion der Herrschaft

Das Konzept des Absolutismus ist methodisch geeignet, um die Herrschaftsauffassung des 17. und 18. Jahrhunderts zu umschreiben: Herrschaft wird als gottgewollt verstanden, der Machtanspruch der Herrscher als uneingeschränkt und ungeteilt (*potestas legibus soluta*). Diese Auffassung geht mit Versuchen einher, monarchische Herrschaft auf allen politischen Ebenen zu intensivieren: durch eine gezielte Kirchen- und Konfessionspolitik, den Ausbau des Militärs und der bürokratischen Verwaltung – und damit insbesondere durch eine Mobilisierung finanzieller Ressourcen. Doch ist dieses Ansinnen in der Geschichte der Neuzeit keineswegs neu. In der Forschung zur Frühen Neuzeit wurde es besonders in der Herrschaftsmaxime der „Guten Policey" erkannt, also im Sinne des englischen Verständnisses von „policy" als Inhalt der Politik verstanden. Gemeint ist damit die praktische Umsetzung rationaler, politischer Ziele bzw. Versuche zur systematischen Lenkung der Bevölkerung (Sozialdisziplinierung). Was sich im 18. Jahrhundert allerdings verändert, sind die politischen Strategien zur theoretischen Begründung dieser Herrschaftsintensivierung („polity"). An diesem Punkt berühren sich Aufklärung und Absolutismus.

Intensivierung der Herrschaft

In den europäischen Ländern waren diese Berührungspunkte – je nach politischer Lage und Kultur – sehr unterschiedlich stark ausgeprägt. Bekannt geworden sind beispielsweise die umfassenden Reformen, die der deutsche Leibarzt Johann Friedrich Struensee (1737–72) im Namen des geistig umnachteten dänischen Königs Christian VII. (1766–1808) im Machtkampf mit der dänischen Aristokratie durchführte. Die Radikalität seiner aufgeklärt motivierten, politischen und sozialen Reformen – wie die Abschaffung von Zensur und Folter – riefen mächtige Gegner auf den Plan, die Struensee nach einem Putsch köpfen, vierteilen und rädern ließen. Ihre Begründung lautete, dass sich der König bei der Festlegung der Leitlinien seiner Politik nicht auf einen Berater, sondern auf ein ständisches Gremium berufen müsse. Zwar wurden Struensees Pläne von jüngeren Reformbeamten wieder aufgenommen, doch zeigt gerade das kurze Intermezzo von König Christian VII. und seinem Leibarzt die „Möglichkeiten und Grenzen der Aufklärung" durch „die Abhängigkeit von persönlichen Zufälligkeiten und die Abhängigkeit von Amtsträgern" (Krüger 2005, S. 269). Das Beispiel lässt die Frage virulent werden, ob die absolutistisch-aufklärerische Zwangssymbiose überhaupt von Erfolg gekrönt sein konnte – abgesehen von dem Umstand, dass der gelehrte Diskurs und die monarchische Staatsgewalt sehr unterschiedliche Auffassungen davon haben konnten, was als „Erfolg" zu verstehen war.

Struensees Reformen

Eine vergleichsweise enge Bindung zwischen absolutistischen Tendenzen bzw. Staatsbildungsprozessen und aufklärerischem Wirken zeichnete sich in den deutschen Territorien ab. Der Grund für diese Affinität wurde in der „Staatsnähe" der deutschen Aufklärung gesehen, die vielfach das Personal für die praktische Umsetzung der Herrschaftsintensivierung stellte. Sowohl die kleineren Fürstentümer wie Waldeck oder Hessen-Darmstadt als auch die großen Territorien wie Österreich und Preußen bedurften rechtlicher und verwaltungstechnischer Unterstützung, wenn ihre Herrschaft effektiver gestaltet werden sollte. Zu diesem Zweck standen ihnen gut ausgebildete Vertreter des Amtsadels, Juristen, Professoren, hohe Militärs sowie evangelische Pfarrer und Teile des katholischen Klerus zur Verfügung. Fürsten und Verwaltungsbeamte verband das Ziel zur Erreichung der „Glückseligkeit der Untertanen", das durch das „Wohl des Staates", also seiner Rationalisierung zu erreichen war. Zu Recht wurde deshalb das enge Wechselverhältnis zwischen Staatsgläubigkeit (Etatismus) und Glückseligkeitsstreben (Eudämonismus) in der deutschen Aufklärung hervorgehoben (Müller 2002, S. 50). Daraus entstand die Symbiose aus absolutistischem Staat und akademisch gebildetem Bürgertum. Der gemeinsame Gegner – die privilegierten Stände mit ihrer Einflusssphäre – wurde durch dieses Zweckbündnis weniger geschwächt als häufig angenommen.

Staatsnähe der deutschen Aufklärung

Etatismus und Eudämonismus

Auf das Konto der Aufklärung geht indessen sicherlich die Veränderung der Herrschaftsauffassung, die sich im 18. Jahrhundert in Moralphilosophie und bürgerlicher Ethik zu einem neuen Bild des Herrschers verdichtete. Der aufgeklärte Herrscher galt nun nicht mehr als Zentrum des Hofes, beherrscht von Kabale und Intrigen – Kommunikationsformen, die im Übrigen als weibliche Domänen difamiert wurden –, sondern als *primus inter pares* („Erster unter Gleichen"), dem der naturrechtlich begründete Gesellschaftsvertrag die Pflicht des Regierens als historische Aufgabe in die Hände gelegt hatte (→ KAPITEL 3.1). Entsprechend einhellig war die Ablehnung frühneuzeitlicher Klugheitslehren und Fürstenspiegel, die Raffinement und Courtoisie (adlige Höflichkeit) in den Mittelpunkt ihrer Theorie der Macht gestellt hatten. Der junge Kronprinz Friedrich von Preußen erkannte daher die Zeichen der Zeit, als er sein politisches Programm als Gegenentwurf zum berühmtesten Handbuch der Macht in der Frühen Neuzeit entwarf, nämlich gegen das Buch mit dem Titel *Il Principe* (*Der Fürst*, 1532) des italienischen Politikers und Schriftstellers Niccolò Machiavelli (1469–1527). Das anonym erschienene, in Korrespondenz mit Voltaire entstandene Werk *Anti-Machiavel ou essai de critique sur le prince de Machiavel* (*Antimachiavell oder ein Versuch der Widerlegung des Fürsten von Machiavell*, 1740) war aber keine wissenschaftliche Auseinandersetzung mit dem „gefährlichsten unter allen Büchern von Weltverbreitung", wie im Titel suggeriert. Die Schrift war ein von der Aufklärung beeinflusstes Regierungsprogramm: der Akzent lag auf der Bedeutung des Militärs, es wurde Kritik am Klerus und am Pomp der Duodezfürstentümer geübt, und vor allem wurde die Pflicht der Monarchen betont, sich durch eine gute Regentschaft die Liebe und Zuneigung des Volkes zu verdienen (Friedrich 1912, S. 84). Von der Nachwelt ist dieses Programm Friedrichs an seiner praktischen Politik gemessen und auf Diskrepanzen zwischen Theorie und Praxis hin untersucht worden. Viele in der Schrift formulierte Maximen, wie die der Religionstoleranz, seien nur halbherzig umgesetzt worden, so beispielsweise, als Friedrich dem jüdischen Philosophen Moses Mendelssohn die Aufnahme in die Berliner Akademie der Wissenschaften verweigerte. Konsequenterweise hat Friedrich allerdings auch nie einen Zweifel daran gelassen, dass ausschließlich ihm die Deutungsmacht über sein Herrschaftssystem obliege (Frie 2012, S. 99). In seinem *Politischen Testament* (1752) unterstreicht er die Abhängigkeit seines Herrschaftskonzeptes von der Herrscherpersönlichkeit und vergleicht es mit Newtons Gravitationsgesetz (→ KAPITEL 2.2): „der

Fürst muss sein System entwerfen und selbst zur Ausführung bringen" (Friedrich 1912, S. 165). Selbst die berühmte Formulierung von 1777, dass der Fürst „nur der erste Diener des Staates" sei, zeigt Friedrich als konsequenten Vertreter dieser Ansicht (Friedrich 1912, S. 235). Der Rahmen für politische Reformen war weiterhin der absolute Herrschaftsanspruch, innerhalb dessen Theorie und Praxis gegeneinander abgewogen werden konnten.

Erster Diener des Staates

7.2 Theorie und Praxis der Reformpolitik

Der Herrschaftsdiskurs im 17. und 18. Jahrhundert kreiste vorrangig um Rechtsfragen – galt es doch, die Legitimität (Rechtmäßigkeit) der Herrschaft zu bestimmen. Dieses Erfordernis ergab sich aus dem Umstand, dass die Frühe Neuzeit keine Verfassungen im modernen Sinne kannte. Weder Öffentliches Recht noch Privatrecht waren einheitlich kodifiziert. Die Rechtsprechung oblag vielmehr verschiedenen, sozusagen geschichteten Obrigkeiten, wie dem Kaiser, Herzogtümern, Städten, Kirchen etc. Somit war das jeweils geltende Recht aufgrund seiner mangelnden klaren Begrenzung häufig umstritten. Es entsprang entweder der Tradition, also gewohnheitsrechtlichen Regelungen, oder es war in Verträgen zwischen Herrschern und Ständen festgelegt worden. Symbolisch-zeremonielle Formen des politischen Handelns ersetzten an vielen Stellen technisch-instrumentelle Rechtsakte. Als theoretische Rechtsgrundlage diente – neben dem lokalen Recht – das aus dem Römischen Recht überlieferte *corpus iuris civilis*, eine Sammlung von Gesetzen, auf deren Basis die Juristenausbildung in der Frühen Neuzeit erfolgte. Die vielfältigen Rechtsquellen wiesen jedem Mitglied der Gesellschaft einen bestimmten Rechtsstatus zu, sahen aber kein übergeordnetes Staatsrecht vor, das Rechte und Pflichten von Herrschern und Beherrschten regelte.

Rechtsprechung

Corpus iuris civilis

Ein zentrales Thema der Naturrechtsphilosophie war daher der rechtliche *status* von Herrschaft; eine lateinische Wendung, die im Verlauf des 18. Jahrhunderts zunehmend mit den Begriffen „Constitution" oder „Verfassung" übersetzt wurde. Während die naturrechtliche Debatte des 16. und 17. Jahrhunderts ihr Augenmerk vor allem auf die Begründung von Herrschaft, also den Rechtsstatus im Naturzustand und den daraus resultierenden Gesellschaftsvertrag legte, rückten im Diskurs des 18. Jahrhunderts die historische Entwicklung und der aktuelle Status der Rechtsentwicklung in den Blick (Dann/Klippel 1995). Dieser Perspektivenwechsel eröffnete den Fokus für

Rechtlicher status von Herrschaft

die englische Verfassungsentwicklung, deren dramatische Umstände zuvor erstaunlich wenig Interesse auf dem Kontinent gefunden hatten. Das änderte sich schlagartig mit dem Werk *De l'esprit des lois* (*Vom Geist der Gesetze*, 1748), das der französische Staatstheoretiker Montesquieu im Verlauf von vierzehn Jahren verfasst hatte. Mit diesem Monumentalwerk, das zwanzig Spezialuntersuchungen umfasst, wollte er den Ansprüchen der jungen naturphilosophisch-empirischen Wissenschaftsauffassung seiner Zeit gerecht werden, indem er die verschiedenen Rechtssysteme Europas auf ihre Entstehungsbedingungen hin befragte. Im traditionellen Naturrecht wurden Gesellschaftsverträge bzw. Verfassungen als Konstrukte verstanden, die auf einem a priori gefassten, positiven oder negativen Menschenbild basierten. Montesquieu begriff sie als anthropologische, sozial und historisch nachvollziehbare Phänomene: Demnach beeinflussten die klimatischen Verhältnisse, Sitten, Religion und Handel die Genese und Ausgestaltung des jeweiligen Rechtssystems. Die Untersuchung erreicht im 6. Kapitel des 11. Buches ihren Höhepunkt, wenn Montesquieu die englische Verfassung als beispielhaft preist. Nur in dieser europäischen Rechtsordnung sah er das Ziel eines freiheitlichen und selbstbestimmten Lebens für die Bürger verwirklicht. Die Sicherung der Rechte werde dadurch gewährleistet, dass nicht „ein Mann beziehungsweise die gleiche Körperschaft entweder der Mächtigsten oder der Adeligen oder des Volkes folgende drei Machtvollkommenheiten ausübte: Gesetze erlassen, öffentliche Beschlüsse in die Tat umsetzen, Verbrechen und private Streitfälle aburteilen" (Montesquieu 1994, S. 217).

Damit hatte Montesquieu eine zentrale Forderung der Verfassungsbewegung der Neuzeit formuliert: die Gewaltenteilung. Darüber hinaus steht die Macht der Gesetzgebung nach seiner Auffassung dem Volke zu, das diese durch hoch qualifizierte Repräsentanten ausüben solle. Eine Gliederung der Legislative (gesetzgebende Gewalt) in eine Volks- und eine Adels-Kammer nach englischem Muster banne die Gefahr, dass entweder die einfache Mehrheit oder eine durch Geburt und Reichtum privilegierte Gruppe überproportional viel Macht an sich reißen könne. Das Machtinstrument der Legislative gegenüber dem Monarchen bestehe wiederum in der Steuerbewilligung, die bei großen Etats – wie dem des Militärs – jedes Jahr erneuert werden sollte. Montesquieus System war folglich weniger eines der Teilung als eines der sorgsamen Ausbalancierung der Macht, deren Missbrauch er als allzu menschliche Versuchung ansah: „Damit die Macht nicht missbraucht werden kann, ist es nötig, durch die Anordnung der Dinge zu bewirken, dass die Macht die Macht bremse" (Montesquieu 1994, S. 215). Montesquieu hatte damit keineswegs einen Aufruf zur Revolte vorgelegt. Es erfordere nicht wie im englischen Fall eine Revolution, um sich der politischen Freiheit zu nähern. Auf Basis wissenschaftlicher Untersuchungen sollten Gesetzes- und Verwaltungsreformen durchgeführt werden, um die bestehenden Monarchien in freiheitliche Rechtsordnungen zu überführen.

Montesquieu hatte die Koordinaten vorgegeben, in denen sich politische Freiheit verwirklichen ließ: einerseits die wissenschaftlich erforschbare Natur des Menschen sowie andererseits die Spezifika einzelner Gesellschaften und ihrer Gesetze; im Zusammenklang durften sie nicht der Ordnung der Natur widersprechen. Feudalismus und Leibeigenschaft waren demnach zwar historisch gewachsene Phänomene einer Gesellschaft, standen aber im Widerspruch zur freiheitlichen Disposition des Menschen und damit zur Ordnung der Natur. Eine allgemeingültige Gesetzgebung und ein einheitliches Gesetzgebungsverfahren sollten Klarheit und Freiheit in die vielfältigen Lehensbindungen der Menschen bringen (Montesquieu 1994, S. 419f.).

Koordinaten politischer Freiheit

An dem Punkt der Vereinheitlichung, also der Rationalisierung von Herrschaft, setzten konkrete Reformansätze an. Zunächst mussten Land und Leute eines Herrschaftsterritoriums erfasst werden, um sie dann mit einheitlichen Regelungen durchdringen zu können: Landeserschließungen, Volkszählungen und die Anlage von Katastern zur systematischen Erfassung für die Steuererhebung) waren erste Schritte. Dazu gehörte die 1723 gegründete preußische Zentralbehörde oder die österreichische finanzpolitische Verwaltung (*Directorium in publicis et cameralibus*). Wieder zeigt sich die aufgeklärt-absolutistische Doppelseitigkeit der Reformen, erfolgten die doch einerseits zur zentralistischen Durchdringung der Landschaftsrechte und andererseits – durch die ausschließlich von der zentralen Staatsmacht erhobene Besteuerung – zur Eindämmung des Wildwuchses der Lehensrechte. Die Finanzpolitik stand deshalb im Zentrum der Interessensannäherung zwischen Untertanenwohl und Staatsverwaltung. Durch Finanzinteressen des Staates konnten die Steuerprivilegien des Adels und Klerus beschnitten werden, die den Aufklärern ein besonderer Dorn im Auge waren. Allerdings blieb der Widerstand gegen solche Versuche, die vor allem in Russland, Österreich und Frankreich unternommen wurden, nicht aus. In den französischen *Parlements*, den örtlichen Gerichtshöfen, wurden die ständischen Rechte und Privilegien erbittert verteidigt, deren Einschränkung der leidenschaftliche Kämpfer für die Aufklärung, Anne Robert Jacques Turgot (1727–81), als Finanzminister

Rationalisierung von Herrschaft

Anne Robert Jacques Turgot

veranlasst hatte (→ KAPITEL 14.1). Turgot glaubte als Vertreter der aufgeklärt-ökonomischen Schule der Physiokratie daran, dass die notwendigen Reformen nur im Verbund mit einem aufgeklärten Herrscher durchgesetzt werden können. Politische Unfreiheit ging in seinen Augen Hand in Hand mit Erwerbslosigkeit, die er in der feudalen Lehensordnung begründet sah. Deren stärkstes Machtmittel lag wiederum in den Parlamenten. Turgots politische Ziele bestanden in der Abschaffung unbezahlter Arbeit (*Corvée*), des Zunftzwangs und der ständischen Privilegien. Eine gleiche Besteuerung der Stände war in seinen *Six Edits* (Sechs Edikte, 1776) ebenfalls vorgesehen, deren Durchsetzung weniger am König als an seinen Beratern scheiterte. Es ist Ausdruck der damaligen Zeit, dass Turgot nach seinem politischen Sturz seine wissenschaftlichen Studien der Gesellschaft fortsetzte und diese dann als Vizepräsident des *Académie Royale* veröffentlichte. Ebenso schnell, wie die Chancen für politische Experimente ergriffen werden konnten, waren sie auch wieder verflogen.

[Marginalie: Reformversuche]

7.3 Grenzen der Politikreform

Der Handlungsrahmen der politischen Reformen ergab sich aus der Bereitschaft der Regenten, die Maßnahmen zu unterstützen und zu tragen. Die Reformen betrafen neben der Steuerpolitik auch die allgemeine wirtschaftliche Lage, die durch eine Zurückdrängung traditionaler Elemente wie dem Zunftwesen und der Zölle verbessert werden sollte. Ein Lieblingsreformfeld von Aufklärung und Absolutismus war der Agrarsektor. Die Bauernschaft sollte aus ihren knechtischen Lebensbedingungen befreit werden, um dann den Grundstock für wirtschaftliche Prosperität der Nationen zu bilden (→ KAPITEL 4.2). Der wissenschaftlichen Durchdringung der *Agriculture* waren in allen europäischen Ländern Sozietäten und Zeitschriften gewidmet, die sich etwa mit Fragen der Fruchtwechselwirtschaft und optimalen Tierhaltung beschäftigten. Die Vermittlung dieser wissenschaftlichen Ergebnisse oblag wiederum den Aufklärern auf der Kanzel. Der „Gentleman Farmer", wie im gleichnamigen 1776 erschienenen Werk des Juristen Lord Kames, oder der philosophische Bauer Jakob Gujer (1716–85) entsprachen diesem Idealbild.

Neben der Erziehung des Volkes war ein weiteres Ziel, den wirtschaftlichen Aufschwung durch große Umsiedlungsprojekte zu befördern. Diese bevölkerungspolitischen Maßnahmen bezeichnete man im 18. Jahrhundert als „Peuplierung". So warb man beispielsweise

[Marginalien: Reformfelder; Agrarsektor; Peuplierung]

mit dem Versprechen der religiösen Toleranz um Zuzug von gut ausgebildeten Handwerkern aus weniger toleranten Regionen wie etwa um den Zuzug der französischen Hugenotten nach Preußen.

Herrschaftsverhältnisse als wissenschaftlich durchdringbare und damit steuerbare Mechanismen zu begreifen, führte sowohl von staatlicher als auch von gelehrter Seite zu einem neuen Menschenbild. Dieses unterschied sich grundlegend vom Menschenbild der ständischen Gesellschaft, deren Ordnung als gottgegeben aufgefasst wurde: Hier war der Mensch in seine soziale Lage hineingeboren und schicksalhaft darin befangen. Dagegen ermöglichten eine rationale, geplante Reformpolitik und eine langfristig angelegte Erziehungspolitik nachhaltige Veränderungen dieser nur scheinbar unentrinnbaren Vorsehung. Krankheit und Armut des Menschen wurden nicht mehr als Schicksalsschläge hingenommen, denen mit karitativer Mildtätigkeit begegnet werden sollte, sondern als zeitlich befristete Zustände, die es als Problem einzuhegen und zu überwinden galt. Die Gesundheit innerhalb des Gemeinwesens wurde zur Staatsaufgabe, die hygienischen Bedingungen wurden verbessert, Impfungen eingeführt, Krankenhäuser gebaut und die Friedhöfe aus den Innenstädten verbannt. Armut sollte auch durch eigenverantwortliche Selbstvorsorge bekämpft werden, was nach der frühneuzeitlichen Feuerversicherung ab der Mitte des 18. Jahrhunderts auch die Personenversicherung populär werden ließ, wie die 1743 gegründete Professorenwitwenkasse der Universität Göttingen (Müller 2002, S. 60). Mit der Vorstellung der Eigenverantwortlichkeit des Individuums für seine soziale Lage verstärkte sich auch die Kriminalisierung der Armut. Die „Zuchthäuser" des 17. Jahrhunderts wurden in aufgeklärten Schriften kritisiert und stattdessen die Einrichtung von „Korrektions- oder Besserungsanstalten" gefordert, was mit Menschenbild und Erziehungsideal der Aufklärung konvergierte. In diesen Anstalten sollte durch die Förderung des „Industriefleißes" sowohl das Individuum geläutert als auch für die Gesellschaft Nützliches hervorgebracht werden (→ KAPITEL 13.3).

Der italienische Rechtsphilosoph Cesare Beccaria (1738–94) hatte in seinem 1764 anonym erschienenen Buch *Dei delitti e delle pene* (Von den Verbrechen und von den Strafen) für Prävention anstelle drakonischer Strafen geworben. Aufgrund dieser Haltung lehnte er Folter und Todesstrafe ab und setzte auf längere Haftstrafen, die von Zwangsarbeitsmaßnahmen unterstützt werden sollten. Das Strafmaß sollte stets der Verhältnismäßigkeit folgen, wobei es dem Staat angeraten war, insgesamt maßvoll von diesem Instrument Gebrauch zu machen. Solche Forderungen standen in eklatantem Widerspruch zur gängigen Strafpraxis in Europa, die schon mindere Vergehen mit der Todesstrafe ahndete und Hochverrat, wie im Fall Struensee, noch durch öffentliches Vierteilen und Rädern bestrafte. Die Reformansätze aufgeklärter Herrscher sahen daher vor, dass Folter und machtvoll demonstrierte Rache durch ‚humane' Strafen wie Zwangsarbeit ersetzt werden sollten, wie etwa in der theresianischen Strafrechtsreform (*Constitutio Criminalis Theresiana*, 1769) und im *Allgemeinen Landrecht für die preußischen Staaten* (ALR) vollzogen (→ KAPITEL 13.3).

Strafpraxis in Europa

Der Untertan wurde im aufgeklärten Absolutismus zum Zögling. Kinder und Jugendliche befanden sich vor allem in den Händen der kirchlichen Institutionen, doch die staatlichen Institutionen gewannen zunehmend an Bedeutung. Der langsame Rückzug der Schulorden, vor allem die schrittweise Aufhebung der Jesuiten-Orden in Europa, ermöglichte den staatlichen Zugriff auf die höhere Bildung, die in protestantischen Gebieten ohnehin schon länger gegeben war. Staatliche Schulbehörden sorgten überwiegend in Österreich, Polen, Preußen und Spanien für die Einführung der Schulpflicht, eine Professionalisierung der Lehrerausbildung und für vereinheitlichte Lehrpläne, die eine neue, praxisgebundene Bildung vorsahen. Die Gründung von Universitäten, Berufs- und Militärakademien setzte die Verbindung von Schulbildung und Staatlichkeit fort. Auf dem Sektor der Professionalisierung und Institutionalisierung von Wissenschaft und Ausbildung gingen Absolutismus und Aufklärung naturgemäß die engste Bindung ein: zur sozialen Disziplinierung oder ‚technischen' Ermöglichung der Mündigkeit. Durch die Bildung schien für die bürgerlichen Schichten die Möglichkeit gegeben, die Schranken der ständischen Ordnung zu überwinden und den Feudalismus nicht nur langsam politisch, sondern auch sozial außer Kraft zu setzen.

Schulbildung und Staatlichkeit

Mündigkeit

Insbesondere bei den Sozialreformen stießen die politischen Vorhaben des 18. Jahrhunderts jedoch deutlich an ihre Grenzen. Selbst reformfreudige Regenten wie die russische Zarin Katharina II. (1729–96) oder der Philosoph auf dem preußischen Königsthron, Friedrich II., konnten trotz hochkarätiger Unterstützung aus dem Lager der Aufklärung durch die französischen Philosophen Voltaire und Diderot nicht hinter ihre adelige Standessolidarität treten, auch wenn es die Staatsräson geboten hätte. In Russland ging die Agrarreform zulasten kirchlicher Güter, doch das Staatsoberhaupt wagte es nicht – ebenso wenig wie in Preußen –, die Leibeigenschaft anzutasten. Dabei wird oft übersehen, dass bereits Kaiserin Maria Theresia (1717–80) und später ihr Sohn Joseph II. (1741–90) diesen Weg

Sozialreformen

konsequenter gegangen waren: In Österreich wurde 1781 die persönliche Leibeigenschaft zur Gänze abgeschafft.

Das Konzept des aufgeklärten Absolutismus hatte spätestens da seine Sollbruchstelle erreicht, als die schärfste Waffe der Aufklärung, die Kritik an sozialen und politischen Missständen, sich gegen den Träger der Reformen selbst richtete. In kaum einem Prozess wird das deutlicher als bei der Diskussion um Inhalt und Erlass des *Allgemeinen Gesetzbuches für Preußen*. Zwischen dem Auftrag zur Ausarbeitung einer solchen einheitlichen Rechtskodifikation durch Friedrich II. 1780 und ihr Inkrafttreten unter Friedrich Wilhelm II. (1744–97) im Jahr 1792 war mit der Französischen Revolution ein dramatisches Ereignis getreten. Zum einen war der Thronerbe Friedrich Wilhelm II. unbezweifelbar weniger reformfreudig als sein Onkel Friedrich II. es gewesen war, und zum anderen hatte die Revolution ein neues Licht auf den Diskurs von Macht und Herrschaft geworfen. Die dort erfolgte Machtdemonstration des dritten Standes (→ KAPITEL 14.1) ließ den Herrscher wieder näher an den Adel rücken: Er hatte erkannt, dass ihre gemeinsamen Privilegien geschützt werden mussten. Die Aufklärung konnte weder weiter als herrschaftsstabilisierende Ideologie noch als positiver Reformimpuls dienen, sondern stand im Verdacht, die Revolution befördert zu haben. Das 1792 als *Allgemeines Gesetzbuch für die Preußischen Staaten* (AGB) fertig gestellte Werk sicherte zwar verschiedene Grundrechte des Individuums, wie die Freiheit der Religionsausübung und den Schutz des Eigentums. Die ständische Ordnung wurde indessen nicht abgeschafft, sondern erhielt ihre rechtliche Grundlage. Die Interessengemeinschaft von Absolutismus und Aufklärung war an ihr vorläufiges Ende gekommen. Zwar konnten beide Seiten Erfolge verbuchen, doch hatten beide Konzepte durch die vorübergehende Koalition ihrem jeweiligen Selbstbild geschadet. Der Diskurs über die Grenzen der Macht und die Legitimität der Herrschaft musste durch neue Koordinaten bestimmt werden.

Randnotizen: Allgemeines Gesetzbuch für Preußen; Grundrechte

Fragen und Anregungen

- Erläutern Sie, in welcher Beziehung die Konzepte Absolutismus und Aufklärung im 18. Jahrhundert zueinander standen und wie sich dieses Verhältnis veränderte.

- Stellen Sie verschiedene Beispiele des aufgeklärten Absolutismus in Europa vor.

- Beschreiben Sie die Vorteile des aufgeklärten Absolutismus als Regierungsform
  - aus der Perspektive eines Regenten
  - aus der Perspektive eines Theoretikers.

Lektüreempfehlungen

Quellen

- **Cesare Beccaria: Von den Verbrechen und von den Strafen** [1764], aus dem Italienischen von Thomas Vormbaum mit einer Einführung von Wolfgang Naucke, Berlin 2005. *Gute Studienausgabe des Klassikers der Strafrechtsreform.*

- **Friedrich der Große: Der Antimachiavell** [1740]; **Das politische Testament von 1752; Regierungsformen und Herrscherpflichten** [1777], in: Die Werke Friedrichs des Großen, Bd. 7, Antimachiavell und Testamente, hg. v. Gustav B. Volz, Berlin 1912. *Immer noch zu konsultierende Ausgabe der Werke Friedrichs II. Mit der „Potsdamer Ausgabe" entsteht derzeit eine zweisprachige Neuausgabe, die 2012 zum 300. Geburtstag Friedrichs abgeschlossen sein soll. „Der Antimachiavell" ist bereits erschienen (Bd. 6, 2007).*

- **Charles-Louis de Montesquieu: Vom Geist der Gesetze** [1748]. Auswahl, Übersetzung und Einleitung von Kurt Weigand, (Reclam Universal-Bibliothek, Band 8953), Stuttgart 1994. *Studienausgabe eines der wirkungsvollsten Texte der französischen Aufklärung.*

- **Anne Robert Jacques Turgot: Betrachtung über die Bildung und Verteilung der Reichtümer** [1766], übersetzt v. Marguerite Kuczynski, Berlin/Ost 1981. *Ursprünglich für Studenten verfasster Text des späteren französischen Finanzministers.*

Forschung

- **Angela Borgstedt: Das Zeitalter der Aufklärung**, Darmstadt 2004. *Darstellung ausgewählter Forschungskontroversen zum 18. Jahrhundert: Schwerpunkt Aufgeklärter Absolutismus.*

- **Otto Dann / Diethelm Klippel (Hg.): Naturrecht – Spätaufklärung – Revolution**, Hamburg 1995. *Beiträge zur Rezeption des Naturrechts im 18. Jahrhundert.*

- Heinz Durchhardt / Matthias Schnettger: **Barock und Aufklärung**, Berlin / Boston ⁵2015. *Sehr gute Darstellung mit hervorragendem Forschungsüberblick.*
- Ewald Frie, **Friedrich II**, Reinbek 2012. *Innovative Einführung in das Leben des Preußenkönigs, die Bekanntes völlig neu präsentiert.*
- Kersten Krüger: **Möglichkeiten, Grenzen und Instrumente von Reformen im Aufgeklärten Absolutismus: Johann Friedrich Struensee und Andreas Peter Bernstorff**, in: ders., Formung der frühen Moderne. Ausgewählte Aufsätze, Münster 2005, S. 251–270. *Gelungene Darstellung einer aufgeklärt-absolutistischen Reformsymbiose.*
- Helmut Reinalter (Hg.): **Lexikon zum aufgeklärten Absolutismus in Europa: Herrscher, Denker, Sachbegriffe**, Wien / Köln / Weimar 2005. *Bester Einstieg ins Thema.*

8 Orte der Aufklärung: Öffentlichkeit und Untergrund

Abbildung 11: Johann Martin Bernigeroth: *Leipziger Café* (1744)

In vorliegender Darstellung aus einem Zyklus neu geschaffener Räume im 18. Jahrhundert hielt der sächsisch-kurfürstliche Kupferstecher Johann Martin Bernigeroth (1713–67) scheinbar beiläufig das gesellige Beisammensein in einem Leipziger Kaffeehaus fest. Tatsächlich handelt es sich um eine gekonnte Inszenierung des neuen bürgerlichen Selbstverständnisses. Geselligkeit wird nicht in einer bäuerlichen Wirtshausszene oder gar durch adelige Zerstreuung versinnbildlicht, sondern durch eine gepflegte Konversationskultur. In einem eleganten Ambiente, bei Kaffee und Kartenspiel, ist der rege Austausch der Bürger der eigentliche Gegenstand des Bildes. Das wird dadurch unterstrichen, dass sich die Besucher des Kaffeehauses vom Betrachter offenbar nicht ablenken lassen. Ins Gespräch vertieft, ist der überwiegende Teil der Porträtierten vom Beobachter abgekehrt: Man sieht eine geschlossene Gesellschaft im öffentlichen Raum des Kaffeehauses. Der Bedeutungszuwachs des Bürgertums äußert sich in der Einrichtung einer neuen Form des öffentlichen Diskurses, die sich ausdrücklich von anderen Formen öffentlichen Lebens zu unterscheiden trachtet. Die Orte der Aufklärung sind fundamental durch Prozesse der Öffnung, aber auch durch solche der Abschottung charakterisiert.

Im ausgehenden 17. Jahrhundert wird in Europa eine ungeheure Vielzahl von Kaffeehäusern gegründet. Zahlreiche neuartige Formen der Zusammenkunft werden populär. Allein in London werden im ersten Jahrzehnt des 18. Jahrhunderts ca. 3000 Kaffeehäuser gezählt, aber auch in Frankreich und in verschiedenen Territorien des Heiligen Römischen Reiches entsteht eine neue öffentliche Kultur. In der kostspieligen Ausstattung eher einem privaten Salon verwandt, wird durch den Verzicht auf Alkohol und derbes Amüsement eine klare Distanz zu Wirtshaus und Taverne geschaffen. Der fast ausschließlich männliche Besucher des Kaffeehauses entstammt der Aristokratie oder dem Bürgertum und besucht diesen Ort, um über Themen der Kunst und Literatur, aber auch über philosophische und politische Fragen zu debattieren. Der *Discours*, die öffentlich zugängliche Debatte, wird zu einem Charakteristikum des 18. Jahrhunderts und seine sukzessive Einrichtung in öffentlichen, privaten oder geheimen Gesellschaften die institutionelle Basis der Aufklärungskultur.

8.1 **Bürgertum und Öffentlichkeit**
8.2 **Medien und Institutionen der Aufklärung**
8.3 **Geheimgesellschaften und Untergrund**

8.1 Bürgertum und Öffentlichkeit

Im ausgehenden 17. und im 18. Jahrhundert wurde eine Vielzahl neuartiger Institutionen geschaffen, die den Menschen in dieser Form bisher nicht bekannt waren. Die Gründungen von Kaffeehäusern, Akademien, Salons, Lese- und Geheimgesellschaften waren eine Reaktion auf Bedürfnisse, die im institutionellen Rahmen der ständischen Gesellschaft keinen angemessenen Platz fanden (→ KAPITEL 4.1). Auch die Reformuniversitäten wie in Halle oder Göttingen können zu dieser neuen Art der Institution gezählt werden. Gerade die sich verbreitende bürgerliche Schicht war in ihrer sozialen und intellektuellen Formierungsphase auf Orte und Medien der Selbstvergewisserung und Identitätsbildung angewiesen, die ihrem Selbstverständnis und Abgrenzungsbedürfnis innerhalb der alten Ständeordnung entsprachen. Im Unterschied zu den herkömmlichen sozialen Verbünden der Frühen Neuzeit, die sich nach Geburtsstand, Konfession oder Beruf gliederten, waren die neuen Einrichtungen dem Anspruch nach statusegalisierend, das heißt Statusunterschiede wurden tendenziell eingeebnet. Anders als bei Zünften, Bruder- oder Landsmannschaften standen die neuen Orte der Zusammenkunft dem Prinzip nach all jenen offen, die sich freiwillig für gesellige oder gesellschaftsfördernde Aktivitäten zusammenschließen wollten. Der Zusammenschluss galt nicht der Wahrung des Berufsstands oder der Privilegien, sondern er ermöglichte die Kommunikation innerhalb der ständischen Gesellschaft. Durch den Aufstieg des Bürgertums – sowohl in der Ökonomie als auch in der Bürokratie – waren die Grenzen zwischen den Ständen zunehmend durchlässiger geworden. In England äußerte sich dieser Austausch in den sich überschneidenden Interessen an Landbesitz und Kapital (*landed and moneyed interests*) des Großbürgertums und des niederen Adels, die nun gemeinsam in Kaffeehäusern Fragen der Viehzucht und des Getreideanbaus erörterten, aber auch philosophische und literarische Diskussionen führten. Es entwickelte sich eine nie dagewesene öffentliche Debattenkultur. In Frankreich, wo das Bürgertum trotz seines beispiellosen ökonomischen Aufstiegs im 18. Jahrhundert weiterhin von der politischen Mitsprache ausgeschlossen blieb, entstand in den Salons eine regelrechte Parallelwelt, in der sich „Söhne von Prinzen und Grafen, von Uhrmachern und Krämern" (Habermas 1975, S. 49) auf Augenhöhe begegnen konnten. Wenn der im Waisenhaus aufgewachsene, spätere Begründer der *Encyclopédie* Jean Baptiste le Rond D'Alembert (1717–83) seine wissenschaftlichen und politischen Theorien

Neuartige Institutionen

Auflösung der Standesgrenzen

Öffentliche Debattenkultur

vorstellte, setzte sich das Publikum aus hoher und niederer Aristokratie, aus Großbürgertum (Bourgeoisie) und Kleinbürgertum zusammen. Fast alle maßgeblichen Ideen der Aufklärung wurden zunächst in Akademien, Salons und Sozietäten vorgetragen und in Form eines solchen *Discours* mit dem Publikum öffentlich diskutiert.

Discours

Der Gegensatz zwischen dieser öffentlichen Debattenkultur und dem Politikverständnis des absolutistischen Fürstenstaates ist offenkundig. Mit dem Schlüsselwort der *arcana imperii* (Arkanpolitik) bezeichnete man in der Staatstheorie der Frühen Neuzeit die von der Öffentlichkeit abgeschlossene, hermetische Praxis der politischen Entscheidungsfindung. Die sogenannte Arkanpolitik als Kennzeichen absolutistischer Regierungsformen sei durch die Folgen der dramatischen konfessionellen Auseinandersetzungen erforderlich geworden, in denen theologische Fragen politisiert und politische Fragen moralisch aufgeladen worden seien. Der Absolutismus konnte diese enge Verwobenheit macht- und konfessionspolitischer Konflikte nur in der Weise neutralisieren, indem Versuche zur systematischen Rationalisierung der Politik unternommen wurden (Koselleck 1973, S. 11ff.).

Arkanpolitik

Das heißt, politische Entscheidungen sollten ausschließlich den Grundsätzen des Staatswohls (Staatsräson) gehorchen, während ethisch-moralische Fragen dem privaten Bereich zugerechnet wurden. Die Trennung von Politik und Moral wurde bereits in staatstheoretischen Schriften des 16. und 17. Jahrhunderts angeprangert und zum Ausgangspunkt genommen, das Widerstandsrecht gegen unrechtmäßig ausgeübte Staatsgewalt zu begründen. Der typisch aufgeklärte Beitrag zur Debatte bestand jedoch in der Koppelung politisch-moralischen Handelns an ein bestimmtes bürgerliches Selbstverständnis. Aus dieser Koppelung ging die Entgegensetzung von aristokratischer Amoralität einerseits und bürgerlicher Ethik andererseits im politischen und literarischen Diskurs des 18. Jahrhunderts hervor. Beispiele für eine solche Gleichsetzung von Bürgertum und Moral finden sich in der Ausarbeitung eigener ‚bürgerlicher' Morallehren: etwa das 1789 erschienene *Handbuch der Moral für den Bürgerstand* des evangelischen Theologen Carl Friedrich Bahrdt (1740–92) (Bahrdt 1984, S. 273ff.).

Politik und Moral

Bürgerliche Morallehren

Bürgerliche Debattenkultur und obrigkeitlicher Fürstenstaat begegneten sich im Medium der Zensur. Die Zensur war das bedeutendste Mittel zur Steuerung der öffentlichen Meinung. Dieses Interesse entzweite und verband Regierende und Intellektuelle. Die theoretische Reflexion der Bedeutung von Pressefreiheit und Zensur umschreibt das politische Spektrum der Aufklärungsgesellschaft und

Zensur

es liegt in der Logik des Verfahrens, dass verschiedene Aufklärer selbst mit den praktischen und theoretischen Umsetzungsproblemen der Zensur betraut waren (Mix 2007, S. 13). Die seit dem frühen 17. Jahrhundert geschaffene Einrichtung eines königlichen Zensors (*directeur général de la librairie*) in Frankreich wirkte modellhaft auf die Zensurpraxis in anderen europäischen Ländern. Kein Buch und keine Zeitung durften erscheinen, ohne dass sie durch die Hände des königlichen Zensors gegangen waren. Um eine freie Publizistik zu unterbinden, wurden die Druckereien auf eine überschaubare Anzahl reduziert und mit speziellen Lizenzen versehen (Darnton 1995, S. 200). Die Reichsgesetzgebung bildete den rechtlichen Rahmen für eine Kontrolle der Publikationen im Heiligen Römischen Reich, sodass zum Beispiel die Schriften Voltaires und Montesquieus Werk *De L'Esprit des Lois* (Vom Geist der Gesetze, 1748) auf Reichsebene auf die Liste der verbotenen Bücher („Index") kamen. Die eigentliche Zensurpolitik wurde jedoch von den Territorialfürsten ausgestaltet, was die sehr unterschiedliche Handhabung in den verschiedenen Reichsterritorien erklärt. Russland verfügte über keine rechtliche Verfahrensregelung der Zensur und nutzte das Mittel dennoch ausgiebig und willkürlich. Die Schriften des in Russland viel übersetzten und tief verehrten Voltaire wurden mit dem Einverständnis der russischen Zarin Katharina II. (1729–96), ehemals glühende Anhängerin und Brieffreundin des französischen Philosophen, ab 1791 verboten. Ihr Sohn Paul I. (1754–1801) setzte den Kampf gegen die „französische Seuche" fort (Zaborov 2004, S. 87f.). Auch andere aufgeklärte Fürsten wie der preußische König Friedrich II. und Karl III. von Spanien, die die Pressefreiheit auf ihre politische Agenda gesetzt hatten, verzichteten nicht vollständig auf ihr Recht, in Publikationsfragen eingreifen zu können. Dänemark (→ KAPITEL 7.1) und die Habsburgermonarchie unter Kaiser Joseph II. gingen dieses Wagnis zumindest für eine kurze Zeit ein.

<small>Vielfältige Zensurpraxis in Europa</small>

Mehr als jede andere berührte die Debatte um die Legitimität der Zensur den Gehalt dessen, was unter „Aufklärung" eigentlich zu verstehen sei und vor allem, wie sie durchsetzbar war. Eine Frage beschäftigte Regierende und Intellektuelle gleichermaßen: Kann die Pressefreiheit erst erfolgen, wenn die Mündigkeit der Bürger im Prozess der Aufklärung vorangeschritten ist, oder schafft der freie Markt der Meinungen überhaupt erst die Voraussetzung dafür, aus Untertanen mündige Bürger zu machen? Die unterschiedlichen Meinungen zum Problem, ob die Freiheit die Aufklärung oder die Aufklärung die Freiheit mit sich bringe, basierten auf verschiedenen Ordnungs-

<small>Legitimität der Zensur</small>

<small>Freiheit und Aufklärung</small>

vorstellungen der Gesellschaft (Bachmann-Medick 1989, S. 48ff.). Sollte die hierarchische Gesellschaftsordnung bestehen bleiben, der die Aufklärung als Erziehungsprogramm diente, oder bildeten Aufklärung und obrigkeitlich nicht eingeschränkte Öffentlichkeit eine untrennbare Kommunikations- und Handlungseinheit?

<small>Koselleck und Habermas</small>

Zwei einflussreiche Bücher haben in den ersten Dekaden nach dem Zweiten Weltkrieg das Verhältnis von Aufklärung, Bürgertum und Öffentlichkeit zu bestimmen versucht. Reinhart Kosellecks *Kritik und Krise* (1959) und die Studie *Strukturwandel der Öffentlichkeit* (1962) von Jürgen Habermas waren Pionierarbeiten auf dem Felde der gesellschaftlichen Veränderung im Verlauf des 17. und 18. Jahrhunderts. Trotz der geistesgeschichtlichen Ausrichtung beider Bücher verstanden sie sich nicht als philosophiehistorische Untersuchungen, sondern als Beiträge zur Erklärung des Entstehungsprozesses der bürgerlichen Gesellschaft. Der Philosoph und Soziologe Habermas (*1929) begreift diesen Prozess als emanzipatorisch und konstitutiv für die Moderne, während der Historiker Koselleck (1923–2006) diese Entwicklung kritischer als Pathogenese, also als Krankheitsgeschichte auffasst. Koselleck beschreibt die Situation des konfessionellen Bürgerkrieges als Voraussetzung des Absolutismus und diesen wiederum als Bedingung der Aufklärung. Habermas konzentriert sich hingegen auf die komplexe Verflechtung von öffentlicher Debatte, ökonomischem Aufstieg und politischer Partizipation des Bürgertums.

<small>Kritik an beiden Ansätzen</small>

Trotz verschiedentlich geäußerter Kritik an beiden Ansätzen, dienen diese Arbeiten immer noch als Ausgangspunkte zur Erforschung des Gesellschaftswandels am Beginn der Moderne. Gerade die Thesen von Habermas haben durch ihre späte Übersetzung ins Englische (1989) immer noch eine starke Wirksamkeit in der angelsächsischen Forschung. In der jüngeren deutschen Forschungsliteratur wurde die Vorstellung eines „Bürgertums" als sozial klar identifizierbare Klasse im 17. und 18. Jahrhundert als anachronistisch kritisiert (Daniel 2002, S. 9). Außerdem wurde die Ausbildung einer diskursiven Öffentlichkeit bereits früher angesiedelt oder in Anlehnung an die Gesellschaftstheorie von Niklas Luhmann (1927–98) stärker an ihren Kommunikationsformen als an ihren sozialen Bindungen gemessen.

<small>Öffentlichkeit als zentrale Kategorie</small>

Bestehen bleibt die Bedeutung der Öffentlichkeit als zentrale Kategorie zur Erforschung der Frühen Neuzeit (Gestrich 1994). Die begriffliche Fassung dieses öffentlichen Raums und der Prozess seiner institutionellen Einrichtung und theoretischen Auskleidung erfolgt im 18. Jahrhundert. Das Verhältnis von Aufklärung und Öffentlichkeit lässt sich wiederum als ambivalent oder dialektisch bezeichnen. Aufklärung verbreitet sich laut Definition nur durch den öffentlichen Gebrauch der Vernunft – doch dieser muss anonym, privat oder geheim (klandestin) erfolgen, um als kritisch wahrgenommen, aber dennoch nicht verboten zu werden.

8.2 Medien und Institutionen der Aufklärung

Die Vorstellung, dass Kommunikation und Information die grundlegende Basis der Gesellschaft bilden, wurde bereits von den Aufklärern selbst formuliert: „Society is held together by communication and information" (Die Gesellschaft wird von Kommunikation und Information zusammengehalten) wurde als geistreiche Feststellung des berühmten englischen Schriftstellers und Literaturkritikers Samuel Johnson (1709–84) 1791 von seinem nicht minder renommierten Biografen James Boswell (1740–95) kolportiert (Boswell 2002, S. 282). Schon die Gelehrtenrepublik des 16. und 17. Jahrhunderts zeichnete sich durch rege Kommunikation über territoriale und fachliche Grenzen hinweg aus. Der fundamentale Unterschied zum 18. Jahrhundert war vor allem eine Folge der Explosion des Buch- und Zeitschriftenmarktes. Weite Kreise der Bevölkerung erhielten Zugang zur Informations- und Kommunikationsgemeinschaft, der vorher auf eine kleine akademische Gemeinde (*scientific community*) begrenzt gewesen war. Dieser Prozess wird in der Forschung als *Revolution of print* (Presserevolution) bezeichnet, die wiederum mit einer „Leserevolution" einhergegangen sei (→ ASB D'APRILE / SIEBERS, KAPITEL 2). In Frankreich verdreifachte sich die Anzahl der Buchpublikationen im Zeitraum von 1700 bis 1770. Eine vergleichbare Entwicklung lässt sich auch für den englischen Buchmarkt aufzeigen (Porter 2000, S. 73). Im Reich erschienen in der ersten Hälfte des 18. Jahrhunderts ca. 750 Titel pro Jahr, in den 1780er-Jahren waren es bereits an die 5 000. Bemerkenswert ist dabei auch der Wandel der inhaltlichen Ausrichtung der Bücher: Während der Prozentsatz der religiös erbaulichen Texte um zwei Drittel auf 5,8 Prozent der gesamten Neuerscheinungen pro Jahr zurückging, verdoppelten sich populärwissenschaftliche und fiktionale Texte. Was das Interesse der Leser angeht, zeigen die bislang ausgewerteten Leihlisten von Bibliotheken und Lesegesellschaften, dass Reiseberichte und naturwissenschaftliche Werke im Leserinteresse weit vor literarischen Werken rangierten.

Kommunikation und Information

Revolution of print

ORTE DER AUFKLÄRUNG

Lesewut

Die sprichwörtliche Lesewut des 18. Jahrhunderts verdankt sich dem Umstand, dass das Lateinische als Verkehrssprache der Gelehrtenwelt immer weiter zurückgedrängt und durch neu entstehende nationale Wissenschaftssprachen und Literaturen ersetzt wurde. Zudem geht die neuere Forschung – trotz der nur äußerst schwierig zu ermittelnden Daten – davon aus, dass der Anteil der Analphabeten innerhalb der Bevölkerung erheblich geringer war als lange vermutet. Schätzungen zufolge lag die Lesefähigkeit in Deutschland in der zweiten Hälfte des 18. Jahrhunderts bei nahezu 80 Prozent. Die erhobenen statistischen Daten stellen nicht die präzise Alphabetisierungsrate im Europa der Aufklärung dar, sondern vermitteln eine Ahnung vom Wandel des Leseverhaltens in dieser Zeit. Das Medium Buch war nicht mehr dem Klerus, den Gelehrten oder dem gehobenen Bürgertum vorbehalten. Gelesen wurde nun in allen Schichten, sodass zeitgenössische Kritiker angesichts dieser Entwicklung schon von einer „Lesekrankheit" sprachen. Gemeint war damit die wachsende Neugier und der nicht zu stillende Bedarf an Lektürenachschub – Neigungen, die mit den christlichen Werten der Kontemplation und Beschränkung nicht vereinbar waren. An die Stelle des „intensiven Lesens", also der wiederholenden Lektüre, trat nun das „extensive Lesen", das Vielllesen. Die *Moralischen Wochenschriften* –

Moralische Wochenschriften

den englischen Vorbildern *Tatler* (1708–11) und *Spectator* (1711–12) nachempfunden – wurden vor allem in der ersten Hälfte des 18. Jahrhunderts gegründet, um dem ständig wachsenden Bedarf an aktuellem Lesestoff nachzukommen. Blätter wie *Der Patriot* (Hamburg 1724–26), *Der Biedermann* (Leipzig 1727–29) oder *Der Mensch* (Halle 1751–56) erschienen meist anonym und jede Nummer hatte einen bestimmten Themenschwerpunkt. Trotz der Breite der Themen (Weltweisheit, Erziehung, Gesellschaft, Ästhetik, Sprachen) waren sie letztlich darauf ausgerichtet, Moral und Tugend innerhalb der bürgerlichen Gesellschaft zu befördern. Kaum ein Aufklärer, der nicht an einer dieser Zeitschriften mitgearbeitet hätte, ob als Gründer, Herausgeber oder Autor. Die hohen Auflagen solcher Periodika wurden durch die Subskriptionen und Ankäufe der wie Pilze aus dem Boden sprießenden Kaffeehäuser, Clubs und Lesegesellschaften in europäischen Städten gesichert.

Lesegesellschaften

Lesegesellschaften wurden mit dem Ziel gegründet, neue philosophische Erkenntnisse über kleine akademische Zirkel hinaus einer breiteren Öffentlichkeit bekannt zu machen, wie einer ihrer Initiatoren, der englische Publizist Joseph Addison (1672–1719), 1711 schrieb: „to bring Philosophy out of the Closets and [private] Libraries, Schools and Colleges, to dwell in Clubs and Assemblies, at Tea-Tables and Coffee-Houses" (Addison 1965, S. 44f; [Lesegesellschaften dienen dazu,] die Gelehrsamkeit aus den Kabinetten, Privatbibliotheken, Schulen und Universitäten zu befreien und es ihr in Clubs, Sozietäten, an Teetischen und in Kaffeehäusern behaglich einzurichten). Aufgrund der demokratisierenden Intention bei der Gründung von Lesegesellschaften – sowohl hinsichtlich ihrer inneren Struktur als auch in Bezug auf ihre bildungsstiftende Funktion – wurden sie als zentraler Entstehungsort der modernen bürgerlichen, das heißt politisch partizipierenden Gesellschaft interpretiert (Dann 1981, S. 9ff.). In der Tat offenbaren die Statuten der Vereinigungen, die zunächst zur erschwinglichen Bereitstellung von Lesestoff gegründet worden waren, eine neue Form bürgerlicher Assoziation. Laut des zeitgenössischen *Universal-Lexicons* von Johann Heinrich Zedler verfolgten diese bürgerlichen Vereinigungen immer einen gemeinsamen „Zweck", also einen gemeinschaftsfördernden Willensbildungsprozess (Zedler 1735, Sp. 1260f.). Dass politische Meinungsbildung und Patriotismus der „Zweck" mancher Vereinigung war – etwa bei den „Patriotischen Gesellschaften" in Hamburg oder Bern –, schien ihre politisch-demokratische Ausrichtung noch zu unterstreichen. Jüngere Forschungsarbeiten zeigen jedoch, dass diese Form der Vereinigung nicht im Gegensatz zur Obrigkeit stand und der demokratisch-emanzipatorische, ‚bürgerliche' Charakter häufig im Nachhinein auf diese Gesellschaften projiziert wurde. Bettet man die Entstehung der Sozietäten im Zeitalter der Aufklärung hingegen in den gesamtgesellschaftlichen Transformationsprozess der frühmodernen Gesellschaften ein, kann man sie als Ort der komplexen soziokulturellen Umschichtung zwischen feudaler Kooperation und bürgerlicher Assoziation verstehen (van Dülmen 1993, S. 332f.).

Die Basis für die neue Form der sozialen Kommunikation bestand im übergreifenden aufklärerischen Diskurs, das heißt im gemeinsamen Interesse an der Verbreitung von Wissen und Wissenschaft zum Zwecke der moralischen Verbesserung des Menschengeschlechts. Dieses Interesse verband alle Akteure bei den genannten Neugründungen von Akademien, Reformuniversitäten, Salons und gelehrten Gesellschaften bis hin zu den geselligen Clubs und explizit politischen Vereinigungen. Allerdings gab es unterschiedliche Auffassungen darüber, in welcher Art und Weise die Aufklärung Verbreitung finden sollte. In der Gründungsphase stellten die neuen bürgerlichen Vereinigungen das Deutungsmonopol von Obrigkeit und Kirche nicht infrage – diese blieben zunächst die unangefochtenen Institutionen zur Verbreitung von Gemeinwohl und Kultur. Politische und religiöse Fragen waren weiterhin dezidiert von der Agenda der neuen bürgerlichen Vereinigungsformen ausgespart. Akademische Preisfragen, die von den Gesellschaften ausgelobt wurden, wie die 1753 von der Akademie von Dijon nach dem „Ursprung der Ungleichheit unter den Völkern" (→ KAPITEL 4.3) oder die 1762 von der Berner Patriotischen Gesellschaft gestellte Frage „Durch welche Mittel können die verdorbenen Sitten eines Volkes wiederhergestellt werden?" (→ KAPITEL 3.2), zeigen dennoch den zutiefst politischen Charakter des Diskurses. Die Einrichtung der Preisfrage verdeutlicht die Suche nach Ausdrucksformen und Foren der Partizipation innerhalb der Gesellschaft, die in ihrer Experimentierfreudigkeit die praktische Dimension der nur scheinbar theoretischen Reflexionen offenbarte.

Politische Dimension

8.3 Geheimgesellschaften und Untergrund

Als besonders schillernd im Transformationsprozess zwischen feudaler Ordnung und bürgerlicher Gesellschaft werden in Forschung und Populärkultur die Freimaurerei und der Illuminatenorden wahrgenommen. Den aufklärerischen Idealen von Transparenz und Öffnung scheinbar entgegengesetzt, changieren diese Gemeinschaftsformen offenkundiger im ambivalenten Prozess der Aufklärung zwischen Öffnung und Abschottung als andere Vergesellschaftungsformen. Auf die mittelalterlichen Dombauhütten und ihre innerzünftigen Geheimnisse des Kathedralenbaus zurückgehend, setzten sich besonders in Schottland und England die Geheimgesellschaften durch: als *Free-masons* (Freimaurer) wurden neben Handwerkern, Kaufleuten und adeligen Gönnern vor allem Naturwissenschaftler aufgenommen. Bei den Treffen standen wissenschaftliche Fragen zunehmend im Mittelpunkt, wodurch der handwerkliche Aspekt in den Hintergrund trat; er blieb vor allem in der Symbolik von Winkel und Zirkel sowie der Geheimhaltungspflicht erhalten (Reinalter 2000, S. 11f.). Spätestens seit den 1690er-Jahren lässt sich in London die Existenz verschiedener solcher Freimaurergesellschaften nachweisen, die in der Sprache der Freimaurerei „Logen" genannt werden. 1710 wurde der Astronom und Architekt Sir Christopher Wren (1632–1723) zu ihrem sogenannten Großmeister gewählt. Sieben Jahre später erfolgte dann der Zusammenschluss der Londoner Logen zur „Großloge" von London, die sich 1723 in einer Art Verfassung (*Constitution*) Statuten setzte. Von England ausgehend breitete sich die Freimaurerei schnell aus, in den Niederlanden und den ame-

Freimaurerei

Ausbreitung in Europa

rikanischen Kolonien, in Frankreich, Spanien, Italien, in Städten wie Hamburg, Genf, Wien, Dresden, Prag, Warschau, St. Petersburg und Moskau. In den 1740er-Jahren fasste diese Bewegung in Schweden, Dänemark, im südlichen Deutschland, Österreich, Siebenbürgen und Ungarn Fuß. Im deutschsprachigen Raum wurde 1737 in Hamburg die erste Freimaurerloge „Absalom" gegründet. Bis zum Jahr 1789 wurden annähernd 384 Logen gezählt, aber die Existenz von bis zu 450 Logen vermutet, denen in diesem Zeitraum etwa 27 000 Personen angehörten.

Die Mitgliedschaft in einer Loge stand für Unabhängigkeit von kirchlicher und politischer Autorität, da der Zugang jenseits der konfessionellen und ständischen Schranken jedem freigegeben war. Hohe Staatsbeamte, Gelehrte und Kaufleute traten sich hier als ‚Brüder' gegenüber. Die freimaurerische Auffassung eines aufgeklärten Christentums bzw. einer natürlichen Religion schuf eine Ebene, auf der sich Protestanten, Dissidenten, Katholiken und zu einem frühen Zeitpunkt auch Juden mit Andersgläubigen treffen konnten. Es gab gemischtgeschlechtliche Logen in den Niederlanden (Den Haag, gegründet 1751) und sogar wenige, reine Frauenlogen in Frankreich.

Mitglieder der Logen

Trotz dieser formalen Offenheit war die Freimaurerei vor allem von der gut gestellten Jugend aus gehobenem Bürgertum und Adel frequentiert. Somit waren die Gemeinschaften weniger ein Spiegel der Gesellschaft im Allgemeinen, als vielmehr Ausdruck der Gesellschaft der Aufklärer im Besonderen. Abgesehen von wenigen prominenten Beispielen wie Franz Stephan von Lothringen (Freimaurer seit 1731) oder Friedrich II. von Preußen (Freimaurer seit 1738), übten die Logen überwiegend auf die neuen Beamten, die jungen Unternehmer, aufstrebende Militärs, auf Schriftsteller und Gelehrte eine besondere Attraktivität aus – nicht zuletzt galten sie als Türöffner zur gehobenen Gesellschaft. Das alte Bürgertum stand dieser neuen Form der Vergesellschaftung bis auf regionale Ausnahmen eher skeptisch gegenüber, und im Adel waren es vielfach jüngere, aus kleineren Dynastien entstammende Regentschaftsanwärter, die der Freimaurerei anhingen. Der faktische politische Einfluss der Freimaurerorden wurde deshalb als ein „Machtspiel der Machtlosen" interpretiert (Wolfgang Hardtwig, zitiert nach: Müller 2002, S. 22). In der Praxis des bündischen Lebens der Freimaurer zeigten sich überdies diverse Diskrepanzen zu den ursprünglich toleranten Statuten und man hinkte etwa in Fragen der Aufnahme von Frauen und Juden den eigenen emanzipatorischen Ansprüchen hinterher. Nichtsdestotrotz – oder gerade deshalb – sind die Freimaurerorden besonders geeignet, Auf-

Machtspiel der Machtlosen

schlüsse über die Ambivalenzen der Aufklärung zu geben. Die Freimaurerei war zur Geheimhaltung gezwungen: 1738 hatte die katholische Kirche mit der päpstlichen Bulle *In eminenti* den Eintritt in Freimaurerlogen verdammt; in verschiedenen Territorien wurden die Orden daraufhin von der Obrigkeit verfolgt und aufgelöst.

Geheimhaltung und Verfolgung

Die Freimaurerei war ihrem Selbstverständnis nach elitär. Sie bot der Verschiebung innerhalb der Gesellschaft, den Zusammenkünften veränderter Macht- und Einflusssphären im Spannungsfeld von Absolutismus und Aufklärung, einen Rahmen des Austauschs, den die ständische Ordnung nicht vorsah. Das gesellschaftlich einende Band lag im gemeinsamen Erkenntnisinteresse an tabuisierten und wissenschaftlich ungelösten Fragen. In diesem Ansinnen zeichnete sich in den 1760er- und 1770er-Jahren ein Wandel der Geisteshaltung ab: die Abkehr vom „Vernunftglauben" der Frühaufklärung und eine Hinwendung zu Geheimwissenschaften und Esoterik (Alchemie, Magie, Okkultismus).

Elitäres Selbstverständnis

Einen Sonderfall innerhalb der Freimaurerbewegung stellt der Illuminatenorden dar, der 1776 vom Ingolstädter Professor Adam Weishaupt (1748–1830) als „Bund der Perfektibilisten" gegründet wurde. Der Illuminatenorden sollte direkter als die Logen dazu beitragen, Aufklärung und Moral in der Gesellschaft zu verbreiten. Ein vor allem unter der Feder des Freiherrn Adolph von Knigge (1752–96) ausgeklügeltes Erziehungssystem war dazu angetan, den geistigen Reifungsprozess der Menschheit systematisch zu befördern, um schließlich die absolutistische Regierungsform überflüssig zu machen. Damit gingen die Illuminaten einen entscheidenden Schritt über die angestammte Freimaurerei hinaus, indem sie sich nach der Aufhebung des Jesuitenordens direkt gegen den Einfluss der katholischen Reaktion richteten und konkrete Pläne zur Unterwanderung des politischen Systems entwickelten. Der Einsatz von Gewalt wurde zwar abgelehnt, aber das Feindbild der „Pfaffen und Fürsten" ohne Umschweife benannt und der politische Umsturz als Vision klar formuliert. Nach zehn Jahren der Existenz des Ordens führte diese radikale Ausrichtung schließlich zum Verbot und in ganz Deutschland zur harten Verfolgung der Mitglieder, wovon auch die Freimaurerlogen betroffen waren (van Dülmen 1986, S. 100ff.).

Illuminatenorden

Politischer Umsturz als Vision

Das Verbot des Illuminatenordens markiert eine grundsätzliche Veränderung der Sozietätenlandschaft: Der Übergang von Tradition und Innovation in der Vermischung aus feudaler Kooperation (Zünfte) und bürgerlicher Gesellschaft (Sozietätswesen) in den freimaurerischen Elitenetzwerken des 18. Jahrhunderts schien an seine Grenzen gekommen zu sein. Die Radikalisierung der Aufklärung in den 1780er-Jahren und die obrigkeitlichen Repressionsmaßnahmen beförderten den Rückzug in den literarischen Untergrund und in die Privatheit. In Preußen verbinden sich diese Repressalien unter der Regierung Friedrich Wilhelm II. mit den Namen der Staatsmänner Johann Christoph von Wöllner (1732–1800) und Hans Rudolf von Bischoffwerder (1741–1803), die ihrerseits als Mitglieder des Geheimbundes der Rosenkreuzer ihre antiaufklärerische Politik betrieben und politisch in die Tat umsetzten (→ KAPITEL 12.2). Die 1783 gegründete Berliner Mittwochsgesellschaft, in der sich im privaten Rahmen Spitzenbeamte der preußischen Regierung und Gelehrte trafen, ist wiederum eine Reaktion auf diese veränderte politische Atmosphäre.

Staatliche Repressionen

Die Zusammenschau der Orte der Aufklärung – Öffentlichkeit, Privatheit und Untergrund – offenbart ihre inneren Exklusions- und Inklusionsmechanismen, aber auch ihre äußeren Begrenzungen: Wie viel Aufklärung erlaubt sich die Gesellschaft des 18. Jahrhunderts und wo zeigen sich die Grenzen des öffentlichen Gebrauchs der Vernunft?

Fragen und Anregungen

- Erläutern Sie, in welchem Verhältnis die Begriffe Aufklärung, Öffentlichkeit und Bürgertum bei der Analyse des Gesellschaftswandels im 18. Jahrhundert stehen.

- Charakterisieren sie den „Strukturwandel der Öffentlichkeit" im Europa der Aufklärung.

- Diskutieren Sie die Frage, ob ein Vertreter der Aufklärung zugleich Mitglied einer Geheimgesellschaft sein kann: Widerspruch oder logische Konsequenz?

Lektüreempfehlungen

- Carl Friedrich Bahrdt: Handbuch der Moral für den Bürgerstand. Tübingen 1789, in: Paul Münch (Hg.), Ordnung, Fleiß und Sparsamkeit. Texte und Dokumente zur Entstehung der „bürgerlichen Tugenden", München 1984, S. 273–278. *Wichtiger Text zum Verständnis der Koppelung von Bürgerlichkeit und Moral in der Aufklärung.*

Quellen

- James Boswell: Dr. Samuel Johnson. Leben und Meinungen [1791], 4. Auflage, Zürich 2002. *Amüsant zu lesende zeitgenössische Biografie des berühmten englischen Lexikografen Dr. Johnson.*
- Adolph Freiherr Knigge: Freimaurer- und Illuminatenschriften [1781ff.], in: Sämtliche Werke, Bd. 12/13, Abt. 3, hg. v. Paul Raabe, München 1992. *Keine Schrift zur Verbesserung der Manieren, als vielmehr eine Anleitung zur Revolution!*

Forschung
- Robert Darnton: The Forbidden Best-Sellers of Pre-Revolutionary France, New York 1995. *Neueste Synthese des Altmeisters der Publikations- und Leseforschung im 18. Jahrhundert.*
- Richard van Dülmen: Die Gesellschaft der Aufklärer. Zur bürgerlichen Emanzipation und aufklärerischen Kultur in Deutschland, Frankfurt a. M. 1986. *Beste sozial- und ideengeschichtliche Einführung in das Thema.*
- Jürgen Habermas: Strukturwandel der Öffentlichkeit. Untersuchungen zu einer Kategorie der bürgerlichen Gesellschaft [1962], Neuwied/Berlin 1975, Neuausgabe Frankfurt a. M. 1990. *Unerreichter Klassiker zum gesellschaftlichen Wandel in der Frühen Neuzeit.*
- Reinhart Koselleck: Kritik und Krise. Eine Studie zur Pathogenese der bürgerlichen Welt [1959], Neuausgabe Frankfurt a. M. 1973. *Inspirierende, stark auf dem Theorem des konfessionellen Bürgerkrieges basierende Deutung der Entstehung der Aufklärung.*
- Steffen Martus: Aufklärung. Das deutsche 18. Jahrhundert – ein Epochenbild, Berlin 2015. *Umfassende Darstellung der deutschen Aufklärungsbewegung an ihren Orten und Protagonisten.*
- Helmut Reinalter: Die Freimaurer, München 2000. *Kurze Einführung vom besten Kenner der Freimaurerbewegung in der Frühen Neuzeit.*

9 Protagonisten der Aufklärung: Die Erfindung des Intellektuellen

Abbildung 12: Unbekannter Künstler: *Johann Gottfried Herder und Gemahlin* (1780)

Der Scherenschnitt zeigt den Schriftsteller Johann Gottfried Herder (1744–1803) und seine Frau Maria Karoline, geb. Flachsland (1750–1809) am Kaffeetisch. Die Frühstücksszene steht symbolhaft für intellektuelle Arbeitsamkeit und bürgerliche Nüchternheit. Dargestellt wird ein neuer gesellschaftlicher Typus, den die Epoche der Aufklärung hervorgebracht hat: der „philosophe". Die aus dem französischen übernommene Wendung verdeutlicht das Selbstverständnis der Aufklärer und entspricht etwa unserem heutigen Begriff des Intellektuellen. Häusliche, private Szenen bilden häufig den Hintergrund für die Selbstinszenierung. Die Wahl des privaten Umfeldes unterstreicht die Abgrenzung der „philosophes" von den traditionellen Darstellungen der Gebildeten als offizielle Amtsinhaber oder Stubengelehrte. Der aufgeklärte Intellektuelle gefällt sich in der Rolle des außenstehenden Beobachters und ‚Wächters' der bürgerlichen Gesellschaft. Zur ständischen Ordnung bleibt er in einem distanzierten Verhältnis. Einerseits gewährt nur ein Arrangement mit dem ständischen System gesellschaftlichen Einfluss. Andererseits offenbart die neue Schicht der Intellektuellen die Schranken der ständischen Gesellschaftsordnung, die dieser Berufung, dem „métiers intellectuels", keinen klaren Ort in der Gesellschaft zuzuweisen vermag. Der soziale Status des etablierten Außenseiters ist den Aufklärern vorgezeichnet.

Auch wenn die Aufklärung etliche adelige Protagonisten hatte, so stammte die Mehrzahl der aufgeklärten Intellektuellen aus bürgerlichen Verhältnissen. Schreiben galt den Aufklärern als ideale Daseinsform. Doch die Schriftstellerei gewährleistete selten ein Auskommen, häufig gefährdete sie sogar eine bürgerliche Existenz. Die Aufklärer befanden sich in einer spannungsreichen gesellschaftlichen Position: Sie mussten sich mit der Gesellschaftsform, die sie kritisierten, arrangieren. Wege aus dem Dilemma bestanden im Streben nach Autonomie durch Selbstbildung einerseits und durch gesellschaftliche Veränderung in Konzepten der Volksaufklärung andererseits.

9.1 **Vertreter der Aufklärung: Ideen, Menschen, Diskurse**
9.2 **Bildung und Autonomie**
9.3 **Volksaufklärung**

9.1 Vertreter der Aufklärung: Ideen, Menschen, Diskurse

Die Erkundung des 18. Jahrhunderts als intellektueller Raum erfolgte bislang maßgeblich auf zwei Wegen. Entweder man näherte sich dem Thema systematisch, indem zentrale philosophiegeschichtliche Strömungen für die Aufklärung geltend gemacht und diese durch ihre jeweiligen Vertreter illustriert wurden. Oder man betrachtete die Veränderungen innerhalb der Geistesgeschichte als eine Reaktion auf die politisch-sozialen Prozesse, was wiederum die Kontextualisierung der Ideen des 18. Jahrhunderts und damit die sozialhistorische Einbettung der Protagonisten der Aufklärung in den Vordergrund rückte. Da das ausgehende 17. und das 18. Jahrhundert vor allem als Umbruchperiode der Geistesgeschichte Interesse gefunden hat, wird verständlich, wieso diese Epoche auch ein zentrales Experimentierfeld für die Erprobung der verschiedenen Methoden und Theorien der Ideen- und Sozialgeschichte ist. Offensichtlicher als bei anderen Jahrhunderten drängt sich hier die Frage auf, ob die Ideen die Welt oder die Welt die Ideen verändert. Die Beantwortung dieser Frage liefert die Perspektive auf die Vertreter der Aufklärung: Stehen die Denker im Dienst der Ideen? Bilden Sie also das Personal der Aufklärung, unter dem es Philosophenkönige, einen ‚geistigen Adel' und ‚minderes Fußvolk' gibt? Oder dient die Aufklärung als Synonym für einen breiten sozialhistorischen Umbruchprozess, der die intellektuellen Bewältigungsstrategien der Zeitgenossen besonders herausforderte und stimulierte?

Die Etappen der Auseinandersetzung um die Deutung der Aufklärung und ihrer Träger lassen sich holzschnittartig etwa wie folgt umreißen: Im 19. Jahrhundert war die Skepsis gegenüber dem geistigen Erbe des 18. Jahrhunderts groß. Unter dem vernichtenden Urteil einer seichten, universalistischen, übertheoretisierten, populären, als „Aufkläricht" (Heinrich Leo) verhöhnten Aufklärung fand eine dezidierte Abwendung von dieser Form des Philosophierens statt. Nur einzelne Denker vermochten diese Rezeptionsschranke zu passieren, indem sie – wie die Philosophen Jean-Jacques Rousseau, Immanuel Kant oder der Historiker Edward Gibbon (1737–94) – nicht als Aufklärer, sondern als Vertreter der Romantik, des Idealismus oder des Historismus deklariert wurden. Einer der konzeptionellen Väter der Ideengeschichte, der Historiker Friedrich Meinecke (1862–1954), folgte dieser Auffassung noch in seiner *Entstehung des Historismus* von 1936. Parallel zu dieser älteren, abwertenden Sicht erfolgte allerdings im ersten Drittel des 20. Jahrhunderts eine Neubewertung des Aufklärungsdenkens. Diese ermöglichte erste systematische Synthesen der Geisteswelt des 18. Jahrhunderts, zu denen auch *Das achtzehnte Jahrhundert und die geschichtliche Welt* (1927) des Philosophen Wilhelm Dilthey (1833–1911) gezählt werden kann (→ KAPITEL 1.3).

Cassirers Ideengeschichte der Aufklärungszeit

Eine Befreiung aus dem polemischen Abgrenzungsgestus gegenüber der Aufklärung verbindet sich in Deutschland vor allem mit der Studie *Philosophie der Aufklärung* (1932) von Ernst Cassirer. Der deutsche Philosoph beschrieb in diesem Werk die „Ideengeschichte der Aufklärungszeit", so der ursprünglich geplante Titel, als anschlussfähige geistesgeschichtliche Tradition und als Bastion gegen die neuen Tendenzen der Seins- und Lebensphilosophie. Zur gleichen Zeit unterzogen die amerikanischen Historiker Carl L. Becker (1873–1945) und Arthur C. Lovejoy (1873–1962) in ihren Studien *The Heavenly City of the Eighteenth-Century Philosophers* (*Der Gottesstaat der Philosophen des 18. Jahrhunderts*, 1932) und *The Great Chain of Being: A Study of the History of an Idea* (*Die große Kette der Wesen. Geschichte eines Gedankens*, 1936) grundlegende Denkfiguren der Aufklärung einer kritischen Revision. Beide Untersuchungen zielten auf eine Entmystifizierung des historisch-politischen Bewusstseins ihrer Gegenwart. Die Aufklärung als Referenzpunkt der geistigen Situation der Zeit – entweder in bejahender oder abgrenzender Weise – blieb bestehen, jedoch immer unter der Perspektive verschiedener Ausdrucksformen einer philosophisch orientierten Ideengeschichte.

Systematische Ansätze

Frühe soziologische Studien

Eine soziologische Analyse der strukturellen Lebensbedingungen der Gebildeten im 18. Jahrhundert wählte Hans Gerth (1908–78) in seiner Dissertation *Die sozialgeschichtliche Lage der bürgerlichen Intelligenz um die Wende des 18. Jahrhunderts* (1933). Radikaler noch auf die Bedingungen und Formen der öffentlichen Debatten des Aufklärungszeitalters konzentrierte sich Ernst Manheim (1900–2002) in seinem 1933 erschienen Werk *Die Träger der Öffentlichkeit*, das einer Dialektik aus Struktur und Kultur folgte. Beiden Schriften, die kurz vor dem US-amerikanischen Exil ihrer Verfasser entstandenen waren, erreichten allerdings kaum eine breitere Wirkung.

Grundlegender Methodenwechsel

Ein grundlegender Methodenwechsel innerhalb der Erforschung des 18. Jahrhunderts zeichnete sich erst mit Peter Gays großer zweibändiger Studie *The Enlightenment. An Interpretation* (1966/69) ab, in der die Aufklärer nicht mehr als Träger der Ideen, sondern als Repräsentanten eines sozialhistorisch nachvollziehbaren Umbruchprozesses interpretiert wurden (Gay 1977, S. X). Damit hatte die lang währende ideengeschichtliche Interpretation des Aufklärungszeitalters eine neue Dimension erhalten, wobei auch Gay seine „Sozialgeschichte der Ideen" entlang der großen Werke des Zeitalters erzählte. Wie in den meisten älteren Darstellungen dominierte auch bei Gay weiter die Fixierung auf die Mitte des 18. Jahrhunderts und hier vor allem auf die Denker der schottisch-englischen und französischen Aufklärung: David Hume, Edward Gibbon, Montesquieu, Voltaire und die Enzyklopädisten. Nichtsdestotrotz war mit diesem Ansatz eine neue Form der Erforschung der Epoche der Aufklärung initiiert, die die gesellschaftlichen Bedingungen der intellektuellen Produktion nicht mehr unberücksichtigt lassen konnte. Die Aufklärung wurde in ihrer sozialen Verankerung betrachtet, im Kontext von Schul-, Pfarr- und Verlagshäusern. Dadurch eröffneten sich Perspektiven auf Autoren aus der ‚zweiten Reihe', die teilweise größere Auflagen und eine breitere Rezeption zu verzeichnen hatten als die prominenten Namen. Insbesondere die Arbeiten zur Entstehung der *Encyclopédie* lieferten Einsichten in das soziale Geflecht, in das die *philosophes* eingebunden waren. Wie diese Studien zeigen, hätten ohne den zum Teil riskanten Einsatz von Druckern, Verlegern und Buchhändlern nur wenige radikale Ideen einen kleinen Kreis von Intellektuellen verlassen (Darnton 1982, S. 11ff.). Mit der Entdeckung des intellektuellen Untergrundes kamen Autoren und Publizisten als Pioniere und Fackelträger aufklärerischen Denkens an die Oberfläche, die bislang von der Forschung vernachlässigt worden waren.

Soziale Verankerung der Aufklärung

Eine weitere Dimension der Gedankenwelt der Aufklärung wurde seit den 1980er-Jahren durch die vom Poststrukturalismus inspirierten diskursanalytischen und kulturhistorischen Methoden in der Interpretation des 18. Jahrhunderts hinzugewonnen. An Texten – auch anonymen, fragmentarischen oder unveröffentlichten – orientiert, bezweifelte diese Form der Deutung die Möglichkeit der Rekonstruktion der Wirklichkeit vermittels Autorschaft und Text. Die Referenz zwischen Autor, Text und darin abgebildeter Realität wurde infrage gestellt. An die Stelle der hermeneutischen Methode der Textauslegung trat eine, an der Ethnologie geschulte Beobachterperspektive auf die fremde Welt der Frühen Neuzeit. Dort sollte nicht mehr, wie es etwa Gays Anspruch gewesen war, nach vertrauten Versatzstücken der Moderne gesucht werden. Vielmehr wurde gerade die Fremdheit der Epoche zum Ausgangspunkt ihrer Interpretationen gemacht. Der Essay *The Great Cat Massacre* (Das große Katzenmassaker, 1984) des US-amerikanischen Historikers Robert Darnton (*1939) war eine solche kulturhistorische Pionierstudie, in der Märchen, symbolische

Diskursanalytische und kulturhistorische Methoden

Fremdheit der Epoche

Handlungen und Polizeiakten herangezogen wurden, um die Lebenswelt der Aufklärung zu entschlüsseln (Darnton 1984, S. 4f.). Dafür wurden auch die vordem ausgeblendeten Phänomene der Brutalität und Rohheit des 18. Jahrhunderts analysiert.

Das solchermaßen neu ausgeleuchtete 18. Jahrhundert entrückte die Epoche der Aufklärung der modernen Vorstellungswelt und machte die Texte der *philosophes* mit der Gegenwart schwerer vermittelbar als es die ältere Ideengeschichte suggeriert hatte. Dennoch vermochte die Rückbindung der Texte an überzeitliche, kulturelle Codes, die radikale Veränderung der Weltdeutung im 17. und 18. Jahrhundert auf eine neue Weise nachvollziehbar zu machen und ein differenzierteres Bild zu entwerfen. Mit dieser Strategie der Distanzierung stellten die kulturgeschichtlichen Studien die Aufklärung vom Kopf auf die Füße. Die Aufklärung waren viele: vor allem die Unaufgeklärten, aber natürlich auch jene, die von sich behaupteten, genau zu wissen, was Aufklärung vermag und die deshalb fest daran glaubten, „Aufklärer" zu sein. Durch diese Erkenntnis konnte auch die Selbststilisierung der Aufklärer – ein Prozess, der schon im 18. Jahrhundert begonnen hatte – als konstitutives Moment der Aufklärungsepoche erkannt werden. Auch wenn in der neueren Forschung aufgrund der Unvereinbarkeit der verschiedenen Aufklärungsszenarien für eine Pluralbildung der Aufklärung als „Aufklärungen" plädiert wird (Oz-Salzberger 2000, S. 171ff.), bestand für die *philosophes* kein Zweifel daran, im Projekt der Humanisierung der Menschheit – auf je individuelle Weise – geeint zu sein.

Kulturgeschichtliche Studien

„Aufklärungen"

9.2 Bildung und Autonomie

Die Aufklärer legten bereits selbst das Fundament für die geistesgeschichtliche Einordnung ihrer eigenen Epoche und ihre tragende Rolle darin. Dieses Rollenverständnis ist nicht zuletzt daran abzulesen, dass es weder an Selbstdarstellungen noch jeder Art von Selbstzeugnissen (Ego-Dokumenten) der Zeitgenossen mangelt: von Georg Christoph Lichtenbergs *Sudelbüchern* (1764ff.) über Jean-Jacques Rousseaus *Confessions* (*Bekenntnisse*, 1765ff.) bis hin zu James Boswells *Journal of a Tour to the Hebrides* (*Journal von einer Reise zu den Hebriden*, 1785); die schriftstellernde Selbstreflexion in Biografik und Korrespondenz ist vielmehr selbst ein Kennzeichen des Zeitalters. Das neue Interesse am Menschen und allem Menschlichen konnte keine passendere Form finden als in Berichten, die aus der

Rollenverständnis der Aufklärer

individuellen Erfahrung gewonnen wurden (Vovelle 1996, S. 8ff.). Im Unterschied zu standardisierten hagiografisch angelegten, unkritischen Biografien von Herrschern, Heiligen oder Gelehrten und auch im Gegensatz zu den formelhaften Lehrsätzen der Moralphilosophie, bezog die neue Biografik als empirische Selbstbeobachtung die unberechenbaren Umstände und Zufälligkeiten (Kontingenz) der Lebensbedingungen – im Jargon der Zeit die „Eigenthümlichkeit" – sowie die offenen Möglichkeiten der Entwicklung in den Erfahrungsbericht mit ein (Maurer 1996, S. 80ff.). Die Biografie zeigte den Menschen im Prozess seiner Humanisierung – seiner Menschwerdung – und damit als Subjekt und Objekt des (Selbst-)Erziehungsprojektes der Aufklärung. Das Projekt sah folglich eine Reform vor: eine innere Selbsterziehung nach den Maximen der Humanität (Kittsteiner 1995, S. 283ff.) und eine äußere Erziehung nach den Idealen einer neuen bürgerlichen Bildungsschicht.

Neue Biografik

Die „gebildeten Stände" wurden im 18. Jahrhundert nicht mehr mit dem Gelehrtenstand gleichgesetzt, sondern das Konzept einer umfassenden Bildung führte über die engere Definition der Gelehrsamkeit hinaus. Die Intellektuellen des 18. Jahrhunderts bildeten keinen Stand im traditionellen Sinne, als vielmehr eine heterogene Gruppe aus Studenten, Hauslehrern, Theologen, Universitätsprofessoren, Subalternbeamten und freien Schriftstellern. Durch die Vermittlung von Wissenschaft im Bildungsprozess geeint, versahen sie ihren „Dienst an der Menschheit", wie es Voltaire unter dem Stichwort „Philosophie" in seinem *Dictionnaire philosophique portatif* (*Philosophischen Wörterbuch*, 1764) formulierte (Voltaire 1984, S. 169).

Intellektuelle des 18. Jahrhunderts

Doch auch die Zugehörigkeit zu dieser Gruppe erforderte verschiedene Voraussetzungen. In Deutschland etwa verlangte der Zugang zur Universität nicht unbedingt ein Abitur, das im städtischen Umfeld schon von nahezu 50 Prozent der Mittelschicht erreicht werden konnte. Gleichwohl war das Abitur nicht die Voraussetzung zu einem Universitätsstudium, auf das die Kinder von Adeligen, hohen Beamten und Großbürgern überwiegend durch Hauslehrer vorbereitet wurden. Der Prestigegewinn des Gymnasiums im 18. Jahrhundert war eher der sozialen Distinktion innerhalb des Bürgertums als der Abgrenzung vom Adel geschuldet. Innerhalb der Universitätsausbildung ließ sich die soziale Mobilität wiederum aus dem Verhältnis von sozialer Herkunft und der Wahl des jeweiligen Studienfachs bemessen. Während die juristische Fakultät vorwiegend von Studenten aus privilegierten Schichten besucht wurde, war es die theologische Fakultät, die durch ihre verschiedenen Formen der Förderung niede-

Abitur

Universitätsstudium

reren bürgerlichen Schichten Möglichkeiten zum sozialen Aufstieg bot. Die Fächer der philosophischen Fakultät wurden im 18. Jahrhundert vorrangig noch als einführendes allgemeines Grundstudium (Propädeutikum) studiert. Auch das Medizinstudium, das im 18. Jahrhundert das am wenigsten frequentierte war, bot die Grundlage gesellschaftlicher Aufstiegschancen. Ein genauerer Blick auf die Universitäten des ausgehenden 17. und 18. Jahrhunderts zeigt, inwiefern diese Institutionen als Austragungsorte subtiler Rangstreitigkeiten innerhalb der sozialen Ordnung genutzt wurden und wie stark die Beharrungskräfte der ständischen Gesellschaft wirkten (Füssel 2006, 433ff.).

Selbstbildung

Neue Auffassung des Privaten

Die Intellektuellen des 18. Jahrhunderts wurden somit durch zwei Aspekte als sozial abgrenzbare Gruppierung sichtbar: durch eine gute Ausbildung und insbesondere durch Selbstbildung – im Sinne einer individuellen Selbstverwirklichung und sozialen Profilierung. Der Intellektuelle des Aufklärungszeitalters gewann seine Identität aus dem reflexiven Umgang mit seiner Umwelt und einer spezifischen Form der Selbstbildung, die Beruf, Lebensführung und Familienleben umfasste. Dieser Prozess der Individualisierung, der auch als Signum der Entstehung moderner Gesellschaften beschrieben wurde, basierte auf einer neuen Auffassung des Privaten. Das Bedürfnis nach sozialer Distinktion und Unabhängigkeit (Autonomie) der Intellektuellen umfasste eine Neubewertung aller Lebensbereiche: Dazu gehörte die Entdeckung der Liebesheirat, ein neuartiges Interesse an Kindheit und Adoleszenz, eine Moralisierung von Religion und Wissenschaft sowie eine generelle Sensibilisierung des Umgangs und eine Aufwertung des Gefühls, die von den Zeitgenossen als „Empfindsamkeit" bezeichnet wurde. In der Nachwelt ist viel darüber gestritten worden, ob Anspruch und Wirklichkeit in den soziokulturellen Vorstellungen der Gebildeten des Aufklärungszeitalters nicht eklatant auseinanderklafften. Ein gern bemühtes Beispiel in diesem Zusammenhang ist die pädagogische Schrift *Émile* (1762) Rousseaus, der seine eigenen Kinder nicht selbst erzog, sondern dem Kinderheim überantwortete (→ KAPITEL 13.1). Entscheidend für das Verständnis der Aufklärungsgesellschaft ist jedoch genau die neue Selbstwahrnehmung der Gebildeten, die einen alternativen Lebensentwurf zu den klar vorgezeichneten biografischen Mustern der ständischen Gesellschaft versprach. Neben der Amalgamierung adeliger und bürgerlicher Lebens- und Wohnkulturen bestand der grundlegende Unterschied im Anspruch der Selbststeuerung und der Selbstregulierung der eigenen Biografie jenseits ständischer Musterhaftigkeit. Den Rahmen dazu bot ein

Selbststeuerung

großzügiger privater Lebensbereich mit mehreren Wohnräumen, die den Familienmitgliedern individuelle Freiräume gewähren sollten. Hinzu kam eine repräsentative Ausstattung der Wohnung, die durch Spiegel, Gemälde, Porträts, Büsten und vor allem Bücher die neue Identität reflektierte. In diesem Ambiente wurden Gäste empfangen, Lesungen abgehalten, es wurde gemalt und musiziert. Das Präfix „selbst-" durfte bei keinem Zweck und keiner Weise dieser Betätigungen fehlen, die stets „selbstständig" und „selbstthätig" zu erfolgen hatten. Die Lebensdarstellungen durchschnittlicher Bürger des 18. Jahrhunderts – etwa die des Sohnes eines Schmieds und späteren Stralsunder Pfarrers Johann Christian Müller (1720–72) – legen beredtes Zeugnis von der Öffnung der innergesellschaftlichen Schranken ab (Müller 2007, S. 10ff.).

Nach dieser Auffassung musste man in den „gebildeten Stand" nicht geboren werden, sondern er stand jedem offen, der sich durch selbsttätige Bildung intellektuellen und materiellen Zugang zu Kunst und Wissenschaft verschaffte. „Dilettantismus" war deshalb im 18. Jahrhundert kein Schimpfwort, als vielmehr die Zauberformel des Bildungsbürgertums: Das Autodidaktentum, also die eigenständige Aneignung von Bildung, war aus einer existenziellen Notwendigkeit hervorgegangen: Um gesellschaftliche Benachteiligungen zu kompensieren, wurde das Selbststudium zur Grundlage einer alternativen Lebensplanung (Velten 2002, S. 56).

Dilettantismus

Anhand von autobiografischem Quellenmaterial aus dem studentischen Umfeld kann man diesem Wandel der Lebensführung nachgehen: Der Weg führt vom viel beschriebenen ausschweifenden Studentenleben in der Frühen Neuzeit zu den Maximen der „Selbstvervollkommnung" und „Selbst-Regierung" der organisierten Studenten der Spätaufklärung. Außer der Liebe zur Wissenschaft sind auch die Zwecke der Aus- und Selbstbildung von entscheidender Bedeutung: Sittlichkeit und Humanität. Die in der Forschung für die frühneuzeitliche Gesellschaft registrierte elementare Funktion der „Sozialdisziplinierung" (Schulze 2002, S. 84) wurde im bürgerlichen Selbstverständnis durch den Anspruch der Selbstdisziplinierung ersetzt. Sie sollte die individuelle Entwicklung befördern, indem sie den Zweck der Menschheit, nämlich die allgemeine Durchsetzung der Humanität, erfüllt. Als die Aufklärer diesen Zusammenhang erkannt hatten und sich dadurch der äußeren Zwänge der ständischen Gesellschaft entledigen konnten, erlebten und inszenierten sie sich als Avantgarde ihrer Zeit: Aufklärung wurde als Prozess interpretiert, der auf die Bildung aller Menschen zielte.

Selbstvervollkommnung

9.3 Volksaufklärung

Wer kann Philosoph sein?

Die Vertreter der Aufklärung einte die Überzeugung, dass jeder Mensch, wenn man ihm nur die Chance gibt, zu einem Philosophen herangezogen werden kann. In diesem Sinne schrieb der einflussreiche Vertreter der Frühaufklärung in Deutschland, Christian Thomasius (1655–1728), in der Vorrede zu seiner *Ausübung der Vernunftlehre* (1691), dass „auch ein unstudirter Mann/er möge nun ein Soldate/Kauffmann/Hauß-Wirth/ja gar ein Handwercksmann oder Bauer/oder eine Weibes=Persohn seyn/wenn sie nur die ‚Praejudicia' von sich legen wollen/noch viel bessere Dinge in Vortragungen der Weißheit werden thun können als ich oder ein anderer" (Thomasius 1968). Diese Widmung war mehr als ein Lippenbekenntnis, machte sie das einfache Volk nicht zum Gegenstand philosophischer Texte, sondern zum potenziellen Produzenten von theoretischen und praktischen Erkenntnissen. Elementar für die Erschließung dieses Potenzials war die Abschaffung bestehender Vorurteile, die Öffnung der Wissensbestände und die Anleitung zum eigenständigen Denken –

Wissenspopularisierung

Ziele, die sich in einem breiten Prozess der Wissenspopularisierung im 18. Jahrhundert manifestierten. Dieser betraf die Verbesserung der Schulbildung (Schmale/Dodde 1991), vorrangig jedoch die Erwachsenenbildung. Die Arbeit an der Basis übernahmen Lehrer – überwiegend Kleriker –, die durch Unterricht und Predigt über einen direkten und steten Zugang zur Bevölkerung verfügten. Die enge Verbindung von Volksaufklärung und kirchlichen Institutionen ist eine der scheinbaren Widersprüche in der Epoche der kirchenkritischen Aufklärung. Die Auswertung von Predigttexten zeigt nämlich, dass Vorurteile gegen reformerische Pläne der Aufklärer, wie die Einrichtung von Blitzableitern, Pockenschutzimpfungen oder der Schulpflicht, an vielen Orten gerade auf diesem Wege abgebaut wurden.

Der Kampf um Ziel und Richtung der Erziehung blieb dennoch ein zentraler Austragungsort des Kräftemessens zwischen den Aufklä-

Gegenaufklärung

rern und ihren Gegnern. Ein engagierter Gegenaufklärer, der schwäbische Benediktinerpater Meinrad Widmann (1733–94), nutzte seine Schrift *Wer sind die Aufklärer?* (1786) dazu, im alphabetischen Durchritt gegen die Ambitionen aufklärerischer Volkserziehung zu Felde zu ziehen. Im Gegensatz zur „wahren" Aufklärung „unter dem Kreuze Jesu", würden die Aufklärer durch aufgesetzte Ideen das Wesen ihrer Zöglinge verderben. Die Zerstörung der Sitten und eine rücksichtslose Selbstverwirklichung stünden am Ziel der nachplappernden, epigonenhaften „Afteraufklärung" des Volkes (Widmann

1786, II, S. 469). Nicht in der Elite der Aufklärung fand Widmann seine gefährlichsten Gegner, sondern in ihren eifrigen Anhängern in der Bevölkerung.

Die Versuche zur Wissensvermittlung an der Basis fanden lange Zeit allerdings nur auf der Ebene der Institutionen Interesse. Gerade die sich im Sinne der Aufklärung konstituierenden Universitäten, Gesellschaften und Medien haben die Forschungsliteratur zum 18. Jahrhundert vorrangig beschäftigt (→ KAPITEL 8.2). Durch den schwieriger nachvollziehbaren Quellenbestand verstärkte sich erst in jüngerer Zeit das Bemühen, die Aufklärung als eine Volksbewegung zu erschließen. Angestoßen durch Arbeiten des französischen Historikers Robert Mandrou (1921–84) und des englischen Kulturhistorikers Peter Burke (*1937) konnte auch für den deutschen Raum gezeigt werden, dass die Volksaufklärung keine Kathederphilosophie einer schmalen Elite war. Durch bibliografische Erhebungen konnten im deutschsprachigen Raum 4 000 Autorinnen und Autoren nachgewiesen werden, die im Zeitraum zwischen 1750 und 1850 etwa 16 000 Titel verfassten und sich dem Ziel verschrieben hatten, aufklärerisches Gedankengut einer breiten Bevölkerungsschicht nahezubringen. Dabei wurden alle Formen des Publikationsspektrums genutzt, um neue Leserschichten wie Bauern, Frauen und Kinder zu erreichen. Die traditionelle frühneuzeitliche Gattung der Hausväterliteratur (→ KAPITEL 4.2) sollte ersetzt werden durch rationale Erwägungen des privaten und öffentlichen Haushaltens – den sogenannten Oeconomischen Schriften –, die den praktisch versierten Leser auf einem theoretischen Niveau ansprachen und ihn zum Selberdenken veranlassen sollten (Böning 2004, S. 546f.). Die *Leipziger Sammlungen* (1742ff.) oder die englischsprachigen *Weekly Intelligencer* zählen zu dieser neuen Gattung. Die ersten Versuche waren noch durch einen Mangel an Sinnlichkeit und eine starke theoretische Ausrichtung gekennzeichnet. Dem traten die Volksaufklärer bald durch eine reichere Bebilderung und kräftigere, anschauliche Sprache entgegen; auch wurden religiöse Themen aufgenommen. Als Prototyp dieser Gattung gilt Rudolf Zacharias Beckers (1752–1822) *Noth- und Hülfs-Büchlein für Bauersleute* (1788/89), das nach einem Vorabdruck von 1785 bis 1788 unglaubliche 28 000 Vorbestellungen verzeichnen konnte. Das Ziel der Verbreitung von Toleranz und Weltoffenheit verfolgt Becker, indem der Leser den Bauern Wilhelm Denker auf einer Weltreise begleitet: „Die Erd' ist groß und überall/voll schöner Gottes Güter,/Und alle Menschen, Jud' und Türk/und Christ, sind unsre Brüder" (Becker 1980, S. 240). Nachdem in diesem Bändchen

Wissen zu allen Bereichen und lebenspraktische Ratschläge an den Einzelnen vermittelt worden waren, stellte Becker in einem zweiten Band das fiktionale Dorf Mildheim in den Mittelpunkt, das praktische Hilfestellungen für gesellschaftliche Reformen anbot.

<small>Skepsis gegenüber volksaufklärerischen Projekten</small>

Doch trotz dieser bemerkenswerten Schriften und beachtlichen Auflagenzahlen blieb die Skepsis gegenüber den volksaufklärerischen Bemühungen insbesondere unter Bauern bestehen. Und auch innerhalb der Gruppe der Aufklärer gärte der Zweifel, ob die Aufklärung überhaupt ein steuerbarer, beeinflussbarer Prozess sein kann. In diesem Sinne bestimmte die Frage, ob es sich bei der Aufklärung um eine philosophische Strömung oder um einen sozialhistorisch nachvollziehbaren Prozess handelt, bereits die Debatte der Aufklärer selbst. Später sollte diese Frage die Forschung zur Aufklärung entzweien.

Fragen und Anregungen

- Welche geistesgeschichtlichen Strömungen dominierten die Forschungsdebatte um die Träger der Aufklärung? Nennen Sie die wichtigsten Etappen der Debatte und erläutern Sie, wie die verschiedenen Ansätze die wissenschaftliche Sichtweise veränderten.
- Diskutieren Sie die Rolle der Aufklärer in der Gesellschaft und erörtern Sie die Möglichkeiten und Grenzen ihrer Wirksamkeit.
- Charakterisieren Sie das Selbstverständnis der Aufklärer.
- Erläutern Sie den Begriff der Volksaufklärung.

Lektüreempfehlungen

<small>Quellen</small>

- **Rudolph Zacharias Becker: Noth- und Hülfs-Büchlein oder lehrreiche Freuden- und Trauergeschichte der Einwohner von Mildheim**, Band 1, Gotha 1798, Neudruck, hg. v. Reinhart Siegert, Dortmund 1980. *Amüsant und spannend zu lesender Klassiker der Volksaufklärung in Deutschland.*
- **Johann Christian Müller: Meines Lebens Vorfälle und Nebenumstände. Teil 1: Kindheit und Studienjahre (1720–1746)**, hg. v. Katrin Löffler und Nadine Sobirai, Lehmstedt 2007. *Schön edierte Autobiografie eines Bürgers des 18. Jahrhunderts.*

- Christian Thomasius: **Ausübung der Vernunftlehre**, Halle 1691, hg. von Werner Schneiders, Hildesheim 1968. *Grundlegende Schrift der Frühaufklärung in Deutschland.*

- Voltaire: Abbé, Beichtkind, Cartesianer. **Philosophisches Wörterbuch**, hg. v. Rudolf Noack, Leipzig 1984. *Wörterbuch eines wichtigen Stichwortgebers der Aufklärung.*

- Holger Böning: **Popularaufklärung – Volksaufklärung**, in: Richard van Dülmen/Sina Rauschenbach (Hg.), Macht des Wissens. Die Entstehung der modernen Wissensgesellschaft, Köln 2004, S. 563–581. *Hervorragender Überblick des besten Kenners der deutschen Volksaufklärung.* [Forschung]

- Robert Darnton: **The Great Cat Massacre And Other Episodes in French Cultural History**, New York 1984. *Fesselnder Essayband zur Kulturgeschichte des 18. Jahrhunderts.*

- Iwan-Michelangelo D'Aprile: **Die Erfindung der Zeitgeschichte. Geschichtsschreibung und Journalismus zwischen Aufklärung und Vormärz**, Berlin 2013. *Innovative Studie zum neuartigen Phänomen des Politjournalismus.*

- Peter Gay: **The Enlightenment. An Interpretation**, Bd. 1: The Rise of Modern Paganism; Bd. 2: The Science of Freedom, 2 Bände, New York/London 1977. *Eine der wenigen großen Synthesen über die Epoche der Aufklärung.*

- Hans Rudolf Velten: **Die Autodidakten. Zum Aufkommen eines wissenschaftlichen Diskurses über Intellektuelle gegen Ende des 17. Jahrhunderts**, in: Jutta Held (Hg.), Intellektuelle in der Frühen Neuzeit, München 2002, S. 55–81. *Sehr guter Sammelband zu Selbstverständnis und Bedeutung der Intellektuellen in der frühneuzeitlichen Gesellschaft.*

- Michel Vovelle (Hg.): **Der Mensch der Aufklärung**, Frankfurt a. M. 1996. *Lesenswerte einführende Typologie: der Adelige, der Geschäftsmann, der Gelehrte, der Wissenschaftler, der Künstler, der Beamte, der Priester, die Frau der Aufklärung.*

10 Denkfiguren der Aufklärung: Toleranz und Kritik

Abbildung 13: Illustration der Genesis nach Entwürfen von Johann Melchior Füssli aus der sogenannten Kupfer-Bibel des Johann Jakob Scheuchzer (1731)

DENKFIGUREN DER AUFKLÄRUNG

Der Schweizer Mediziner und Naturforscher Johann Jakob Scheuchzer (1672–1733) unternahm mit seinem Werk „Physica Sacra, oder Geheiligte Naturwissenschaft" (1731–35) einen groß angelegten Versuch, den christlichen Offenbarungsglauben mit den Erkenntnissen moderner Naturphilosophie zu versöhnen. In vier großen Folio-Bänden wollte Scheuchzer den Beweis antreten, dass in der Bibel bereits Erklärungen für neuerdings entdeckte, naturhistorische Phänomene vorweggenommen seien. So stellte er etwa eine direkte Relation zwischen Erzählungen der Genesis (Schöpfungsgeschichte) und Isaac Newtons Berechnungen der Lichtbrechungen her und ließ diese Analogie durch Illustrationen sinnfällig werden. Berühmt wurde Scheuchzer für seine Fossilienfunde in den Alpen, die er als Überbleibsel der Sintflut interpretierte. Dennoch stießen Scheuchzers Bemühungen um einen „physikotheologischen Gottesbeweis", wie man das in den Worten der Zeit nannte, weder bei den Verteidigern noch bei den Skeptikern des Glaubens auf Gegenliebe. Der durch die Naturphilosophie gesäte Zweifel an der Offenbarungsreligion sollte entweder im Keim erstickt oder zur Grundlage einer neuen Sicht auf die Welt werden.

Glauben und Wissen scheinen einen natürlichen Gegensatz in der Erkenntnis der Welt zu bilden. Doch es wäre zu kurz gegriffen, die Aufklärung aus ihrem Gegensatz zur Religion definieren zu wollen. Radikale Atheisten bildeten unter den Aufklärern eine kleine Minderheit. Viele Philosophen der Aufklärung waren tiefgläubig und nicht wenige übten selber das Priesteramt aus oder waren Theologen. Der Widerspruch, zu dem die Religion herausforderte, lag vielmehr in ihrer Instrumentalisierung durch die Institution der Kirche. Die Herausforderung an den kritischen Geist bestand zudem im Universalgeltungsanspruch der konkurrierenden Bekenntnisse und der damit einhergehenden Unterdrückung anderer Glaubensrichtungen sowie in der konstitutiven Unhinterfragbarkeit der Offenbarung und Unfehlbarkeit der Dogmen in der christlichen Theologie. Dennoch konnten gerade solche Versuche – wie der Scheuchzers, die Bibel mit naturwissenschaftlichen Erkenntnissen in Einklang zu bringen – mehr Skepsis auslösen, als der Beschluss einiger Aufklärer, die letzten Zusammenhänge der Welt von ihren wissenschaftlichen Untersuchungen auszunehmen.

10.1 Religionskritik als Ausgang der Aufklärung
10.2 Natürliche Religion und Vernunftreligion
10.3 Glaubenserneuerung aus dem Geist der Kritik

10.1 Religionskritik als Ausgang der Aufklärung

Seit dem ausgehenden 17. Jahrhundert artikulierten die Philosophen zunehmend Zweifel am Gehalt der Bibel und an der Instrumentalisierung der Religion. Infrage gestellt wurde vor allem der Quellenwert der Bibel als älteste Urkunde der Welt und der damit verbundene alleinige Weltdeutungsanspruch durch die Kirche. Das Monopol der Bibeldeutung selbst war bereits durch die Reformation erschüttert worden (→ ASB BRENDLE). Die Konflikte unter den Konfessionen hatten das Erfordernis, die kirchlichen Dogmen institutionell durchzusetzen und die Gläubigen zu disziplinieren, nur weiter verschärft. Die Formel, dass die Konfession sich nach Territorium und jeweiliger Herrschaft richten müsse und die konfessionelle Einheit die politische Stabilität sichere, ließ sich auch nach langen kriegerischen Auseinandersetzungen bis weit in das 17. Jahrhundert nicht durchsetzen. Das führte dazu, dass eine Staatskirche, wie sie Ludwig XIV. verwirklichen wollte, auf extremen Maßnahmen gegen Andersgläubige beruhte: In Frankreich waren Bürger, die als Protestanten entlarvt wurden, seit 1685 von langen Haft- und Galeerenstrafen bedroht, denen man nur durch eine Konversion (Übertritt) zum Katholizismus entgehen konnte (→ KAPITEL 2.1). Bis zum ausgehenden 18. Jahrhundert fanden regelmäßig Prozesse gegen Protestanten statt, die nun öffentliche Aufmerksamkeit erregten. Eine neuartige Form der Berichterstattung, wie die vierzehntägig von Paris aus in ganz Europa versendete *Correspondence litteraire, philosophique et critique* (*Literarische, philosophische und kritische Korrespondenz*) des Diplomaten Melchior Grimm (1723–1807), widmete sich solchen Vorgängen und schuf eine Plattform aufgeklärter Positionen. So war ein Todesurteil im französischen Toulouse durch dieses Medium zur „Affäre Calas" geworden, die in ganz Europa diskutiert wurde. Der Philosoph Voltaire setzte sich dabei für die Rehabilitierung des angeklagten Hugenotten Jean Calas (1698–1762) ein, dem vorgeworfen wurde, seinen eigenen Sohn erwürgt zu haben, um ihn von der Konversion zum katholischen Glauben abzuhalten. Calas war unter Folter ein Geständnis abgerungen worden, das trotz Widerruf zum Todesurteil durch Rädern und anschließende Verbrennung auf dem Scheiterhaufen führte. Calas hatte angegeben, den Selbstmord seines Sohnes durch die Anzeige eines Mordes vertuscht zu haben, um die entwürdigenden Konsequenzen für den Selbstmörder zu vermeiden. Der Provinzialgerichtshof (*Parlement*) von Toulouse ließ das Urteil 1762 dennoch vollstrecken und gab dem zum Märtyrer stilisierten Sohn ein aufwendiges katholisches Begräbnis. Erst aufgrund der Intervention von Voltaire, der von Calas' Unschuld überzeugt war, und der durch ihn aufgebrachten Öffentlichkeit, wurde das Urteil 1765 widerrufen. Die Familie erhielt daraufhin eine Wiedergutmachung des Königs über 36 000 Francs (Abrosimov 2012, S. 30).

Toleranzdenken

Locke

Voltaire hatte sich mit seiner Schrift *Traité sur la tolérance* (*Abhandlung über die Toleranz*, 1763), die er aus Anlass der Ermordung von Jean Calas publizierte, in eine große Tradition des aufgeklärten Toleranzdenkens gestellt. Vorbildhaft wird diese Denktradition durch die *Epistola de tolerantia* (Brief über Toleranz, 1689) des englischen Philosophen John Locke (1632–1704) repräsentiert. Locke hatte in diesem Brief das Verhältnis von Regierung und Religion in einer für seine Zeit ungewöhnlichen Form beschrieben: Er plädierte eben nicht für die Durchsetzung einer einheitlichen Religion in einem politischen Gebilde, sondern sah genau durch dieses Ansinnen den zivilen Ungehorsam herausgefordert. Der Staat solle sich auf die Wahrung der „bürgerlichen Interessen" des Gemeinwesens besinnen (Leben, Freiheit, Gesundheit, Unversehrtheit des Körpers, Besitz äußerer Dinge), während die „inneren Interessen" der Menschen (Seelenheil) nur den Kirchen obliegen sollten. Natürlich stünde es der Obrigkeit offen, „durch Belehrung, Unterrichtung und Zurechtsetzung der Irrenden mittels der Vernunft" die Untertanen zu bekehren, doch staatliche Zwangsgewalt dürfe niemals zur „Festsetzung irgendwelcher Glaubensartikel oder gottesdienstlicher Formen" missbraucht werden (Locke 1996, S. 13ff.). Dass Locke Katholiken von dieser Regelung ausnahm, begründete er damit, dass diese sich qua Bekenntnis einer weltlichen Herrschaft, der römischen Kurie, freiwillig unterstellten. Und auch für Atheisten hatte er eine eigene Klausel eingerichtet, da Gelöbnisse, Eide und Schwüre, welche die Bande der Gesellschaft bildeten, von diesen nicht geleistet werden könnten (Grell / Porter 2000, S. 1–22).

Toleration Act 1689

Zu den Errungenschaften der *Glorious Revolution* – der Glorreichen Revolution von 1688/89 – in England wird gezählt, dass mit der Toleranzakte (*Toleration Act*) des englischen Königs im Jahr 1689 Lockes Forderungen rechtliche Umsetzung fanden. Viele der verschiedenen protestantischen und calvinistischen Gruppen, die von der Church of England abwichen – die sogenannten *Dissenters* (→ KAPITEL 10.1) – wurden von nun an als Glaubensgemeinschaften geduldet. Katholiken blieben allerdings von dieser Bestimmung ausgenommen und Nicht-Anglikaner bis weit in das 19. Jahrhundert vom Besuch einer Universität und von öffentlichen Ämtern ausgeschlossen. Dennoch schwärmte Voltaire in seinem erzwungenen Exil in England in den Jahren 1726 bis 1728: „Dies hier ist das Land der Sekten. Als freier Mann kommt der Engländer auf dem Wege der ihm passt in den Himmel" (Voltaire 1994, S. 27). Voltaires euphorischer Erfahrungsbericht aus England wurde 1733 unter dem Titel *Lettres philosophiques (Briefe aus England)* ohne Genehmigung der Zensur in Paris verkauft (→ KAPITEL 8.1). Im August des Jahres 1734 ließ der französische Hof das Verbot des Buches bekanntgeben und seine Verbrennung anordnen. Später wurden noch weitere Werke Voltaires und der Enzyklopädisten durch die Obrigkeit verboten und sie gelangten auf den Index der verbotenen Bücher (*Index librorum prohibitorum*) des Vatikan.

<small>Voltaires *Lettres philosophiques*</small>

Es mag sich diesen starken Repressionen der in Frankreich eng mit dem Königshaus verbundenen katholischen Kirche verdanken, dass sich unter den französischen Aufklärern die radikalsten Kirchenkritiker im 18. Jahrhundert finden. Voltaires Parole „Écrasez l'infâme!" („Zermalmt die Niederträchtige!") ist Ausdruck der unerbittlichen Kirchenkritik, die sich die französische Aufklärung mit Vertretern wie Claude Adrien Helvétius (1715–71) und dem deutschstämmigen Wahlfranzosen Baron d'Holbach (1723–89) auf die Fahnen geschrieben hatten. Auch wenn die Schärfe der Kirchenkritik gerade unter den deutschen Aufklärern nicht unwidersprochen blieb, so hatte sie dennoch zur Folge, dass die christliche Religion keine Selbstverständlichkeit mehr war, sondern analysiert, kritisiert, begründet oder verteidigt werden musste (Möller 1986, S. 72).

<small>Radikale Kirchenkritik</small>

Die nüchternste und zugleich fundamentalste Kritik der Religion in der Epoche der Aufklärung findet sich in David Humes psychologisch-soziologischer Begründung religiösen Denkens in seiner Abhandlung *Natural History of Religion* (*Naturgeschichte der Religion*, 1757). Hume nannte dort verschiedene Ursachen religiöser Vorstellungen: Ängste und Hoffnungen, die Unberechenbarkeit der Natur, die Unwägbarkeiten des Lebens und das im Menschen begründete Bedürfnis nach Begründung und Personifikation unsichtbarer äußerer Mächte (Hume 1999, S. 2–6). Obwohl die Abhandlung in einem wenig eifernden Ton geschrieben war und im Gegensatz zu den Pamphleten der französischen Autoren ganz ohne Spott und Obszönitäten gegenüber der Kirche auskam, stieß dieser Ansatz auch in Gelehrtenzirkeln der Zeit auf massive Gegenwehr. Schon Humes ältere Arbeiten, in denen er skeptische Positionen über die Natur des Menschen vertritt, hatten verhindert, dass er einen Lehrstuhl erhielt. Durch seine Relativierung der Religion als psychologisches Phäno-

<small>Naturgeschichte der Religion</small>

<small>Relativierung der Religion</small>

men sah sich Hume jedoch dem Vorwurf der Ketzerei ausgesetzt. Der Vatikan ließ 1761 alle Schriften Humes auf den „Index" setzen. Unter den französischen Aufklärern wurde Hume durch seine Schriften zu einem gefeierten Autor und auch in Deutschland blieben seine Arbeiten nicht ohne Nachhall. Nichtsdestotrotz war seine eindeutige Haltung gegenüber der Religion, die heutigen Lesern modern und geläufig erscheint, in der Geistesgeschichte des 18. Jahrhunderts eher die Ausnahme (Cassirer 1973, S. 243). Die meisten Denker der Aufklärung wollten die Sache der Religion oder genauer ihre Funktion nicht verloren geben und ebenso wenig die Möglichkeit ihrer Versöhnung mit der Vernunft.

10.2 Natürliche Religion und Vernunftreligion

Die Vorstellung, dass Glaube und Vernunft kein Gegensatzpaar seien, war in der Philosophie des 17. Jahrhunderts tief verwurzelt. Die Naturrechtstheorie wirkte in ganz Europa, etwa durch Gelehrte wie Samuel Pufendorf. Er ging in seiner Schrift *Über die Natur und Eigenschaft der christlichen Religion und Kirche in Ansehung des bürgerlichen Lebens und Staats* (1687) von einer „natürlichen Religion" aus, um das Verhältnis von Staat und Religion neu zu bestimmen. Wie in Lockes Forderung sollte die Machtsphäre des Staates auf das Diesseits beschränkt bleiben, doch durfte daraus nicht folgen, die Religion zu einer reinen Privatsache zu erklären. Im Gegenteil: Pufendorf vertrat die Ansicht, dass die Anerkennung einer politischen Ordnung und ihrer Gesetze durch die Bürger nur gewährleistet werden kann, wenn Gott als Schöpfer dieser natürlichen Ordnung über allen Zwistigkeiten der konfessionellen Parteien figuriert. Deshalb sollte der Staat auch keinesfalls auf die Wahrung der Religiosität seiner Bürger verzichten. Allerdings bestimmte die „natürliche Religion" zugleich die Funktion und die Grenzen des staatlichen Einflusses in religiösen Fragen. Nach Pufendorfs Auffassung umfasste sie einerseits nur solche Glaubenswahrheiten, die über die Vernunft erkannt werden können, und andererseits bildete sie die Basis der staatlichen Rechtssetzung in Religionsfragen. Die „natürliche Religion" leistete also zweierlei: Sie schützte den Offenbarungsglauben, indem er als den Mitteln der Vernunft unzugänglich erklärt wurde, und sie bot eine ‚gottgewollte' Rechtsgrundlage der Toleranz gegenüber den drei großen, reichsrechtlich anerkannten Konfessionen: Lutheraner, Reformierte und Katholiken (Zurbuchen 1991, S. 6ff.). Damit nutzte Pufendorf zwar die neue naturphilosophische Methode zur Untersuchung der Religion, allerdings nur in Hinblick auf ihren diesseitigen, naturgemäß-physikalischen Bereich, der dem Menschen zugänglich ist und auch von ihm gesteuert werden kann.

Die Vertreter des Deismus unter den frühen Aufklärern gingen über diese feine erkenntnistheoretische Unterscheidung zwischen Offenbarungsglauben und natürlicher Religion noch einen entscheidenden Schritt hinaus, indem sie ausschließlich eine „Vernunftreligion" zu etablieren suchten. Diese basierte bei den radikaleren Denkern auf der Überzeugung, dass die gesamte Offenbarung, Wunder, Mysterien und andere irrationale Elemente der Religion nur dazu erdacht worden seien, um die Ungebildeten in ihren Bann zu schlagen und zu beherrschen. An die Stelle dieser instrumentalisierten Offenbarungsreligion müsse eine „Vernunftreligion" treten, welche die einende Grundlage aller verschiedenen monotheistischen Religionen bilde. Diese Kritik bezog sich auf den Streit über dogmatische, kultische und liturgische Fragen unter den Konfessionen. Zugleich untergrub sie durch die Konzeption einer überzeitlichen Universalreligion den jeweils ausschließlichen Geltungsanspruch der einzelnen Konfessionen – also die Vorstellung von wahrem und falschem Glauben.

Vor allem im England des ausgehenden 17. und frühen 18. Jahrhunderts wurde diese Meinung stark vertreten, exemplarisch mit der Schrift *Christianity as old as the creation, or the Gospel a republication of the religion of nature* (*Beweis, dass das Christentum so alt als die Welt sei*, 1730) des Oxforder Professors Matthew Tindal (1657–1733), die europaweites Aufsehen erregte. Trotz anderslautender Darstellungen der Geistesgeschichte des 18. Jahrhunderts gab es auch im Reich Vertreter dieser Ansicht, die mit der Gefahr politischer Verfolgung verbunden war. So im Fall des Theologen Johann Lorenz Schmidt (1702–49), der Tindal und die nachgelassenen Schriften Spinozas in Deutsche übertragen hatte. Unter falschem Namen und durch die Unterstützung des Hofbibliothekars und Schriftstellers Gotthold Ephraim Lessing (1729–81) konnte Schmidt in Wolfenbüttel eine Anstellung als Hofmathematiker erlangen (Goldenbaum 2004, S. 204ff.). Lessing hatte ihn zunächst irrtümlich für den Verfasser der *Fragmente eines Ungenannten* gehalten, die er in den Jahren 1774–78 herausgab. In diesen anonymen Schriften wurden grundlegende Glaubenswahrheiten aus der Bibel wie Wundertätigkeit, die Glaubwürdigkeit der Apostel, die Auferstehungserzählung und sogar die Gottessohnschaft von Jesus Christus angezweifelt. Die Publikation dieser Gedanken fachte den bedeutendsten Konflikt um

Glaubensfragen in der deutschen Aufklärung an. In der Öffentlichkeit wurde Lessing selbst als Autor vermutet, der sich daraufhin einem immensen Ansturm an Gegenschriften ausgesetzt sah. Aufgrund des Eingreifens der Zensur in den sogenannten *Fragmentenstreit* beantwortete Lessing schließlich auf dem Wege eines Gleichnisses – der berühmten Ringparabel im Drama *Nathan der Weise* (1779) – die Frage des Alleingeltungsanspruchs der Religionen. Erst später wurde bekannt, dass der stark vom englischen Deismus beeinflusste Philosoph und Orientalist Hermann Samuel Reimarus (1694–1768) sich hinter der Autorschaft der Fragmente verbarg, die er zu seinen Lebzeiten nicht zu publizieren wagte und die er Lessing anonym überantworten ließ (Vollhardt 2016, S. 105ff.).

<small>Fragmentenstreit</small>

Die Konsequenz dieses Streits war weniger eine Radikalisierung der Religionskritik in der deutschen Spätaufklärung als eine sich langsam durchsetzende Veränderung in der Interpretation der Bibel. Gerade in der protestantischen Theologie kam nun sukzessive eine historisch-kritische „Bibelwissenschaft" zur Anwendung, um die traditionelle theologische Textauslegung (Hermeneutik) aufzubrechen. Auch die Deutung des Judentums als eine überkommene, herrschsüchtige Religion innerhalb der christlichen Dogmatik wurde kritisiert und der christliche Anti-Judaismus durch eine Angleichung der religiösen Positionen grundsätzlich infrage gestellt. Die Vertreter der jüdischen Aufklärung – der Haskala –, allen voran Moses Mendelssohn, warnten allerdings vor den Gefahren einer solchen universalistischen Auffassung, da sie stets die Gefahr berge, eine dominierende Stellung der jeweils historisch vorherrschenden Religion vorauszusetzen und damit anzuerkennen (Schulte 2002, S. 17ff.). Mendelssohn plädierte stattdessen für die Achtung der Vielheit der Religionen und wollte das emanzipatorische Projekt der bürgerlichen Gesellschaft durch die zwanglose Einwirkung von Staat und Religion abgesichert sehen. Er favorisierte eine kombinierte Beeinflussung beider Institutionen, mithilfe derer die Verantwortung der Menschen gegenüber der bürgerlichen Gesellschaft gestärkt werden könne (Mendelssohn 2005, S. 40ff.).

<small>Historisch-kritische Bibelwissenschaft</small>

<small>Haskala</small>

Die grassierende Religionskritik, die Konzepte natürlicher Religion und Tendenzen zu privater Religionsausübung waren vorrangig Gegenstand der gelehrten Debatten. Dennoch gingen aus den neuen theologischen Lehren – der sogenannten Neologie – auch Ansätze hervor, die über die engere religionsphilosophische Debatte hinaus ein neues spirituelles Lebensgefühl einer jüngeren Generation aufgeklärter Denker repräsentierten. Heute vergleichsweise unbekannte protestantische Theo-

<small>Neologie</small>

logen wie Friedrich Wilhelm Jerusalem (1709–89), Johann Joachim Spalding (1714–1804) oder Johann Salomo Semler (1725–91) waren Bestsellerautoren ihrer Zeit, da sie theologische Fragen nicht in Form von gelehrten Traktaten, sondern im selbstbewussten Ton eines neuen eigenständigen Umgangs mit der Religion artikulierten (Conrad 2008, S. 60ff.). Die Religion war in diesem Diskurs weder eine Selbstverständlichkeit des Alltags noch ein theologisches Problem. Sie war vielmehr eine Frage der persönlichen Haltung, die moralisches Handeln, Verantwortungsbewusstsein und Lebensführung individuell aufeinander abstimmte. Hintergrund dieser bewusst lebensweltlichen Ausrichtung der persönlichen Glaubensauffassung waren religiöse Erneuerungsbewegungen, deren Anfänge in das 16. und 17. Jahrhundert zurückreichten.

Religion als persönliche Haltung

10.3 Glaubenserneuerung aus dem Geist der Kritik

Der Prozess der Säkularisierung – die Infragestellung der religiösen Bindungen der Gesellschaft – wird als ein zentrales Erbe der Aufklärung und damit als geistesgeschichtlicher Meilenstein auf dem Weg in die Moderne angesehen. Dennoch sind die verschiedenen Glaubensrichtungen in Europa seit dem 17. Jahrhundert nicht nur mit Kritik als Abkehr von der Religion – dem Phänomen der „Verweltlichung" – konfrontiert. Die Religionskritik ging vielmehr mit neuen Formen der Frömmigkeit und religiösen Erneuerungsbewegungen einher. Etliche dieser neuen Strömungen – wie der Pietismus – wurden auch nicht als der Aufklärung entgegengesetzt, sondern komplementär zu ihr interpretiert. Die einfache Gleichsetzung von Aufklärung und Säkularisierung geht nicht auf, die Sache ist also kompliziert. Neuere Forschungen zur „Entzauberung der Welt" (Max Weber) im Aufklärungszeitalter zeichnen stattdessen ein differenziertes Bild, das die Säkularisierung als einen sozial und kulturell hochdifferenzierten Prozess (von Greyerz 2000, S. 108) bzw. als einen unbewussten, diskursiven Vorgang zeigt. Dieser dürfte nicht als direkte Reaktion auf die philosophische Religionskritik verstanden werden, sondern als Ausdruck eines umfassenden mentalen und gesellschaftlichen Veränderungsprozesses (Schlögl 1995, S. 21).

Säkularisierung

Im Gefolge der konfessionellen Konflikte in Europa lässt sich feststellen, dass es die Amtskirchen waren, die unter den gebildeten Schichten an Glaubwürdigkeit einbüßten und an Einfluss verloren. Es ist deshalb die These vertreten worden, dass alle religiösen

Erneuerungs-
bewegungen

Erneuerungsbewegungen – ob Puritanismus, Pietismus oder Jansenismus – verschiedene Formen der Kritik an der Orthodoxie übten und damit mannigfaltige Erscheinungen eines mentalitätsgeschichtlichen Umbruchs waren (Lehmann 2004, S. 5ff.).

Gerade im Protestantismus wurde an die Stelle der unverrückbaren theologischen Glaubenssätze (Dogmatik) eine Vernunfts- und Herzensfrömmigkeit gesetzt. Dadurch sollte die individuelle Verbindung des Gläubigen zu Gott betont werden. Für die Entstehung des

Pietismus

Pietismus im protestantisch-deutschsprachigen Raum spielte die Tradition des mystischen Spiritualismus eine bedeutende Rolle, die sich mit den Namen Jakob Böhme (1575–1624), Johann Arndt (1555–1621) und Johann Valentin Andreae (1586–1654) verbindet und die von der protestantischen Orthodoxie erbittert bekämpft wurde. Insbesondere in Arndts weit verbreiteten *Vier Büchern vom wahren Christentum* (1610) wurde die Vorstellung der Vervollkommnung des Individuums mit dem Plan einer neuen, universalen Reformation des Menschengeschlechts in Verbindung gebracht (von Greyerz 2000, S. 129f.). Auch wurde die spätere Organisation solcher Bewegungen in kleinen Gebildetenzirkeln von dieser spiritualistischen Frömmigkeitsbewegung geprägt. Als soziale Bewegung nennenswerten Aus-

Speners
Pia Desideria

maßes lässt sich der Pietismus jedoch erst nach Philipp Jacob Speners (1635–1705) Schrift *Pia Desideria oder Herzliches Verlangen nach gottgefälliger Besserung der wahren Evangelischen Kirche* (1675) fassen. Sie war als Vorwort zu einer Neuausgabe von Arndts Bibel-Kommentaren verfasst und gab der innerkirchlichen Reformbewegung ihren Namen. Spener sah den Grund für den „verderbten" Zustand der Kirche im Mangel an lebendigem Glauben, den er wiederum in fehlender Bibellektüre und Ausbildung begründet fand. Ausgehend von dieser Überlegung wurde der Pietismus von Spener und seinen Schülern als Bildungsbewegung über die protestantischen deutschen Territorien nach Skandinavien, Osteuropa, Russland und schließlich nach Nordamerika getragen. Trotz der verschiedenen Varianten war allen pietistischen Gruppen der Drang zur Missionierung und zur Bekehrung gemeinsam. In der Folge entstanden kleine Zirkel von Auserwählten auf lokaler Ebene, aber auch groß angelegte Bildungsinstitutionen, wie in Glaucha bei Halle. Dort hatte August

Franckesche
Stiftungen

Hermann Francke (1623–1727) im Jahr 1695 mit seinem „Waisenhaus" den Grundstein zu einer Schul- und Ausbildungsstadt gelegt, in der bis zu 2 500 Menschen lebten. Die mit einer Apotheke, Gärten und eigenen Wohn- wie Arbeitsstätten ausgestattete Waisenhausgemeinde unternahm den Versuch, die Konzeption einer christlich inspirierten Gesellschaftsform umzusetzen. Halle wurde damit zum Zentrum sowohl der inneren Glaubenserneuerung als auch der nach außen gerichteten Bekehrungsbewegung (Mission). Zur Freude des preußischen Königs, Friedrich Wilhelm I., wurde hier religiöser Erneuerungswille mit praktischer Sozialarbeit und wirtschaftlicher Rentabilität verbunden. Die Franckeschen Stiftungen waren Erziehungs-, Ausbildungs-, Produktions-, Erwerbs- und Verwahrungsstätten zugleich.

Ein typisches Beispiel pietistischer Mission im 18. Jahrhundert bildeten die von Nikolaus Ludwig von Zinzendorf (1700–60) gegründeten Herrnhuter Brüdergemeinden, die über ganz Europa und bis nach Nordamerika Ausbreitung fanden, wo sie sich insbesondere der Missionierung der Indianer verschrieben.

<small>Herrnhuter Brüdergemeinden</small>

Beeindruckt von Herrnhutern bei der Mission, gründete der englische Prediger John Wesley (1703–91) auf dem Wege unermüdlichen Predigens den sogenannten Methodismus, der seinen Namen aufgrund der streng systematisierten Lebensführung seiner Mitstreiter erhielt. Der Methodismus war aufgrund seines klaren Reglements, seines einfachen Programms und seiner sozialen Sicherungsfunktionen eine der erfolgreichsten religiösen Gruppierungen des ausgehenden 18. Jahrhunderts. Die Bewegung der Methodisten war zwar stark aufgesplittert und nahm bis zum Ende des Jahrhunderts tendenziell ab, doch war sie in England die zahlenmäßig stärkste Gruppe der „Dissenters" und in Nordamerika konnte sie eine wachsende Anhängerschaft hinzugewinnen.

<small>Methodismus</small>

Auf katholischer Seite war es vor allem der sogenannte Jansenismus, in dem sich die Kritik an Autoritäten – sowohl der Kirche als auch des Staates – mit einer Rückbesinnung auf ein ursprüngliches Christentum verband. Gegründet vom niederländischen Theologen Cornelius Jansen (1585–1638) fand diese Bewegung innerhalb der katholischen Kirche insbesondere in Frankreich Anhänger unter Klerus und prominenten Intellektuellen wie Jean Racine (1639–99) und Blaise Pascal (1623–62). Das geistige Zentrum dieser Bewegung war das Kloster Port Royal des Champs in der Nähe von Versailles. Die Bedeutung dieses Klosters für die Opposition wurde von König Ludwig XIV. (1638–1715) als so hoch eingeschätzt, dass er das Gebäude 1710 bis auf die Grundmauern niederreißen ließ. Auch drängte er Papst Clemens XI. (1649–1721) dazu, den Jansenismus durch die Bulle *Unigenitus* (1713) als ketzerisch zu verdammen. Mit dieser päpstlichen Urkunde schienen die Jesuiten, die durch ihren sinnenfrohen, barocken, gegenreformatorischen Geist den natürlichen Gegen-

<small>Jansenismus</small>

<small>Jesuiten</small>

pol zur jansenistischen Frömmigkeit bildeten, einen kurzfristigen Vorteil errungen zu haben. Dies änderte jedoch nichts an der Tatsache, dass die Jesuiten für alle Kritik an Katholizismus und Papstkirche – wie beispielsweise Machtgier und Korruption – als Projektionsfläche dienten. Das führte schließlich auch zum spektakulären Verbot des Ordens durch Papst Clemens XIV. (1705–74) im Jahre 1773.

Der Einfluss des Jansenismus ist weit über die niederländische und französische Einflusssphäre hinaus nachvollziehbar. Vor allem über die Rezeption der Schriften des Philosophen und Naturwissenschaftlers Blaise Pascal fand er auch in England und Italien Anhänger. Als eine breite, im Volk verankerte Frömmigkeitsbewegung lässt sich der Jansenismus jedoch nicht charakterisieren. Als theologisches Konzept und strikt zu befolgende Alltagsethik war er vor allem unter Gebildeten verbreitet. Als Baustein aufklärerischen Denkens zeigt sich jansenistisches Gedankengut vor allem in den josephinischen Reformen in den habsburgischen Erblanden im ausgehenden 18. Jahrhundert (von Greyerz 2000, S. 161). Mit dem Begriff „Josephinismus" werden die staatskirchlichen Reformen des österreichischen Kaisers Joseph II. zusammengefasst. Bei diesen Reformen, die häufig bereits von seiner Mutter Maria Theresia initiiert worden waren, handelte es sich im Wesentlichen um Klosteraufhebungen, Diözesanregelungen, Neugründungen von Pfarreien und Veränderungen im Bildungswesen. Einerseits entsprachen die Reformen der Staatsräson eines aufgeklärt-absolutistischen Herrschaftsstils (→ KAPITEL 7.2) und andererseits dem Bedürfnis nach autonomer kirchlicher Selbstverwaltung, wie sie sich im Gemeindegedanken nahezu aller Frömmigkeitsbewegungen findet. Ein weiteres maßgebliches Element dieser Reformen war ein staatlicher Bildungsauftrag, der mit einer Lehrerausbildung an den Universitäten und der Zurückdrängung der Jesuiten aus dem Schulwesen einherging (Maurer 1999a, S. 40ff.). Ähnliche Reformbemühungen finden sich auch in anderen katholischen Territorien des Reiches. Anders als in der älteren Forschungsliteratur häufig behauptet, waren auch Katholizismus und Aufklärung nicht in allen Positionen unvereinbar. Vielmehr entwickelten sich auch hier aus einer Kritik an der Orthodoxie Reformbestrebungen, die Übereinstimmungen zu aufklärerischen Konzepten aufwiesen. Zumindest für das Reich wird in der Literatur von einer „Katholischen Aufklärung" gesprochen (Klueting 1993).

Die intellektuelle und gesellschaftliche Auseinandersetzung mit Religion in der Epoche der Aufklärung lässt sich auf zweierlei Ebenen beschreiben. Zum einen wurde Kritik am ganzheitlichen Geltungs-

und Machtanspruch der Kirchen geübt, was die Forderung nach einer Trennung von Religion und Politik – Kirche und Staat – mit sich brachte und im Toleranzdenken Ausdruck fand. Zum anderen wurde die Verweltlichung des institutionalisierten und politisierten Christentums kritisiert, was mit einer Rückbesinnung auf Glaubensinhalte, Alltagsethik und sozialer Autonomie einherging. Den zentralen Ausgangspunkt aufgeklärten Denkens bildete überall die Kritik an der Überlieferung und an scheinbar unbezweifelbaren Konstanten in der Ordnung der Welt – auch wenn die daraus erwachsenden Konzepte sehr unterschiedlich waren. Toleranz bot eine mögliche Lösung, um die verwirrende Vielheit der Weltdeutungen akzeptieren zu können. Beide Denkfiguren – Kritik und Toleranz – sind fundamental für das Verständnis der verschiedenen Strategien absichtsvoller Verunsicherung, der Risikobereitschaft und der radikalen Ansätze zur Neuinterpretation des Weltbildes im 18. Jahrhundert.

Toleranz

Fragen und Anregungen

- Erläutern Sie die Auseinandersetzung mit Religion und Kirche in der Epoche der Aufklärung.
- Ist „Toleranz" eine neue Denkfigur in der Aufklärung?
- Beschreiben Sie das Konzept der „natürlichen Religion".
- Bildet die „neue Frömmigkeit" im 18. Jahrhundert eine Gegenbewegung zur Aufklärung?
- Nennen Sie Beispiele religiöser Erneuerungsbewegungen.

Lektüreempfehlungen

- Paul Thiry d'Holbach: Religionskritische Schriften. Das entschleierte Christentum. Taschentheologie. Brief an Eugénie [1761ff.], übersetzt von Rosemarie Heise und Fritz-Georg Voigt, hg. v. Manfred Naumann, Berlin/Weimar 1970. *Eine der wenigen atheistischen Schriften der französischen Aufklärung von einer zentralen Figur ihres Gelehrtennetzwerkes.*

Quellen

- David Hume: Die Naturgeschichte der Religion [1757]. Über Aberglaube und Schwärmerei. Über die Unsterblichkeit der Seele. Über

Selbstmord [1777], übersetzt und hg. v. Lothar Kreimendahl, 2. Auflage, Hamburg 2000. *Elementare Schrift zum Verständnis der neuen Religionskritik.*

- John Locke: Ein Brief über Toleranz [1686], übersetzt, eingeleitet und mit Anmerkungen versehen von Julius Ebbinghaus, Hamburg 1996. *Intellektueller Ausgangspunkt für die meisten Traktate zur Toleranz im 18. Jahrhundert.*

- Moses Mendelssohn: Jerusalem oder über religiöse Macht und Judentum [1783], mit einer Einleitung von Michael Albrecht, Hamburg 2005. *Wichtige Schrift zum Verständnis des Verhältnisses von Religion und Staat im 18. Jahrhundert.*

Forschung

- Anne Conrad: Rationalismus und Schwärmerei. Studien zur Religiosität und Sinndeutung in der Spätaufklärung, Hamburg 2008. *Anschauliche kulturgeschichtliche Studien zum Thema.*

- Kaspar von Greyerz: Religion und Kultur. Europa 1500–1800, Göttingen 2000. *Beste einführende Überblicksdarstellung zum epochalen Kontext.*

- Ole Peter Grell / Roy Porter (Hg.): Toleration in Enlightenment Europe, Cambridge 2000. *Europäische Zusammenschau des Toleranzdenkens im Zeitalter der Aufklärung.*

- Michael Maurer: Kirche, Staat und Gesellschaft im 17. und 18. Jahrhundert, (Enzyklopädie deutscher Geschichte, Bd. 51), München 1999. *Sehr gute Einführung mit ausführlichem Literaturteil.*

- Christoph Schulte: Die jüdische Aufklärung. Philosophie, Religion, Geschichte, München 2002. *Schön zu lesender, anschaffenswerter Überblick zur Haskala.*

- Friedrich Vollhardt, Gotthold Ephraim Lessing, München 2016. *Schöne Einführung in die komplexe Biographie des „Musteraufklärers" Lessing.*

11 Erkenntniswege der Aufklärung: Vernunft, Sinne, Übersinn

Abbildung 14: Francisco de Goya: *El sueño de la razón produce monstruos (Der Schlaf der Vernunft gebiert Ungeheuer)* (1797/98)

Kaum ein Kunstwerk ist häufiger zur Illustration der ambivalenten Erkenntnisformen der Aufklärung verwendet worden als diese Radierung des berühmten spanischen Malers Francisco de Goya (1746–1828). Die Darstellung war Teil einer Sammlung von Radierungen, die in den Jahren 1796/97 entstand und 1799 unter dem Titel „Caprichos" erschien. Nachdem wenige Ausgaben der ohnehin geringen ersten Auflage verkauft waren, wurde – vermutlich aufgrund einer Intervention der Inquisition – das Werk Goyas vom Markt genommen. Offenbar war seine für den heutigen Betrachter schwer zu entschlüsselnde Kritik an Adel und Klerus in den Arbeiten zu scharf ausgefallen. Die Radierung Nummer 43, wohl ursprünglich als Titelkupfer vorgesehen, schien eine klare Botschaft ex negativo zu enthalten: Nur vermittels der Vernunft sei die Welt zu entschlüsseln – sobald die Vernunft aussetze, entstünden all die dunklen Schemen, welche die Menschen lange in Angst versetzt und damit in Abhängigkeit von Autoritäten – in selbstverschuldeter Unmündigkeit – gehalten hätten.

Aus dieser Sicht lag es nahe, Goyas Darstellung quasi als eine Versinnbildlichung der Kantischen Definition von Aufklärung zu lesen, nach der sich der Mensch für die Erklärung der Welt und ihrer Rätsel von Autoritäten, Dogmen und Lehrmeinungen unabhängig machen muss. Jedes Individuum verfügt demnach über das notwendige Mittel zur selbstständigen Erkenntnis der Welt: die Vernunft. Die Aufklärung wird hier folglich mit dem Gebrauch der Vernunft gleichgesetzt. In den vergangenen Jahrzehnten wurde in der Forschung aber vermehrt daran gezweifelt, ob Kants Definition tatsächlich als repräsentativ für *die* Aufklärung gelten kann. Zu viele der frühneuzeitlichen Wissensformen, die jenseits von rationaler und empirischer Weltdeutung operierten, seien in der Epoche der Aufklärung weiterhin vorfindbar. Und nicht nur das: Magie, Alchemie, Mystik, Geisterglauben und Traumdeutung könnten nicht nur in Restbeständen im aufgeklärten Denken nachgewiesen werden, sondern bildeten nachgerade die Grundlage für den Wandel des Weltbildes im ausgehenden 17. und 18. Jahrhundert. Die Frage, *auf welche Weise* die Welt zu deuten ist, kann als das grundlegende Experimentierfeld der Aufklärung gelten.

11.1 **Wissen und Wissenschaften**
11.2 **Wahre und falsche Wissenschaft: Erkenntnistheorie und Methode**
11.3 **Jenseits der Vernunft: Esoterik**

11.1 Wissen und Wissenschaften

Die Aufklärung als Entstehungsort der modernen Wissenschaften zu preisen ist eine unzulässige Verkürzung eines lang andauernden geistes-, sozial- und kulturgeschichtlichen Vorgangs. Überdeutlich konturieren sich im Zeitalter der Aufklärung die mittelalterlichen und frühneuzeitlichen Traditionen in der institutionellen und intellektuellen Erfassung von Welt und Kosmos. Die Übergangsphase, in der sich die Wissenslandschaft seit dem ausgehenden 17. Jahrhundert befindet, lässt sich besser durch verschiedene Veränderungsprozesse beschreiben. Die Veränderungen betreffen die Institutionen des gelehrten Wissens, die gelehrte Praxis selbst, die Erweiterung des Disziplinenkanons und schließlich die theoretische Reflexion der Formen des Wissenserwerbs. Der Wandel der Begriffe von Wissen und Wissenschaft im Verlauf des 18. Jahrhunderts indiziert diese Entwicklung (→ KAPITEL 2.2).

Veränderungen der Wissenslandschaft

Für jeden dieser Prozesse ist elementar, dass die aufgeklärten Intellektuellen das alte Wissenssystem als marode anprangerten und die neuen Formen institutionellen und intellektuellen Wissenserwerbs im 18. Jahrhundert als revolutionären Neubeginn darstellten. Konstitutiv für die Formulierung dieses neuen Wissenschaftsverständnisses war seit dem 17. Jahrhundert die Infragestellung des traditionellen Universitätssystems. Der Abgrenzungsgestus der aufgeklärten Gelehrtenrepublik richtete sich hauptsächlich gegen das aus dem Mittelalter stammende Fakultäts- und Lehrsystem der alteuropäischen Universität. Dieses erwies sich trotz stets vehementer werdender Kritik als überaus reformresistent und beharrte auf seiner lateinisch-theologischen Tradition, die sich nicht nur im Lateinischen als Wissenschaftssprache ausdrückte. Am klarsten manifestierte sich diese Tradition im Festhalten an der spätmittelalterlichen Aufteilung der Fakultäten: Unter den vier Fakultäten nahm die Theologie den höchsten Rang ein, ihr folgten die Jurisprudenz und die Medizin. Unterhalb dieser ersten drei Fächer rangierte die artistische Fakultät, in der die sieben freien Künste – die *artes liberales* – vermittelt wurden. Ihre Funktion bestand in einer vorbereitenden Grundlegung des Wissens vermittels des sogenannten *triviums*, der sprachlichen Annäherung an die Wahrheit durch Grammatik, Rhetorik und Logik, sowie der vier mathematischen Fächer Arithmetik, Geometrie, Astronomie und Musik – dem *quadrivium* (→ ASB MÜLLER, KAPITEL 11). Mit dieser Aufteilung verband sich die Rezeption und Vermittlung festgelegter Lehrmeinungen, deren Autorität kaum infrage gestellt wurde. Für die

Infragestellung der traditionellen Universität

Artes liberales

Theologie war die spätmittelalterliche Scholastik beziehungsweise die lutherische Orthodoxie bestimmend, die Jurisprudenz orientierte sich am römischen Recht, die Medizin folgte in weiten Teilen der antiken Theorie Galens und die Philosophie blieb weitestgehend dem Aristotelismus verpflichtet. Unterrichtet wurden diese Stoffe an allen traditionellen europäischen Universitäten anhand von Vorlesungskompendien, wobei die Aufgabe der Studenten in der Hauptsache im Übersetzen und Auswendiglernen der Texte bestand (van Dülmen 1994, III, S. 189).

Kritik am Universitätssystem

Von der Unzufriedenheit mit der Universitätsausbildung zeugen autobiografische Aufzeichnungen bis weit ins 18. Jahrhundert. Vernichtend fiel beispielsweise das Urteil des englischen Historikers Edward Gibbon (1737–94) über seine Studienzeit in Oxford aus. Gibbon hatte sein Studium 1752 unter der Verheißung begonnen, dort den gleichen Geist atmen zu können wie der englische Philosoph John Locke im 17. Jahrhundert:

„To the University of Oxford I acknowledge no obligation; [...] The schools of Oxford and Cambridge were founded in a dark age of false and barbarous science, and they are still tainted with the vices of their origin. Their primitive discipline was adopted to the education of priests and monks; and the government still remains in the hands of the Clergy, an order of men whose manners are remote from the present World, and whose eyes are dazzled by the light of Philosophy. [...] their work is more costly and less productive than that of independent artists". (Gibbon 1907, S. 57ff.)

(Der Universität Oxford schulde ich nichts; Oxford und Cambridge wurden im dunklen Zeitalter irriger und barbarischer Wissenschaft gegründet und tragen immer noch die Male dieses Ursprungs. Ihr ursprünglicher Lehrbetrieb diente dazu, Priester und Mönche auszubilden; und die Leitung liegt immer noch in den Händen des Klerus, eine Abordnung von Männern, deren Vorstellungswelt und Lebensart ebenso abseitig von der heutigen Welt sind wie ihre Augen von der reinen Logik geblendet. Ihre Arbeit ist aufwendiger und weniger ertragreich als die von unabhängigen Wissenschaftlern.)

Auch würde die vierte Fakultät der *artes* nicht dazu genutzt, neuere philosophische Richtungen mit einzubeziehen:

„The Arts are supposed to include the liberal knowledge of Philosophy and litterature; but I am informed that some tattered shreds of the old Logic and Metaphysics compose the exercises for a Batchelor [!] and Master's degree" (Gibbon 1907, S. 57ff.).

(Die *artes* sind dazu angetan sowohl die neueren Erkenntnis der (Natur-)Philosophie als auch die Literatur zu umfassen; aber ich bin mir darüber im Klaren, dass die Übungen für einen Bachelor- oder Masterabschluss immer noch aus zerfledderten Schnipseln der alten Logik und Metaphysik zusammengestellt werden).

Gerade bei den *artes* hofften jedoch die jüngeren Gelehrten, dass sich hier neue Formen der Erkenntnisgewinnung etablieren ließen. Die Entdeckungen in den Naturwissenschaften hatten unter den aufgeklärten Denkern die Einsicht genährt, dass aus Erfahrung und Beobachtung mehr neue Ergebnisse gewonnen werden könnten als aus der hergebrachten Buchgelehrsamkeit. Die erst später so etikettierte „Empirie" rangierte jedoch als unsichere, flüchtige Erkenntnisform auf den unteren Stufen des Wissens in der Frühen Neuzeit. Die theoretischen Bedenken gegen die sogenannte Induktion – der Schlussfolgerung von einzelnen Beobachtungen auf allgemeine Aussagen – ließen sich nur langsam ausräumen. Doch schienen die Erfolge in den Wissenschaften, die durch diese Methode gewonnen wurden, für sich zu sprechen. Vor diesem Hintergrund erklärt sich das Drängen nach einer stärkeren Differenzierung der Fakultäten und die Forderung nach einer Aufwertung der unter *historia* subsumierten, empirisch verfahrenden Grundlagenfächer. Der Begriff *historia* fungierte in der gesamten Frühen Neuzeit als übergreifende Bezeichnung für die sammelnden, beschreibenden Disziplinen (*historia naturalis* etc.) und damit als Namensgeberin der Empirie (Seifert 1976, S. 116ff.). Die angestrebte Reform der Universitäten sah folglich vor, naturwissenschaftlich-physikalischen, botanisch-biologischen sowie historischen Fragen im Curriculum mehr Platz einzuräumen.

Neue Formen der Erkenntnisgewinnung

Die Studenten des ausgehenden 17. und 18. Jahrhunderts warteten den Reformprozess der Universitäten nicht an allen Orten ab, sondern votierten mit den Füßen über das alte und neue Universitätssystem. Sie pilgerten an die innovativen und neu gegründeten Reformuniversitäten, die den verheißungsvollen Wegen der vielleicht unsicheren und nichtsdestotrotz praxiserprobten und praxisrelevanten Wissensformen folgten. In der Medizin erlangte dadurch die niederländische Universität Leiden seit der Mitte des 17. Jahrhunderts mit Professoren wie Herrmann Boerhaave (1668–1738) einen Spitzenplatz bei den Studenten – und lag damit vor traditionellen Universitätsstandorten wie Padua oder Paris. Die Gründung der preußischen Landesuniversität Fridericiana in Halle 1694 galt den Zeitgenossen als Beginn einer „Universitätsreformation" oder sogar einer allgemeinen „Universitäten-Revolution". Besonders deutlichen

Reformuniversitäten

Ausdruck findet diese Umbruchsituation der universitären Ausbildung, die als „Empirisierungszwang durch Erfahrungsdruck" (Lepenies 1978, S. 17) beschrieben worden ist, in den neu entstehenden Laboratorien, Seziersälen, Sternwarten und botanischen Gärten, über die junge und innovationsstarke Universitäten – wie etwa Göttingen oder Edinburgh – verfügten.

Doch die Beharrlichkeit der traditionellen Stätten der Gelehrsamkeit, ihre Entscheidungsmacht über erlaubtes und verbotenes Wissen, führte auch dazu, dass der Ausbau aufgeklärter Wissensformen sich vor allem außerhalb der Universitäten abspielte. Die neu gegründeten *Akademien der Wissenschaften* boten die erforderliche geistige und finanzielle Unabhängigkeit von den Universitäten und den Rahmen sowohl für die veränderten innerwissenschaftlichen Ansprüche als auch die gesellschaftlichen Anforderungen an die jungen, praxisorientierten Disziplinen. Nach diesen Vorstellungen hatte eine Akademie ausdrücklich dazu zu dienen, „die bereits anerkannten Wahrheiten [zu] überlegen, damit sie andere daraus entdecke, und mit nicht geringem Fleisse die Fehler und Mängel, welche sich in denen Wissenschafften und Künsten finden, anmercken, damit sie zu neuen Erfindungen Anlaß bekomme" (Zedler 1748, S. 1518). Wissen sollte somit nicht nur innerhalb der gelehrten Debatten logischen Bestand haben, sondern darüber hinaus nützlich sein und dem Allgemeinwohl dienen. Nach verschiedenen Akademiegründungen im Verlauf des 17. Jahrhunderts waren es vor allem die „Royal Society" in London (1660) und die „Académie des Sciences" in Paris (1666), die Vorbildcharakter für alle weiteren Institutionen dieser Art hatten. Francis Bacons Werk *Nova Atlantis* (*Das neue Atlantis*, 1626) wurde als kodierter Leitfaden zur Gründung einer Akademie gelesen, deren vornehmstes Anliegen die empirische Erkenntnis der Natur sein sollte. Die Gründung der Akademie in London galt den Zeitgenossen als Einlösung dieses Ziels. Auch die Planung der „Kurfürstlich-Brandenburgischen Societät der Wissenschaften" (1700) unter dem späteren preußischen König Friedrich I. in Berlin ging auf einen berühmten Universalgelehrten zurück: Gottfried Wilhelm Leibniz (1646–1716). Dieser hatte schon in jungen Jahren das Konzept für diese Wissenschaftsakademie entwickelt. Das Berliner Projekt sollte nicht der einzige Versuch bleiben, dem englischen und französischen Beispiel nachzueifern. Auch das Kurfürstentum Hannover hatte seit 1751 eine „Societät der Wissenschaften zu Göttingen" aufzuweisen und Kurfürst Maximilian III. Joseph stiftete 1759 die „Churfürstlich baierische Akademie der Wissenschaften" in München.

Das Akademiewesen war eine Alternative zum scholastischen Lehrsystem der Universität und mit der Aufgabe bedacht, das zu gewährleisten, was unter „Freiheit der Wissenschaften" verstanden wurde. Ihrer didaktischen Zwänge entledigt, sollten die Gelehrten den Fragen nachgehen können, die nur schwerlich in den klassischen Disziplinenkanon der Universitäten integrierbar waren. Das Ziel dieser veränderten Forschungsperspektive lag weniger in der scholastischen Kunst als vielmehr in der Alltagstauglichkeit und Nützlichkeit der Ergebnisse. Solche, vielfach auf dem Wege des Experiments erzielten Erträge, entzogen sich der Überprüfung durch die formale Logik. Die Bewertung der vorbehaltlich ermittelten Resultate oblag nun einer akademischen Öffentlichkeit. Während es ursprünglich nicht konstitutiv für den Akademiegedanken war, Wissen zu popularisieren, wurde es nun zu einem prozeduralen Erfordernis, Ergebnisse zu intersubjektivieren, also ein Gelehrtennetzwerk sowohl als Überprüfungsinstanz als auch als Ressource neuen Wissens herzustellen. Ein wichtiges Instrument zur Überprüfung und Auslotung neuer Erkenntnisse waren dabei die berühmten Preisaufgaben der Akademien. Der Umstand, dass ein völlig unbekannter Autor durch die Beantwortung einer Preisfrage schlagartig zum meist diskutierten Philosophen Europas werden konnte, verdeutlicht den dramatisch gewandelten Bezugsrahmen von Wissen und Wissenschaft. Das zeigt sich eindrucksvoll am Beispiel von Rousseaus Antwort auf die Preisfrage der Akademie von Dijon: „Was ist die Quelle der Ungleichheit unter den Menschen?" (→ KAPITEL 8.2).

Freiheit der Wissenschaften

Akademische Öffentlichkeit

Preisaufgaben

11.2 Wahre und falsche Wissenschaft: Erkenntnistheorie und Methode

Konsultiert man verschiedene Lexika um die Mitte des 18. Jahrhunderts (*Encyclopédie, ou Dictionnaire raisonné des sciences, des arts et des métiers, Chambers Cyclopædia, Zedlers Großes Universal-Lexicon*), zeigt sich beim französischen und englischen Begriff von *science* ebenso wie beim deutschen Begriff von „Wissenschaft", dass dieses Konzept in dieser Zeit einem Wandel unterliegt. Traditionell schloss die Definition der lateinischen *scientia* die Gesamtmenge erwiesener, universell gültiger Wahrheiten ein. Während die lexikalischen Übertragungen in die Nationalsprachen im 18. Jahrhundert zunächst nur auf die Frage zielten, „wie man Wissenschaft von etwas erlangt", wurde in den Artikeln bald die Debatte entfacht, welcher

Begriffe von Wissenschaft

der richtige Weg ist, auf dem solche Kenntnis von etwas erreicht werden kann (Meyer 2008, S. 25f.). Die Beantwortung dieser Frage hatte dann zur Folge, dass nur bestimmte Disziplinen als ‚echte' Wissenschaften anerkannt und andere von diesem Titel ausgeschlossen wurden.

Die im 18. Jahrhundert entstehende Debatte um wahre und falsche Wissenschaft respektive Erkenntnis muss vor dem Hintergrund eines grundlegend veränderten Zugangs zur Welt verstanden werden, der als „wissenschaftliche Revolution" beschrieben worden ist (→ KAPITEL 2.2). Dieser Prozess bezieht sich vorrangig auf die Ablösung der christlich-theologischen Weltdeutung, die sich auf verschiedenen Ebenen vollzog. Die „Kopernikanische Wende" und das damit grundlegend veränderte Weltbild zeitigten erst im 18. Jahrhundert massive Konsequenzen für die Ordnung des gelehrten Wissens ebenso wie für das Alltagswissen. Erst in der Epoche der Aufklärung wurden die großen geistigen Strömungen des 17. Jahrhunderts geistesgeschichtlich eingeordnet und daraus ein Bezugssystem für die eigene wissenschaftliche Standortbestimmung geschaffen. Diese geistesgeschichtliche Selbstverortung drückt sich unter anderem in den „Enzyklopädien der Wissenschaften" aus, die im Verlauf des 18. Jahrhunderts an Zahl und Umfang stark zunahmen. Ursprünglich Grundlage des Philosophiestudiums, erwächst aus den kommentierten Bibliografien der *historia literaria* eine eigene Literaturgattung. Philosophische Schulbildungen werden aufgezeigt, Traditionen und Innovationen kenntlich gemacht und mit den vermehrt genutzten „-ismen"-Bildungen (Tacitismus, Machiavellismus, Spinozismus etc.) eine neue Form der Philosophiegeschichte geschaffen (Braun 1990, S. 117ff.).

Einen zentralen Anknüpfungspunkt fanden die Philosophiehistoriker der Spätaufklärung im Rationalismus von René Descartes (1596–1650), welcher der formalen Logik in der Scholastik den methodischen Zweifel und die Naturhaftigkeit der Vernunft entgegengesetzt hatte. Weiterentwicklung erfuhr die Position des Primates der Vernunfterkenntnis durch Baruch de Spinoza (1632–77) und Gottfried Wilhelm Leibniz. Zusätzliche Patenschaft für die aufgeklärte Philosophie wurde wiederum im sogenannten Empirismus ausgemacht, welcher den Sinnen Vorrang bei Erkenntnisprozessen einräumte. Die Vertreter dieses Verfahrens vermuteten zudem strukturelle Ähnlichkeiten zwischen dem Systemdenken der mittelalterlichen Scholastik und dem Rationalismus. Folglich bestand für sie der Ausweg in der Selbstbeschränkung auf Wissensgebiete, die sich aus Beobachtung und Erfahrung erschließen ließen, sowie im Rückzug vom Feld der Metaphysik. Francis Bacon (1561–1626) und John Locke (1632–1704) waren Denker, die mit der theoretischen Grundlegung des Empirismus verbunden wurden.

Die beiden Positionen, deren Versöhnung als das übergreifende Projekt aller aufgeklärten Philosophie verstanden werden kann (Cassirer 1973, S. 9f.), radikalisierten sich im Verlauf des 18. Jahrhunderts und wurden zunehmend als bipolares System wahrgenommen, in dem jeweils eine bestimmte erkenntnistheoretische Haltung identifiziert und der einen oder anderen Richtung zugerechnet werden konnte.

Eine zugespitzte Form des Empirismus fand sich bei dem schottischen Aufklärer David Hume (1711–76), dessen theoretische Grundlegung gleichermaßen radikal wie desillusionierend ausfiel. Seine Kritik richtete sich nicht nur gegen den Vernunftglauben des Rationalismus, sondern vor allem auch gegen die Vorstellung, dass im Prozess der Beobachtung tatsächlich ein wesenhaft bestehender Zusammenhang zwischen Ursache und Wirkung offengelegt werden könne. Hume wollte zeigen, dass der Zusammenhang zwischen Ursache und Wirkung – als konstitutiver Vorgang der Induktion – immer ein vom Betrachter hergestellter ist (Hume 1978, S. 156). Der Betrachter könne nichts über die Natur dieses Zusammenhangs aussagen. Nichtsdestotrotz sei dieses Verfahren das einzig zuverlässige, das die täuschungsgefährdete Wahrnehmung des Menschen durchführen könne (Klemme 2007, S. 37ff.).

<small>David Hume</small>

Der Königsberger Philosoph Immanuel Kant schrieb 1783 in seinen *Prolegomena*, dass es die Lektüre von David Humes Schriften gewesen sei, die seinen „dogmatischen Schlummer unterbrach" (Kant 1998b, S. 118) und ihn zur Niederschrift seiner *Kritik der reinen Vernunft* (1781) veranlasst habe. Ehemals von der rationalistischen Philosophie geprägt, war es das Anliegen seines Werkes, Rationalismus und Empirismus auszusöhnen. Dabei setzte er die bisherige Unversöhnlichkeit der Positionen voraus und lehnte andere Vorschläge zur Überbrückung, wie etwa die der Popularphilosophie, als unzureichend ab. Kant hatte von Hume gelernt, sein Augenmerk auf die Verstandesoperation des Erkennenden selbst zu richten. In Kants Augen war es jedoch nicht allein der Verstand, der Erfahrungen reproduziert und begrifflich erfasst, sondern primär die Vernunft, die sich ihre Ordnung durch transzendentale Ideen erschafft (Klemme 2004, S. 26). Kant hatte damit „die Bedingungen der Möglichkeit von Erkenntnis" überhaupt untersucht, die scheinbar antagonistischen Er-

<small>Immanuel Kant</small>

<small>Verstand und Vernunft</small>

kenntnisformen systematisiert und einen Vorschlag zu ihrer Vermittlung – das synthetische Urteil a priori – unterbreitet, womit nach seiner Auffassung die „Kopernikanische Wende" auch für die Metaphysik erreicht war: „die Gegenstände müssen sich nach unserer Erkenntnis richten" (Kant 1998a, S. 25).

Für die Philosophiegeschichte kann die Wirkung der Kantischen Kritiken – die *Kritik der praktischen Vernunft* (1788) sowie die *Kritik der Urteilskraft* (1790) – kaum zu hoch veranschlagt werden; die von Kant entwickelte transzendentale Philosophie wurde zu einer Weltanschauung. Keine wissenschaftliche Urteilsfindung konnte auf einen Vorschlag zur Lösung des Erkenntnisproblems verzichten, keine Disziplin war zu etablieren, ohne ihre Erkenntnisweise und Methode klar zu bestimmen. Die Ideengeschichte des 18. Jahrhunderts hatte ihren Meister gefunden und die Philosophiegeschichte wurde in eine *ante*- und *post*-kantische unterteilt. Diese Fixierung auf Kant führte jedoch dazu, dass alternative Modelle sowohl in ihrer Tragfähigkeit unterschätzt als auch in ihrer philosophiegeschichtlichen Wirksamkeit übersehen wurden. Erst in jüngerer Zeit äußern Wissenschaftshistoriker vermehrt Zweifel an der vorherrschenden Auffassung, die gesamte Aufklärungsphilosophie sei an der kantischen Erkenntnistheorie zu messen. Alternative Wissens- und Erkenntnisformen scheinen im Zeitalter der Vernunft nun weniger marginal als lange wahrgenommen. Dies könnte auch erklären, wieso sich selbst Kant zu einer Auseinandersetzung mit dem Ideen des schwedischen Wissenschaftlers und Mystikers Emanuel Swedenborg (1688–1772) veranlasst sah.

Transzendentale Philosophie

11.3 Jenseits der Vernunft: Esoterik

Der vielgepredigte Sieg der Vernunft war im Zeitalter der Aufklärung keineswegs ausgemacht. Zudem waren es auch nicht ausschließlich die dunklen Ecken des Wissens, wie etwa die Alchemie, in denen sich alternative Denkformen aufrechterhielten. Im Gegenteil: Der Schauplatz der rivalisierenden Wissens- und Denkformen war „die Wissenschaft", die im 18. Jahrhundert an zahlreichen Orten präsent war, vor allem „in den Medien und Institutionen, in den Salons und auf den Jahrmärkten" (Hochadel 2003, S. 19). Blitzableiter und Sintfluttheorien erregten ebenso öffentliches Interesse wie Mesmerismus (s. u.), unzivilisierte ‚wilde' Menschen, Tiere und Kometen. Die Wunderkammern der Frühen Neuzeit sind Ausweis dieser Sicht auf die

Rivalisierende Wissens- und Denkformen

JENSEITS DER VERNUNFT: ESOTERIK

Welt, die unter dem Leitmotiv der *Curiositas* alle ‚Merkwürdigkeiten' der Erde und des Kosmos versammelten (Daston/Park 2002, S. 301ff.). Kein Gegenstand entzog sich dieser Neugierde, die erst in der historischen Rückschau als ‚unwissenschaftliche' Sammelwut betrachtet wurde. Jedoch ist die Unterscheidung zwischen rational und irrational, zwischen wissenschaftlich und unwissenschaftlich, zur Charakterisierung der Interessen- und Erkenntnisvielfalt des Aufklärungszeitalters anachronistisch und irreführend. Schon der Versuch, zwischen Wissenschaftlern und Amateuren zu differenzieren, ist im Aufklärungszeitalter problematisch. Es sind gerade die „Dilettanti" – wie sie in der Sprache des 18. Jahrhunderts heißen (→ KAPITEL 9.2) –, denen bahnbrechende Entdeckungen in der Erforschung ihrer Umwelt zu verdanken sind: Sie messen, zählen, sammeln, beobachten und publizieren dann ihre Ergebnisse in einer der unzähligen neuen Zeitschriften. Der Erfinder des Blitzableiters und spätere Staatsmann Benjamin Franklin (1706–90) war kein Physiker und hat nie eine Universität besucht. Seine wissenschaftlichen Beobachtungen diskutierte er in seinem Selbsterziehungsclub „Junto", aus dem erst viel später die *American Philosophical Society* hervorgehen sollte (Franklin 1983, S. 141).

Entdeckungen der Amateure

Die Intellektuellen des Aufklärungszeitalters kannten kein Spezialistentum. Mit den unbegrenzten Interessensfeldern ging einher, dass gerade bei den Neuentdeckungen und ‚Modewissenschaften' Kontrollinstanzen fehlten. Versuche mit Elektrizität oder Magnetismus, die im 18. Jahrhundert vor allem durch den medizinischen Einsatz des Arztes Franz Anton Mesmer (1734–1815) populär wurden, entbehrten einer Autorität, die wahre von falschen wissenschaftlichen Ergebnissen schied. Die Berührungspunkte zwischen Wissenschaft, Wunderglauben und Magie waren vielfältig, da sie sich aus den gleichen Quellen speisten: Zauberer, Schausteller und Maschinenbauer bedienten sich der gleichen Versuche aus Physik, Chemie und Mechanik wie Apotheker, Chemiker und Instrumentenmacher. Die Wege trennten sich einerseits durch die Kommerzialisierung der ‚unterhaltsamen Physik' und andererseits durch das Distinktionsbedürfnis der entstehenden akademischen Disziplinen. So versuchte der Göttinger Physiker Georg Christoph Lichtenberg (1742–99) im Jahr 1777 die Attraktion des Zauberkünstlers Jakob Philadelphia (1735–95) durch noch unglaublichere Kunststücke auf die Universität umzulenken.

Wissenschaft, Wunderglauben und Magie

Aber die Grenzen blieben fließend. Der Naturforscher Emanuel von Swedenborg zog sich, nachdem er sich höchste Reputation auf-

Swedenborg

grund seiner Verdienste um Physik, Algebra, Mineralogie und Astronomie erworben hatte, von seiner akademischen Tätigkeit zurück und widmete sich ausschließlich der Ausarbeitung seiner theosophischen Studien. Seine Theosophie basierte auf Visionen, in denen ihm „Engel und Geister Verstorbener" das göttliche System von Diesseits und insbesondere Jenseits offenbarten. Diese Berichte aus der Geisterwelt dienten ihm dazu, das Jenseits ganz im Sinne seiner aufgeklärten moralphilosophischen Vorstellungen als korrespondierende Gegenwelt quasi naturphilosophisch auszumessen, wie er es als Naturwissenschaftler für das Diesseits getan hatte (Swedenborg 2005, S. 391f.). Swedenborgs Schriften erregten breites Interesse im Europa des 18. Jahrhunderts. Sie forderten Kant zu einer Kritik in der Schrift *Träume eines Geistersehers* (1766) heraus, in der er bereits die „Metaphysik als eine Wissenschaft von den Grenzen der menschlichen Vernunft" (Kant 2008, S. 76) definierte, fanden aber auch Respektbezeugungen und Zuspruch. Der Dichter und Theologe Johann Gottfried Herder sah in seiner „psychologischen Erklärung der Swedenborgschen Geschichte" (Herder 1802, S. 356) verschiedene Geisteskräfte am Werke und zeigte sich fasziniert vom Erkenntnisweg des Traums. Der berüchtigte italienische Alchemist und Hochstapler Alessandro Graf von Cagliostro (bürgerlich: Guiseppe Balsamo 1743–95), dem Friedrich Schiller mit dem Roman *Der Geisterseher* (1789) und Johann Wolfgang Goethe mit dem Lustspiel *Der Groß-Cophta* (1791) literarische Denkmäler setzten, nahm Swedenborgs Schriften zum Ausgangspunkt für seine von der Ägyptologie, Freimaurerei und Alchemie inspirierte Wissenschaftsauffassung (ägyptische Freimaurerei).

Die Aufklärungsforschung hat ihre Aufmerksamkeit in den vergangenen beiden Dekaden vermehrt auf alternative Denkströmungen – jenseits der Vernunft – gerichtet und sie unter dem Sammelbegriff Hermetik oder Esoterik näher untersucht. Esoterik ist zwar kein zeitgenössischer Terminus, scheint aber deshalb in besonderer Weise geeignet, da er als „Inbegriff des Wissensgewinns aus Tradition" einen klaren Gegenbegriff „zum Konzept des Selberdenkens" bietet (Neugebauer-Wölk 1999, S. 2ff.). Eingeführt durch die Arbeiten des französischen Religionswissenschaftlers Antoine Faivre und des amerikanischen Philosophen Jacob Needleman aus den 1970er-Jahren werden unter Esoterik verschiedene Denkstile, Weltbilder und religiöse Konzeptionen der Frühen Neuzeit gefasst. Das Medium der Wissenschaften spielte für diese Pluralität der Sinnangebote stets eine große Rolle, da in ihr Traditionen und Überlieferungen überdauern konnten, die über keine Träger mehr verfügten oder verfügen durften. Die heuristische Wendung „Esoterik" erlaubt zudem, verschiedene Tendenzen und Erscheinungsformen zu versammeln, die über das Bedeutungsfeld des Quellenbegriffs Hermetik hinausweisen: Magie, Astrologie, Alchemie, Kabbala, Theosophie. Elementar ist allerdings, dass verschiedene esoterische Denkformen des Aufklärungszeitalters nicht nur als Fortschreibungen älterer hermetischer Traditionen verstanden werden dürfen. Vielmehr boten die neuen Geister-, Aethertheorien, pneumatologische Lehren etc. populärwissenschaftliche Sinnstiftungsangebote, die den religiösen Bedürfnissen der aufgeklärt-säkularisierten Gesellschaft entgegenkamen (Conrad 1999, S. 416).

Es lassen sich daher für das 18. Jahrhundert kaum einzelne Denkstile als typisch „aufgeklärt" herauspräparieren. Charakteristisch ist vielmehr eine Pluralisierung der Erkenntnisformen, mit der auf eine Veränderung und Erweiterung des Wissens reagiert wurde. Durch die Öffnung und Vermehrung der philosophischen Deutungsangebote und Weltbilder erhöhte sich der Druck auf die Rechtfertigung des Gültigkeitsanspruchs in der Abbildung der Wirklichkeit. Jede Wissenschaft musste Rechenschaft über Methode, Erkenntnisweise und daraus resultierenden Erkenntnisgewinn ablegen. Das galt für Humes Empirismus und Kants transzendentale Philosophie ebenso wie für Cagliostros ägyptische Freimaurerei.

Pluralisierung der Erkenntnisformen

Fragen und Anregungen

- Erläutern Sie, in welcher Weise sich die Wissenslandschaft im 18. Jahrhundert verändert.
- Beschreiben Sie, wie sich dieser Wandel institutionell vollzieht.
- Welche Bedeutung hat „Wissenschaft" im Zeitalter der Aufklärung?
- Charakterisieren Sie die Denkströmungen, die in der Philosophiegeschichte für das 18. Jahrhundert geltend gemacht werden.
- Erläutern Sie, was in der Forschung unter „Esoterik" in der Epoche der Aufklärung verstanden wird.
- Diskutieren Sie, ob die Aufklärung mit dem Begriff „Zeitalter der Vernunft" treffend beschrieben wird.

Lektüreempfehlungen

Quellen

- Benjamin Franklin: Autobiographie [1791ff.], Leipzig/Weimar 1983. *Spannende Autobiografie eines Autodidakten der Aufklärung.*

- David Hume: A Treatise of Human Nature [1739/40], hg. v. Lewis Amherst Selby-Bigge, 2. Auflage, Oxford 1978. *Zentrale Schrift zum Verständnis des Durchbruchs des Empirismus im 18. Jahrhundert.*

- Immanuel Kant: Kritik der reinen Vernunft [1781], in: ders., Werke in sechs Bänden, hg. v. Wilhelm Weischedel, Band II, Darmstadt 1998. *Meilenstein der Philosophiegeschichte.*

- Immanuel Kant: Träume eines Geistersehers, erläutert durch Träume der Metaphysik [1766], textkritisch hg. und mit Beilagen versehen v. Rudolf Malter, Stuttgart 2008. *Geeignet für einen ersten Zugang zum „Alleszermalmer" (Mendelssohn) der Philosophie.*

- Emanuel Swedenborg: Himmel und Hölle. Nach Gesehenem und Gehörtem [1758], hg. und kommentiert v. Hans-Jürgen Hube, Wiesbaden 2005. *Viel diskutierter Text unter den Gelehrten der Aufklärung.*

Forschung

- Karl Heinz Bohrer: Skepsis und Aufklärung. Phantasie als Vernunftkritik, in: Merkur. Zeitschrift für europäisches Denken 59, 2005, Heft 672, S. 281–293. *Essayistischer Einstieg ins Thema.*

- Lorraine Daston/Katharine Park: Wunder und die Ordnung der Natur 1150–1750, Frankfurt a. M. 2002. *Gut zu lesendes, aufschlussreiches Buch über die Ambivalenzen der wissenschaftlichen Erschließung der Welt im 17. und 18. Jahrhundert.*

- Oliver Hochadel: Öffentliche Wissenschaft. Elektrizität in der deutschen Aufklärung, Göttingen 2003. *Empfehlenswerte Studie zum Verhältnis von wissenschaftlichen Erkenntnissen und gesellschaftlichen Veränderungen.*

- Heiner F. Klemme: Immanuel Kant, Frankfurt a. M. 2004. *Knappe, verständliche und dennoch keineswegs unterkomplexe Einführung in das Denken Immanuel Kants.*

- **Monika Neugebauer-Wölk: Esoterik im 18. Jahrhundert – Aufklärung und Esoterik. Eine Einleitung,** in: dies. (Hg.), Aufklärung und Esoterik, (Studien zum Achtzehnten Jahrhundert, Bd. 24), Hamburg 1999, S. 1–37. *Gute Einführung in einen neueren Gegenstand der Aufklärungsforschung.*

- **John G. A. Pocock: Barbarism and Religion,** 6 Bände, Cambridge 1999–2015. *Nach dem Vorbild Gibbons gestricktes Monumentalwerk des Altmeisters der Ideengeschichte (Intellectual History).*

12 Reaktionen der Aufklärung

Abbildung 15: Unbekannter Künstler: *La Justice Divine: Der Streit um die Ausführung eines Voltairedenkmals* (1773)

Seit 1770 verfolgten einige Enzyklopädisten die Absicht, dem französischen Schriftsteller und Philosophen Voltaire (1694–1778) zu Lebzeiten ein Denkmal zu setzen. Allein dieses Ansinnen rief einen Skandal hervor. Nicht nur der beispiellose Vorgang, dass ein Denker, der mit seinen Schriften die Ordnung des Ancien Régime zu unterminieren suchte, nun öffentlich geehrt werden sollte, erregte Unmut. Die Werbung der Initiatoren um gesellschaftliche und finanzielle Unterstützung des Projektes bedeutete darüber hinaus einen massiven Eingriff in die königlichen Prärogativrechte. Zudem war es den Auftraggebern gelungen, mit Jean-Baptiste Pigalle (1714–85) einen der berühmtesten Bildhauer der Zeit zu gewinnen. Pigalle wollte Voltaire den antiken Vorbildern gemäß nackt und in keiner Weise stilisiert, also seinem fortgeschrittenen Alter entsprechend, „d'après la nature" darstellen. Damit war sowohl der methodische als auch der ideelle Anspruch des aufgeklärten Denkens eingelöst, die Wirklichkeit ungeschönt abzubilden und so die Überlegenheit des kritischen Geistes zum Ausdruck zu bringen. Genau in diesem Anspruch lag die Provokation. Der anonym angefertigte Kupferstich von 1773 spricht dazu eine klare Sprache: Das Ansinnen der Aufklärung wird als Anmaßung gewertet, die von der göttlichen Ordnung als solche entlarvt wird. Die göttliche Wahrheit durchflutet die Verfinsterung und vertreibt den aufgeklärten Spuk.

Seit den 1770er-Jahren begann sich der Ton zwischen den Aufklärern und ihren Gegnern zu verschärfen. Es ging nicht mehr um einzelne theologische oder politische Fragen, sondern darum, die öffentliche Meinung hinter sich zu wissen oder für sich zu gewinnen, wofür der Denkmalstreit ein klares Indiz ist. Aufgeklärte Positionen waren von Anbeginn von Kritik begleitet, und die skeptischen Stimmen, die sie hervorriefen, waren Teil der geistigen Strömung „Aufklärung". Ein wesenhafter Zug der Aufklärung war es gerade, die Waffe der Kritik auch gegen sich selbst zu richten. Als glühendste Gegner der Aufklärung traten deshalb häufig ihre ehemaligen Anhänger hervor. Es wäre daher verfehlt, die Gegenströmungen der Aufklärung unter den Begriff „Reaktion" zu subsumieren. Es zeigt sich vielmehr eine Struktur überaus heterogener Reaktionen.

12.1 **Was ist Gegenaufklärung?**
12.2 **Parteienbildung und Konspiration**
12.3 **Machtwechsel und Diskurshoheit**

12.1 Was ist Gegenaufklärung?

Die Beantwortung der Frage „Was ist Aufklärung?" im Berliner Preisausschreiben des Jahres 1784 (> KAPITEL 1.2) kann bereits als Versuch gewertet werden, einer immer lauter werdenden Gegenbewegung mit einem klar formulierten Konzept entgegenzutreten. Bis dahin bestand diese Denkströmung aus disparaten Strängen aufklärerischen Philosophierens. Die im Preisausschreiben vertretenen prominenten Stimmen der Aufklärung von Immanuel Kant bis Moses Mendelssohn hatten sich dem Ziel verschrieben, einen Emanzipationsprozess des Menschen aus den Strukturen überlieferter politischer und kirchlicher Autorität zu befördern. Dagegen äußerten Kritiker wie der Philosoph Johann Georg Hamann (1730–88) Zweifel an genau dieser Form der Aufklärung. Nach Hamanns Auffassung hatte sich die Aufklärung im verbissen verfolgten Ziel der Menschheitsverbesserung selbst Scheuklappen angelegt. Ein solcherart einseitig ausgerichtetes Emanzipationsstreben neige durch seinen rigiden Vernunftglauben wiederum zur Ausbildung autoritärer Strukturen und damit zur Bevormundung des Menschen: „Die Aufklärung unseres Jahrhunderts ist also ein bloßes Nordlicht, aus dem sich kein philosophischer Chiliasmus als in der Schlafmütze u[nd] hinter dem Ofen wahrsagen lässt", schrieb Hamann in einem Brief an Christian Jacob Kraus (1753–1807). Und er fuhr fort, dass „alles Geschwätz und Räsonniren der eximinirten Unmündigen, die sich zu Vormünder[n] [...] aufwerfen, ein kaltes unfruchtbares Mondlicht ohne Aufklärung für den faulen Verstand und ohne Wärme für den feigen Willen" sei (Hamann 1965, S. 291). Die miteinander Korrespondierenden, der Freund und der Schüler Kants, formulierten auf je unterschiedliche Weise Kritik an der Kantischen Definition von Aufklärung: Der Adressat Kraus hegte Zweifel an Kants Definition aus der Perspektive des angelsächsischen Skeptizismus, und Hamann warnte vor dem Hintergrund seiner christlichen Rückbesinnung vor der Überhöhung der Vernunft zu einem „transzendentalen Aberglauben" (Gaier 1989, S. 270). Damit war nicht die Aufklärung im Allgemeinen ins Visier der Kritik geraten als genau der im Preisausschreiben unternommene Versuch, die verschiedenen Angebote aufgeklärten Denkens und Handelns auf eine einfache, vernunftbasierte Formel zu bringen.

Ein wichtiger Impulsgeber für die Ideengeschichte des 18. Jahrhunderts, der Historiker Isaiah Berlin (1909–97), sprach Johann Georg Hamann eine Pionierrolle in der geistigen Bewegung zu, für die

Johann Georg Hamann

Kritik an Definition von Aufklärung

Transzendentaler Aberglaube

Isaiah Berlin

Begriff der Gegenaufklärung

er in einem einflussreichen Essay von 1973 den Begriff „Gegenaufklärung" (*Counter-Enlightenment*) etablierte. Nach Berlins Darstellung hatte erstmalig der italienische Historiker Giambattista Vico (1668–1744) die These vom Eigensinn kultureller Entwicklungen gegen das zentrale Dogma aufgeklärten Denkens in Stellung gebracht. Nach diesem Dogma war der Lauf der Natur von universell gültigen, unveränderlichen Gesetzmäßigkeiten bestimmt, die wiederum objektiv erkennbar und auf dem Wege der Vernunft zu entschlüsseln seien. Hamann hätte allerdings Vicos antiaufklärerische Stellungnahme noch weit hinter sich gelassen, indem er der Vernunft die Fähigkeit zur tieferen Durchdringung der Natur grundsätzlich absprach und den Glauben zum einzigen Mittel in der Erkenntnis der Wirklichkeit erklärte (Berlin 1980, S. 7ff.).

Der von Friedrich Nietzsche (1844–1900) geprägte und von dem amerikanischen Philosophen William Barrett (1913–92) für das ausgehende 18. Jahrhundert ins Englische eingeführte Terminus „Gegenaufklärung" erschien Isaiah Berlin zur Charakterisierung dieses Vorgangs deshalb besonders geeignet, da er in seiner Genealogie von Denkern keine neue, radikal unterschiedene Geistesströmung erkennen konnte. Die Aufklärung war vielmehr die gemeinsame geistige Wiege von Bewegung und Gegenbewegung. Aufklärer wie Gegenaufklärer teilten die kritische Haltung gegenüber der Tradition; der Abgrenzungsgestus der Gegenaufklärung bestand insbesondere in einer veränderten Gewichtung von Erkenntnismitteln und Erkenntnisgegenständen. Nach Berlins Ansicht wollten die von ihm als Gegenaufklärer identifizierten Autoren den Universalismus der Aufklärung nicht durch einen Relativismus im postmodernen Sinne ersetzt sehen, sondern durch einen Pluralismus. Neben die Vernunft traten Glaube und Gefühl, neben Natur und Mensch traten Kultur und Geschichte. Berlin hob vor allem Rousseaus Bedeutung für den Umschlag auf dem Scheitelpunkt aufgeklärten Denkens hervor und erkannte in seinem Denken den entscheidenden Impuls für den entstehenden Sturm und Drang. Für die sich verschärfende Kritik an Rationalismus und Szientismus stellte Berlin Johann Gottfried Herder (1744–1803), Justus Möser (1720–94) und Friedrich Heinrich Jacobi (1743–1819) in die Tradition von Hamann. Der von Jacobi gegen die rationalistische Weltsicht in Anschlag gebrachte Glaubensbegriff wurde in diesem Sinne eher einer sinnlich-empirischen Erkenntnisform angenähert als metaphysisch begründet. Gerade die deutsche Gegenaufklärung habe mit ihrer Rationalismuskritik und ihren alternativen Denkmodellen die Voraussetzung für das Interesse an kultu-

Keine neue Geistesströmung

Kritik an Rationalismus und Szientismus

rellen wie nationalen Spezifika und damit generell für historische und philologische Studien in Sturm und Drang sowie Romantik geschaffen. Als dieser Gedankenwelt verwandt – und dennoch vor allem der utilitaristischen Tendenz der englischen Aufklärung entgegengesetzt – profilierte Berlin Edmund Burke (1729–97) als den typischen englischen Gegenaufklärer, dessen politischer Philosophie er den kunstvollen Antirationalismus William Blakes (1757–1827) an die Seite stellte. Die Radikalität der französischen Gegenaufklärung vermutete Berlin hingegen in der unumwundenen Ablehnung des Menschenbildes der Aufklärung, für das die Infragestellung der Erbsünde zentral gewesen war. Der savoyische Staatsmann Joseph de Maistre (1753–1821) und der französische Politiker und Philosoph Louis-Gabriel-Ambroise de Bonald (1754–1840) sahen die Natur des Menschen nicht als ursprünglich gut und nur durch die Zivilisation korrumpiert an, wie die Schriften Rousseaus suggerierten. „Jegliche Frage über die Natur des Menschen muß von der Geschichte beantwortet werden", schrieb der radikale Gegner der Französischen Revolution de Maistre 1794 in seinem „Anti-Gesellschaftsvertrag" *Étude sur la souveraineté* (*Von der Souveränität*). Und weiter:

Joseph de Maistre

„[...] der Philosoph aber, der uns mit Vernunftgründen beweisen will, was der Mensch sein soll, verdient unser Gehör nicht. Er ersetzt die Erfahrung durch Bequemlichkeitsgründe und den Willen des Schöpfers durch seine eigenen Entscheidungen." (de Maistre 2000, S. 7)

Berlins Intention, mit dem Begriff Gegenaufklärung eine äußerst heterogene Bewegung zusammenzufassen, die von romantisch-irrationalistischen über konservativ-ästhetizistische bis hin zu anarchischen wie totalitären Tendenzen reichte, hatte zur Folge, dass dem Begriff mangelnde historische Schärfe und ein Zuviel an ideologischer Fracht vorgeworfen wurde. Demnach würden unterschiedliche Denker unter einem Etikett gebündelt, deren Ansätze – etwa Hamanns pietistische Ausrichtung, Burkes gegenrevolutionärer Ansatz und de Maistres politische Esoterik – kaum untereinander vermittelbar seien und keineswegs, wie durch die Zusammenstellung suggeriert, in dieselbe Richtung zielten. Als problematisch wurde zudem angesehen, dass es wohl kaum dem Selbstverständnis eines Hamann oder Herder entsprochen hätte, als Gegner der Aufklärung zu firmieren. Die künstlich präparierte Gegenaufklärung sei ein Mythos, ex post von Autoren des 20. Jahrhunderts erdacht, um die unheilvolle Entwicklung der Geistesgeschichte ihrer eigenen Gegenwart erklären zu können (Norton 2007, S. 656). Die radikale Zuspitzung von Berlins These

Kritik am Begriff Gegenaufklärung

führe in eine Traditionsbildung von der Gegenaufklärung zum Faschismus und schließlich in die postmoderne Philosophie, wie etwa in Richard Wolins Arbeit *The Seduction of Unreason* (Die Verführung der Unvernunft, 2004) geschehen. Und tatsächlich erwies sich „Gegenaufklärung" weniger als geeignetes historiografisches Modell zur Erklärung des ausgehenden 18. Jahrhunderts; vielmehr hat sich der Begriff als publizistische Wendung zur Entlarvung von Irrationalismus, Proto-Faschismus und konservativ-revolutionärer Tendenzen eingebürgert (Sternhell 2006, S. 555ff.).

In der Debatte über den Terminus „Gegenaufklärung" wurde in der letzten Dekade unter Historikern keine konzeptuelle Einigung erzielt. Übereinstimmung besteht aber im Procedere, das historische Phänomen genauer zu untersuchen und damit zu einer Differenzierung des Konzepts beizutragen. Dabei ist zu unterscheiden zwischen dem zeitgenössischen Gebrauch, dem polemischem Einsatz sowie schließlich dem heuristischen Potenzial, um eine geistesgeschichtliche Strömung zu kennzeichnen.

Differenzierung des Konzepts

12.2 Parteienbildung und Konspiration

Im 19. und frühen 20. Jahrhundert bestand in der Forschung nur ein geringes Interesse an der Aufklärung als Geistesströmung. Genauso wenig wurde ihre Gegenbewegung explizit in den Blick genommen. Stattdessen wurden Sturm und Drang, Romantik und Historismus als determinierte Endpunkte evolutionärer Prozesse angesehen, deren Überlegenheit gegenüber dem Intellektualismus, Rationalismus und Universalismus der Aufklärungsphilosophie als logische Konsequenz der Geistesgeschichte galt (Meinecke 1936, I, S. 2). Erst die Suche nach dem Ursprung politischer Parteienbildungen und ihrer fatalen Radikalisierung in der ersten Hälfte des 20. Jahrhunderts ließen Spätaufklärung und Französische Revolution als Entstehungsort dieser Entwicklung in den Fokus der Geschichtswissenschaft der Nachkriegszeit rücken.

Ursprung politischer Parteienbildung

Typische Beispiele dieses neuen Interesses stellen Studien des österreichischen Historikers Fritz Valjavec (1909–60) dar, dessen NS-ideologiekonformen, völkisch inspirierten „Deutschtumsforschungen" dazu beigetragen haben, Ausrichtung und Erkenntnisinteresse seiner Arbeiten kritischer zu bewerten. Sein während des Zweiten Weltkrieges geschriebenes Buch *Die Entstehung der politischen Strömungen in Deutschland 1770–1815* (1950) galt dennoch lange Zeit als Standardwerk zu diesem Thema. Valjavec griff darin auf ältere Pionierarbeiten (von Karl Mannheim, Ludwig Bergsträsser, Franz Schnabel) aus der Weimarer Zeit zurück, um die entstehenden liberalen und demokratischen Strömungen ins 18. Jahrhundert zurückzuverfolgen. Seine zentrale These betraf insbesondere den Frühkonservatismus, den er nicht – wie lange geschehen – als Reaktion auf den politischen Umsturz in der Französischen Revolution bewertete, sondern als Produkt „der Auseinandersetzung mit einer geistigen Strömung": der Aufklärung (Valjavec 1951, S. 5). Damit war eine Synonymisierung von Gegenaufklärung, Konservatismus und Reaktion erfolgt. Valjavec zog eine Linie vom Fragmentenstreit (> KAPITEL 10.2) in jene Phase, in der die Reformen des aufgeklärten Absolutismus rückgängig gemacht wurden. Dieser Prozess einer aufklärungsfeindlichen Gesetzgebung verband sich insbesondere mit dem preußischen geheimen Staatsrat und Justizminister Johann Christoph von Wöllner (1732–1800). Aus gemeinsamen Tagen bei der Geheimgesellschaft der Rosenkreuzer hatte Wöllner einen fortwirkenden politischen Einfluss auf den jungen König Friedrich Wilhelm II. behalten, der sich in massiven Zensurmaßnahmen über eine Reihe theologischer, philosophischer und politischer Schriften niederschlug, die kurz als „Wöllnersches Religionsedikt" (Edikt, die Religionsverfassung in den preußischen Staaten betreffend, 1788) in die Geschichte eingehen.

Konservatismus

Wöllnersches Religionsedikt

Eine differenziertere Perspektive auf die Entstehung des Konservatismus entwickelte der deutsch-amerikanische Historiker Klaus Epstein (1927–67) in seiner Studie *The Genesis of German Conservatism* (1966), in der er zwischen Verteidigern des Status quo, Reformkonservativen und Reaktionären unterschied (Epstein 1966, S. 7). Insbesondere mit Justus Möser (1720–94) und August Wilhelm Rehberg (1757–1836) nahm Epstein Denker in den Blick, die er keinesfalls als bloße Reaktionäre charakterisiert wissen wollte. So zeigten sich etwa im Werk von Justus Möser, dem geheimen Rat des Fürstbistums Osnabrück, deutliche Ambivalenzen: Einerseits prangerte Möser die Privilegien des Adels an, andererseits stellte er gleichzeitig die sofortige Abschaffung der Leibeigenschaft infrage. Diese Widersprüchlichkeit bewertete Epstein als Ausdruck einer neuartigen, reformkonservativen Weltanschauung. Mösers Weltbild, das dieser insbesondere in den *Patriotischen Phantasien* (1774–86) darlegte, wurde daher auch mit den Begriffen einer „ständischen Aufklärung" bzw. „konservativen Aufklärung" charakterisiert. Durch die Einführung des heuristischen Modells eines „Rationalen Konservatismus"

Justus Möser

Rationaler Konservatismus

für diese Gruppe von Denkern war die einfache Gleichsetzung von Gegenaufklärung mit Frühkonservatismus obsolet geworden (Garber 1992, S. 331ff.).

Neuere Forschungsansätze

Die mehr auf einzelne aufklärungskritische Autoren als auf einen systematischen Gesamtüberblick ausgerichtete neuere Forschung arbeitet mit der erkenntnisleitenden Hypothese, dass sich seit den 1770er-Jahren „eine neuartige Gegnerschaft zur Aufklärung herausbildete; und mit ihr zugleich ein Fundus an gegenaufklärerischen Vorstellungen und Bestrebungen sowie Argumenten und Pejorativbegriffen, der in zwei Etappen systematisch ausgebaut oder vervollständigt wurde: zunächst in den achtziger Jahren unter dem Eindruck einerseits des Illuminatenordens und andererseits des preußischen Religionsediktes, sodann nach 1789/90 im Kontext der Französischen Revolution" (Albrecht/Weiß 1997, S. 16).

Widerstand gegen Umsetzung aufgeklärter Ideale

Dieser Widerstand regte sich in verstärktem Maße, als die aufgeklärten Ideale vermehrt in die Praxis umgesetzt wurden: vor allem durch die Reformen des aufgeklärten Absolutismus, aber auch durch die Anwendung von Reformkonzepten in theologischen und pädagogischen Bereichen. Die allmähliche Durchsetzung der neuen Ideen wurde als Angriff auf Religion und Kirche wahrgenommen, die bisher als unbestrittene Stützen der Obrigkeit und als erste Institution der Erziehung gegolten hatten. Deshalb wurde dieser Entwicklung

Aufklärung als Häresie

entschieden entgegengetreten und die „Freygeisterey" der Aufklärung mit der Häresie vorangegangener Jahrhunderte gleichgesetzt. Der Reichshofrat Valentin Franz von Emmerich (1701–78) wählte einen programmatischen Titel für seine Mahnung anlässlich der Gefahr, die durch die Aufklärung drohe: *Aller weltlichen Staaten Hauptstütze ist die Religion, fällt diese, so können jene nicht stehen. Der Religion spotten ist demnach eben so viel, als in dem Staat Aufruhr stiften, weshalben vermittelst eines Gesprächs von etlichen weltlichen Staatsmännern deren drey christlichen Religionen, die in sämtliche teutsche Lande mehr als pestartig sich neuerlich eindringende sogenannte Freygeisterey bestritten, und zur gesetzmäßigen Strafe empfohlen wird. Die gröste Gefahr haftet auf dem Verzug* (1768). Damit wurde auch auf das rhetorische Arsenal der französischen Gegenaufklärung zurückgegriffen, wobei die Argumente nicht mehr vorrangig theologischer oder philosophischer Art waren. Ebenso wie für die französische Aufklärung lässt sich auch für die deutsche Aufklärung eine Verschiebung von theologischen Debatten hin zu politischen Auseinandersetzungen beobachten, die in der neueren Forschung im

Ideologisierung

Anschluss an Clifford Geertz als Ideologisierung beschrieben wurde

(Asal 2007, S. 13). Ziel der Verfemung wurden nun ganze Gruppen (z. B. Neologen oder Philanthropen) und aufgeklärte Sozietäten – getragen von der Sorge um deren wachsenden gesellschaftlichen Einfluss.

Orthodoxe beider christlichen Konfessionen können als die zentralen Träger gegenaufklärerischer Agitation gelten. Sie verfügten schon bald über Organe und Institutionen, die dezidiert zu diesem Zweck gegründet worden waren. Als berufene Verteidiger des Glaubens taten sich insbesondere die ehemaligen Jesuiten hervor. Ihr Orden wurde zum Inbegriff konspirativer, päpstlicher Einflussnahme, was Papst Clemens XIV. unter dem Druck der Öffentlichkeit 1773 dazu zwang, den Jesuitenorden zu verbieten. Doch die Mehrheit der Bevölkerung missbilligte die Maßnahmen gegen die Gesellschaft Jesu, was Augenzeugenberichte des hoheitlichen Vollzugs der Aufhebung des Jesuitenordens etwa in Mainz zeigen. So beobachtete ein beteiligter General, dass die Verbringung der Patres in andere Klöster vom Volk „mit einem Gemisch von Traurigkeit und Widerwillen" begleitet wurde (Dumont 1997, S. 35). Zu einem der internierten Jesuiten zählte Hermann Goldhagen (1718–94). Er hatte 1776 mit seinem *Religions-Journal* ein Organ gegründet, das der systematischen Widerlegung der „Freygeisterey" unter Geistlichen, theologisch vorgebildeten Lehrern und Beamten dienen sollte. Ähnliche Ziele verfolgten die ehemaligen Jesuiten Joseph Anton Weissenbach (1734–1801) und Alois Merz (1727–92) mit ihrer Publikationsreihe *Neueste Sammlung jener Schriften, die seit einigen Jahren in Augsburg über verschiedene wichtigste Gegenstände zur Steuer der Wahrheit im Drucke erschienen sind* (1783ff.), durch deren kompilatorischen Charakter ein Gegengewicht zu den kontinuierlich anwachsenden aufklärerischen Periodika geschaffen werden sollte. Charakteristisch für die sich langsam publizistisch verschärfende Front zwischen den Aufklärern und ihren Gegnern seit den 1770er-Jahren war, dass die theologisch-klerikalen Debatten um die Komponente politischer Verschwörung erweitert wurden. Getragen war diese Theorie von der Überzeugung, dass geheime aufgeklärte Gesellschaften und darunter insbesondere Freimaurer und Illuminaten einen „Umsturz der Staaten und Religionen" planten. Die gegenaufklärerische Publizistik wurde genutzt, um diese Theorie mit immer neuen ‚Enthüllungen' zu nähren.

12.3 Machtwechsel und Diskurshoheit

Verschwörungstheorie

Die ehemaligen Jesuiten lancierten mit der Verschwörungstheorie eine öffentliche Kampagne gegen die Aufklärung, die in umgekehrter Richtung insbesondere in der Berliner Spätaufklärung gegen sie gerichtet worden war und schließlich zu ihrem Verbot geführt hatte. Während der publizistische Kampf gegen die Jesuiten – im Jargon der Zeit die „Jesuitenriecherei" – allerdings eher als Instrument in der ideologischen Auseinandersetzung innerhalb akademischer Zirkel genutzt wurde und schnell prominente Kritiker wie Friedrich Heinrich Jacobi auf den Plan rief, stießen die Verdächtigungen gegen Freimaurer und insbesondere gegen die sogenannten Illuminaten auf verbreitete Ängste in der Bevölkerung. Durch die politischen Ereignisse schienen sich diese Befürchtungen überdies noch zu bewahrheiten. So konnte die Französische Revolution als Einlösung des aufklärerischen Programms des Illuminatenordens interpretiert werden, wenn man die *Anrede an die neu aufzunehmenden Illuminatos dirigentes* (1782) des Gründers Adam Weishaupt (1748–1830) so verstehen wollte. Weishaupt erklärte darin die geheimen Orden zu den stillen und sicheren „Triebfedern", um die Gesellschaft dauerhaft vom Despotismus zu befreien: „Diese Mittel sind geheime Weisheitsschulen, diese waren vor Allzeit die Archive der Natur, und der menschlichen Rechte, durch sie wird der Mensch sich von seinem Fall erholen, Fürsten und Nationen werden ohne Gewaltthätigkeit von der Erde verschwinden, das Menschengeschlecht wird dereinst eine Familie, und die Welt der Aufenthalt vernünftiger Menschen werden" (Weishaupt 1975, S. 179). Adam Weishaupt, der 1773 unmittelbar nach dem Verbot des Jesuitenordens den von diesem beanspruchten Lehrstuhl für kanonisches Recht an der Universität Ingolstadt erhalten hatte, gründete den Illuminatenorden als antijesuitische, bewusst gegen die Gegenaufklärung gerichtete Institution.

Illuminaten

Adam Weishaupt

Dem Konflikt lag nicht etwa eine atheistische Grundüberzeugung der Aufklärer zugrunde; vielmehr war er auf unterschiedliche Auffassungen in der Auslegung der christlichen Providenzlehre zurückzuführen. In radikalaufklärerischen Kreisen wurde die „Ausführung des Plans und Zwecks Jesu" in der Verbreitung frühaufklärerischer Ideale gesehen, nämlich die Vernunft gegen den geistlichen Despotismus durchzusetzen, wie es der Theologe Carl Friedrich Bahrdt formulierte (Rogalla von Bieberstein 2008, S. 25ff.). Die Verschmelzung von christlichen und revolutionären Idealen findet sich dann verstärkt in der Publizistik im Umfeld der Französischen Revolution

Christliche Providenzlehre

wieder. In diesen Schriften fordern zum Beispiel Autoren wie der Freimaurer und von deutscher Literatur inspirierte Nicolas de Bonneville (1760–1828) und der revolutionäre Bischof Fauchet (1744–93) im Gefolge von Rousseau mit ihrer Zeitung *La Bouche de Fer* (Der Eisenmund) eine „universelle und humane" Zivilreligion ein, welche dabei helfen soll, die politischen Ziele der Revolution ideologisch zu untermauern.

Zivilreligion

Damit erhärtet sich auf der Gegenseite die These, dass die aufgeklärten Geheimgesellschaften die ‚Triebfedern' revolutionären Umsturzes und damit Gefahr für Thron und Altar waren. Die freimaurerische Verschwörung („philosophische Conjuration") wird zu einem unverzichtbaren Gemeinplatz bei der Erforschung der Ursachen der Französischen Revolution im gegenrevolutionären Schrifttum. Dabei umfasst der Terminus „Philosophie" im zeitgenössischen Gebrauch mehr als eine bestimmte Denkrichtung oder abstrakte Schulphilosophie. Sowohl in der Terminologie der aufgeklärten Revolutionäre als auch ihrer Gegner wird er zu einer Ordnungsvorstellung, die konkret politisch umsetzbar ist. Damit entspricht er eher dem Begriff von Ideologie, wie er heute gebräuchlich ist (Rogalla von Bieberstein 2008, S. 38f.).

Triebfedern der Revolution

In seinen schlimmsten Befürchtungen vollständig bestätigt sah sich der Jesuit und Pariser Domherr Augustin Barruel (1741–1820), der schon vor Ausbruch der Revolution gegen die „Sekte der Aufklärer", vor allem gegen Buffon, Voltaire und Rousseau, angeschrieben hatte. Mit dem Beginn der Revolution arbeitete Barruel seine Theorie der „dreyfachen Verschwörung" in seiner berühmten *Historie du Clergé pendant la Revolution Français* (*Geschichte der Klerisey in Frankreich während der Revolution*, 1793) und denen im Londoner Exil entstandenen *Mémoires pour servir à l'histoire du Jacobinisme* (*Denkwürdigkeiten zur Geschichte des Jakobinismus*, 1797/98) aus, wo er Aufklärer, Freimaurer und insbesondere Illuminaten für einen beispiellosen satanistischen und anarchistischen Feldzug gegen Thron und Altar verantwortlich machte. Material über den 1784 in Bayern verbotenen Illuminatenorden erhielt Barruel durch den wortmächtigen protestantischen Theologen Johann August von Starck (1741–1816). Die Synonymisierung von Aufklärern/Philosophen gleich Illuminaten gleich Revolutionäre/Jakobiner fiel auf äußerst fruchtbaren Boden, etwa im Umfeld der Wiener Gegenaufklärung. Dort war diese Tendenz eng verbunden mit dem Namen Leopold Alois Hoffmann (1760–1806) und seiner antiaufklärerischen *Wiener Zeitschrift* (1791–93).

Augustin Barruel

Wiener Gegenaufklärung

Die Gleichsetzung von Aufklärung und Umsturz war mitsamt ihrer verschwörungstheoretischen Grundlage durch die politischen Ereignisse offenbar bestätigt worden und damit salonfähig. Sie findet sich in den publizistischen Debatten der 1790er-Jahre ebenso wie in den staatstheoretischen und historischen Schriften der neuen konservativen Literatur. Sie wird im Reich vor allem durch die sogenannte Hannoversche Schule vertreten, die von Publizisten und Staatsbeamten wie Ernst Brandes 1758–1810, August Wilhelm Rehberg und Friedrich Gentz 1764–1832 getragen wurde. Diese Denker bezogen sich maßgeblich auf die Schriften des geistigen Vaters des Konservatismus, Edmund Burke (1729–97), der wiederum Barruel während seines Londonaufenthaltes protegiert hatte. Aus der philosophischen Gegenaufklärung, die in einem engen Begründungszusammenhang zur Aufklärung stand, hatte sich eine ideologische Gegenaufklärung herauskristallisiert, deren theoretische Versatzstücke die politisch konservative Rhetorik bis in die heutige Zeit prägen.

Hannoversche Schule

Edmund Burke

Fragen und Anregungen

- Erläutern Sie das Verhältnis von Gegenaufklärung und Aufklärung.

- Problematisieren Sie den heuristischen Wert des Konzepts der Gegenaufklärung.

- Charakterisieren Sie die verschiedenen Strömungen der Gegenaufklärung.

- Diskutieren Sie die Bedeutung von politischen Verschwörungstheorien für die Manipulation der öffentlichen Meinung ausgehend von der historischen Debatte um die Illuminaten.

Lektüreempfehlungen

Quellen
- **Johann Georg Hamann: Briefwechsel**, hg. v. Walther Ziesemer und Arthur Henkel, Band V: 1783–1785, Wiesbaden 1965. *Lesenswerte Einsichten eines unabhängigen Kopfes der Aufklärung, der zugleich Kritik an ihr formulierte und deshalb als Vertreter der „philosophischen Gegenaufklärung" gilt.*

- Joseph de Maistre: Von der Souveränität. Ein Anti-Gesellschaftsvertrag [1794], übersetzt v. C. Ostermann, Berlin 2000. *Zentrale Schrift in der antirevolutionären Literatur der französischen Gegenaufklärung.*
- Justus Möser: Sämtliche Werke, Bd. 3: Patriotische Phantasien [1774–78], Berlin 2001. *Interessanter Vertreter des „rationalen Konservatismus" in der deutschen Aufklärung.*
- Adam Weishaupt: Anrede an die neu aufzunehmenden Illuminatos dirigentes [1782], in: Richard van Dülmen (Hg.), Der Geheimbund der Illuminaten. Darstellung, Analyse, Dokumentation, Stuttgart 1975, S. 166–194. *Texte des berüchtigten Begründers des Illuminatenordens.*

- **Wolfgang Albrecht / Christoph Weiß: Einleitende Bemerkungen zur Beantwortung der Frage: Was heißt Gegenaufklärung?**, in: dies. (Hg.), Von „Obscuranten" und „Eudämonisten". Gegenaufklärerische, konservative und antirevolutionäre Publizisten im späten 18. Jahrhundert, St. Ingbert 1997, S. 7–34. *Zentrale theoretische Einführung in die Debatte zum Sammelwerk mit den wichtigsten, neueren Beiträgen zur deutschsprachigen Gegenaufklärung.* — Forschung
- Sonja Asal: **Der politische Tod Gottes. Von Rousseaus Konzept der Zivilreligion zur Entstehung der politischen Theologie**, Dresden 2007. *Sehr gute Darstellung zum geistesgeschichtlichen Ausgangspunkt moderner Ideologien in der zweiten Hälfte des 18. Jahrhunderts.*
- Isaiah Berlin: **Counter-Enlightenment**, in: Against the Current. Essays in the History of Ideas, hg. v. Henry Hardy mit einer Einleitung von Roger Hausheer, London 1980, S. 1–24. *Plädoyer für den Begriff der Gegenaufklärung als konzeptionellen Gegenpart zum Verständnis der Aufklärung.*
- Johannes Rogalla von Bieberstein: **Der Mythos von der Verschwörung. Philosophen, Freimaurer, Juden, Liberale und Sozialisten als Verschwörer gegen die Sozialordnung**, Wiesbaden 2008. *Verständlich und spannend geschriebene Einführung in die komplexen Verschwörungstheorien und ihre weitreichende Bedeutung im ausgehenden 18. Jahrhundert.*

- Darrin M. MacMahon: **Enemies of the Enlightenment: The French Counter-Enlightenment and the Making of Modernity**, Oxford/ New York 2001. *Sehr gute Darstellung zum Verhältnis der französischen Aufklärung zu ihrer Gegenströmung.*

- Wilhelm Schmidt-Biggemann, **Politische Theologie der Gegenaufklärung: De Maistre, Saint-Martin, Kleuker, Baader**, Berlin 2004. *Biographische Skizzen einflussreicher Theoretiker lassen das ideengeschichtliche Phänomen der „Gegenaufklärung" fassbar werden.*

13 Maximen der Aufklärung: Bildung, Erziehung, Emanzipation

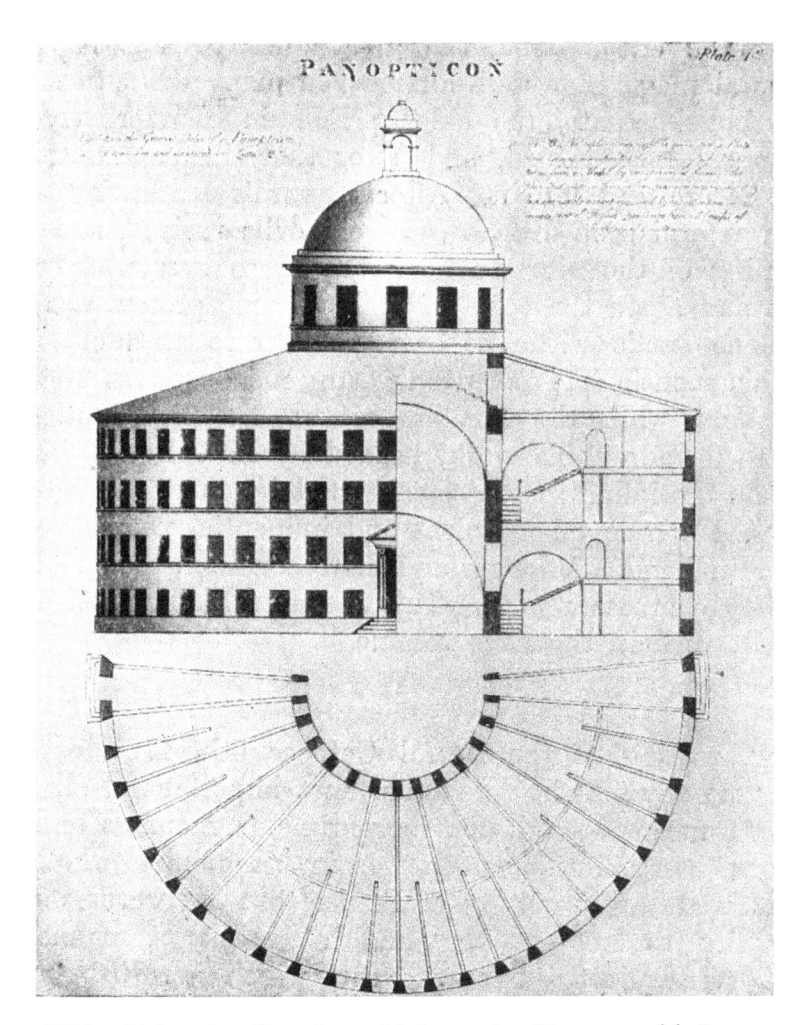

Abbildung 16: Panopticon, Illustration zur Schriftensammlung *Management of the Poor* von Jeremy Bentham (1796)

MAXIMEN DER AUFKLÄRUNG

Als der englische Jurist und Philosoph Jeremy Bentham (1748–1832) 1787 den Entwurf zu seinem „Panopticon; or, The Inspection House" vorlegte, konnte er nicht ahnen, dass er damit den Verwaltungs- und Erziehungsutopien von Mensch und Menschheit in der Moderne architektonischen Ausdruck verliehen hatte. Bentham konzipierte das sogenannte Inspektionsgebäude mit dem Zweck, „die Unverbesserlichen zu bestrafen, die Geisteskranken zu bewachen, die Lasterhaften zu verbessern, die Verdächtigen einzusperren, die Faulen zu beschäftigen, die Hilflosen zu pflegen, die Kranken zu heilen, die Arbeitswilligen in jedem Gewerbezweig auszubilden oder das kommende Geschlecht auf dem Weg der Erziehung zu unterweisen: in einem Wort, es kann für Gefängnisse, Todeszellen, Untersuchungshaftanstalten, Zuchthäuser, Besserungsanstalten, Arbeitshäuser, Manufakturen, Irren- und Krankenhäuser oder Schulen angewendet werden" (Bentham 1995, S. 33f.). Benthams Prinzip der Inspektion sollte seine architektonische Umsetzung darin finden, dass von einem zentralen Ort aus alle Institutionsinsassen beobachtet werden konnten, ohne dass diese sich der Beobachtung direkt gewahr würden.

Dem französischen Philosophen Michel Foucault (1926–84) diente Benthams *Panopticon* als Beispiel für die Allmachts- und Steuerungsphantasien moderner Gesellschaftstheorien, die seiner Ansicht nach von der Aufklärung ihren Ausgang genommen hatten. Das *Panopticon* war demnach Inbegriff der rationalisierten Herrschaft und darüber hinaus Sinnbild der Sozial- und vor allem Selbstdisziplinierung des Menschen. Schon den Zeitgenossen waren Benthams Theorien suspekt; allerdings nicht wegen ihres disziplinierenden Charakters, als vielmehr aufgrund ihrer radikal-demokratischen Forderungen. Benthams Modell des modernen Wohlfahrtsstaates beinhaltete unter anderem das allgemeine Wahlrecht, die Pressefreiheit und die Abschaffung der Todesstrafe. Die Doppelgesichtigkeit der Aufklärung äußert sich in kaum etwas klarer als in ihren höchsten Maximen: ihren Bildungs-, Erziehungs- und Emanzipationsprojekten.

13.1 Pädagogik zwischen Natur und Gesellschaft
13.2 Die Entdeckung neuer Erziehungsobjekte: Frauen, Kinder, Juden
13.3 Rechts-, Sozialreformen und Besserungsinstitutionen

13.1 Pädagogik zwischen Natur und Gesellschaft

In den vergangenen Dekaden ist in der Literatur viel von der „Entdeckung der Kindheit" in der Aufklärung die Rede gewesen, die sich in einem Wandel der Wahrnehmung der Kindheit äußere: Kinder würden seit dem 18. Jahrhundert nicht mehr – wie in vorherigen Epochen – als kleine, unvollkommene Erwachsene gesehen. Diese These des französischen Kulturhistorikers Philippe Ariès (1914–84) wurde damit häufig verknappt wiedergegeben; zudem zweifeln neuere Forschungen an dem Befund für Mittelalter und Frühe Neuzeit, der durch Quellen kaum zu belegen sei. Die These von der Entdeckung der Kindheit wird neuerdings vielmehr in einen komplexen Umbau von Standes- und Familienbildern sowie Geschlechterrollen in der Epoche der Aufklärung eingebettet (Opitz 2002, S. 7ff.), der nur im allgemeinen Prozess einer zunehmenden Individualisierung zu verstehen ist. Im naturrechtlich geprägten Menschenbild der Aufklärung bedeutete das, dass nicht der soziale Stand das Leben eines Menschen determinierte, sondern seine individuelle Entfaltung, die – wie bei allen Naturwesen – verschiedene Stadien durchlaufe. Ob und in welcher Weise man in diesen Entwicklungsprozess eingreifen sollte, darüber bestanden sehr unterschiedliche Auffassungen. Einigkeit hingegen herrschte über die prinzipielle Offenheit der individuellen Entwicklung: Jedes Individuum habe die Möglichkeit, seine bestmöglichste Ausformung zu erreichen; ob durch Erziehung, Selbstbildung oder im gesellschaftlichen Prozess der Emanzipation.

_{Entdeckung der Kindheit}

_{Menschenbild}

Die Entstehung einer „Wissenschaft von der Erziehung" – der Pädagogik – im 18. Jahrhundert verband sich daher mit einer dezidierten Abwendung von Theologie und Scholastik und einer Hinwendung zu den neuen empirischen „Wissenschaften vom Menschen": Anthropologie, Moralphilosophie und der noch nicht als Psychologie firmierenden Pneumatologie oder „Erfahrungsseelenkunde" (Ziche 2001, S. 73ff.).

Wissenschaft von der Erziehung

Die 1762 erschienene Schrift *Émile, ou De l'éducation* (*Emile oder Über die Erziehung*) des französischen Philosophen Jean-Jacques Rousseau stellte für die naturphilosophischen Maximen der aufgeklärten Erziehungsprojekte einen Markstein dar, indem die Bedingungen der inneren und äußeren Ausbildung eines Jungen von der Kindheit bis zum 25. Lebensjahr unter entwicklungstheoretischen Aspekten erörtert wurden. Anders als oft dargestellt, konzipierte Rousseau diese Ausbildung nicht als eine einfache Rückkehr zur Natur, sondern in dreifacher Weise: Einerseits muss der Zögling tatsächlich von schäd-

Rousseaus *Émile*

lichen Zivilisationseinflüssen ferngehalten werden, um das Werk der Natur nicht zu behindern. Das psycho-physiologische Bildungswerk der Natur soll sich ungestört von äußeren Einflüssen an sich selbst vollenden. Andererseits aber soll der Erzieher subtil auf diesen Prozess einwirken und ihn den Entwicklungsstufen des Heranwachsenden gemäß befördern. Drittens ist es nach Rousseau für den Entwicklungsprozess unverzichtbar, dass sich der Mensch aufgrund seiner Erfahrungen, in der Auseinandersetzung mit seiner Umwelt selbst bildet (Rousseau 2006, S. 109).

<small>Funktion der Erziehung</small>

Nahezu alle Erziehungskonzepte der Aufklärungsphilosophie reflektieren diese Spannung aus dem Glauben an eine naturhaft ungelenkte Entwicklung und gleichzeitig an das Projekt einer zielorientierten Steuerung der Erziehungsobjekte, die schließlich zur Selbststeuerung wird und damit Erziehungsobjekt und -subjekt in eins fallen lässt; eine Spannung also, die auf den Erziehenden ebenso wie auf den Zögling wirkte. Die im Naturrecht noch vielfältig erörterte Frage, ob der Mensch von Natur aus gut oder böse sei, war damit obsolet geworden. Schriften wie

<small>Lockes Gedanken über die Erziehung</small>

John Lockes einflussreicher Essay *Some Thoughts concerning Education* (*Gedanken über Erziehung*, 1693) hatten diesen älteren Disput endgültig durch die Debatte ersetzt, welche Rolle die Erziehung bei der Entstehung der Ungleichheit unter den Menschen spielt: „Sie [die Erziehung] ist es, welche die großen Unterschiede unter den Menschen schafft" (Locke 2007a, S. 7).

Der Erzieher fungierte nach diesem Verständnis als Geburtshelfer einer natürlichen Entwicklung, wobei er auch die Aufgabe hatte, die Natur des Menschen für seine gesellschaftliche Rolle zu zähmen.

<small>Zivilisierung, Kultivierung, Disziplinierung</small>

Durch Zivilisierung, Kultivierung und Disziplinierung musste das Naturwesen auf seine Funktionen als Kulturwesen vorbereitet werden. Erziehung war demzufolge auf das Engste mit dem Projekt der Aufklärung verbunden, eine Gesellschaft mündiger Bürger zu schaffen – und damit ein zutiefst politisches Vorhaben. Der radikal-demokratische Philosoph und englische Naturwissenschaftler Joseph Priestley (1733–1804) entwickelte 1768 sein Erziehungsprogramm mit dem Zweck, neue Menschen zu formen:

„Instead of barren Heads, Barbarian Pedants, wrangling Sons of Pride, And Truth-perplexing Metaphysic Wits, Men, Patriots, chiefs, and citizens are form'd." (Priestley 1768, S. III)
(Statt unkreativer Köpfe, barbarischer Pedanten, eitler Eiferer und geistreich-wahrheitsverdrehender Metaphysiker sollen Männer, Patrioten, Anführer und Bürger geformt werden).

Die Hoffnung auf Chance und Gelingen eines solchen Vorhabens beruhte auf einer grundlegenden Veränderung der Gesellschaftsordnung.

Dieser Strukturwandel kann als Übergang des – für die mittelalterliche und frühneuzeitliche Gesellschaft typischen – Modells des „ganzen Hauses" (abgeleitet von griechisch *oikos*) zur bürgerlichen Kernfamilie charakterisiert werden, die seit dem 17. Jahrhundert als bestimmendes Element der Gesellschaft Kontur gewinnt und als Baustein einer neuen Gesellschaftstheorie entdeckt wird. Das „ganze Haus" war ein von dem österreichischen Historiker Otto Brunner (1898–1982) entworfener historiografischer Idealtypus (→ ASB MÜLLER, KAPITEL 3.1), um eine Wirtschafts- und Selbstversorgungsgemeinschaft zu beschreiben, die über den Begriff der Großfamilie hinaus eine sozialökonomische Lebensform umfasste. Die Lebensform war dadurch gekennzeichnet, dass man die Bedingungen für die Existenz der Gemeinschaft erwirtschaftete und noch nicht darüber hinaus zwischen Konsumtion und Produktion unterschied. Erst durch das Einsetzen der Frühindustrialisierung und damit der Lohnarbeit im 18. Jahrhundert wurde diese Einheit sukzessive aufgelöst. Die Möglichkeit der Abkoppelung einer Familiengründung von Verwandtschaft und Erbe beförderte die Entstehung der sogenannten Kernfamilie, die sich neben bäuerlichen und adeligen Schichten besonders im städtisch-bürgerlichen Bereich herausbildete (Herrmann 2005, S. 69ff.).

Das „ganze Haus"

Bürgerliche Kernfamilie

Aufgeklärte Erziehungsmodelle waren damit nicht nur Vorboten einer neuen bürgerlichen Gesellschaftsordnung, sondern reagierten vielmehr auf einen langsamen gesellschaftlichen Umbruchprozess und damit auf die Erschütterung traditioneller Lebensverhältnisse am Übergang vom 17. zum 18. Jahrhundert. Ein Indiz dieses Vorgangs ist das Aufleben der „Hausväterliteratur" und ihre kritische Umcodierung (→ KAPITEL 9.3), etwa in Diderots Drama *Le Père de famille* (1758), das in Lessings Übersetzung von 1760 (*Der Hausvater*) zu einem der meistgespielten Dramen an deutschsprachigen Theatern im 18. Jahrhundert wurde. Die Handlung des Stückes schildert den Überzeugungswandel eines Vaters: Er soll von seinem Wunsch der Konventionalehe für seine Kinder abgehen und ihren Liebeshochzeiten zustimmen. Damit wird zugleich die Auflösung von Ständeordnung und Standesbewusstsein reflektiert, das nicht mehr kollektiven Mustern, sondern individuell-emotionalen Entscheidungen anheimgestellt war. Die Ideale von Liebesheirat, Treue und Tugend waren mehr als wiederkehrende Motive in der Literatur des 18. Jahrhunderts; sie dienten zur Abgrenzung von ständischen Konventionen, die

Gesellschaftswandel

Auflösung des Standesbewusstseins

sich traditionell mit einer kalkulierten Heiratspolitik verbanden, egal ob im Adel oder im dritten Stand (Trepp 1996, S. 39ff.). Die neue Freiheit schuf aber zugleich neue Anforderungen an das Individuum, das auf die Eröffnung der neuen Chancen ebenso vorbereitet werden musste wie auf die damit verbundene Drohung des Scheiterns.

Dieser strukturelle Wandel hatte für das jeweils ständespezifische Rollenverständnis – innerhalb der adeligen Häuser, der bäuerlichen Schichten und der bürgerlichen Familien – gravierende Folgen, veränderte aber insbesondere die Rolle der Frauen. Zum einen wurde der Mutter eine besondere Bedeutung für die Sicherung der naturhaften Entwicklung des Kindes zugemessen, was sich beispielsweise in der publizistischen Auseinandersetzung um das Stillen der leiblichen Mutter und die Ablehnung der – vor allem in Adelskreisen zu findenden Ammen – ausdrückte (Fues 1991, S. 79ff.). Zum anderen waren Frauen und Mädchen besonders geeignete Objekte für das Ausbalancieren wünschenswerter individueller Freiheiten und sozialer Disziplinierung in den Erziehungskonzepten.

13.2 Die Entdeckung neuer Erziehungsobjekte: Frauen, Kinder, Juden

Betrachtet man das Bild der Frau im 18. Jahrhundert, so scheint es auf den ersten Blick, als würde es sich positiv von dem vorhergehender Jahrhunderte unterscheiden. Literatinnen, Wissenschaftlerinnen, Malerinnen und nicht zuletzt Fürstinnen vermochten sich einen Platz als wirkmächtige Gestalten in der Geschichte zu erobern: Ohne Schriftstellerinnen wie Sophie von La Roche (1730–1807) oder Germaine de Staël (1766–1817), die Physikerin und Philosophin Émilie du Châtelet (1706–49), die schweizerische Malerin Angelika Kauffmann (1741–1807) sowie die Herzogin von Sachsen-Weimar-Eisenach, Anna Amalia (1739–1807), kann die Epoche der Aufklärung nur unzureichend geschildert und verstanden werden. Bereitet wurde der Weg schon in der Frühaufklärung, als die These, Frauen verfügten nur über eine „verminderte Geisteskraft", von einflussreichen Stimmen wie der des Philosophen Christian Thomasius als abstrus bestritten wird. In seinem populären Periodikum *Monatsgespräche* ließ Thomasius keinen Zweifel an seiner Auffassung aufkommen, dass Frauen ebenso wie Männer der Gelehrsamkeit fähig seien.

Mit dieser Feststellung korrespondiert die Bilanz der Forschung der vergangenen Dekaden, die viele vergessene Literatinnen und Wissenschaftlerinnen in der Epoche der Aufklärung aus dem Schatten der Vergessenheit zu befreien vermochte. In diesem Zusammenhang wurde auch auf die Ursache des Vergessens, nämlich die spezifisch marginalisierten Partizipationsformen der Frauen an öffentlicher Debatte, akademischem Leben und wissenschaftlichem Diskurs hingewiesen. Eine häufig ausgemachte Nische war die der wissenschaftlichen Assistenz, wenn Frauen gemeinsam mit ihren Vätern, Brüdern, Ehemännern oder Freunden wissenschaftliche Untersuchungen anstellten und in deren Rücken publizierten (Ceranski 2000, S. 288); ein solches Beispiel bietet die Astronomin Caroline Herschel (1750–1848), die ihren Bruder Friedrich Wilhelm Herschel (1738–1822) bei seinen Forschungen und der Herstellung seiner wissenschaftlichen Instrumente unterstützte. Eine weitere Möglichkeit, am literarischen Leben teilzuhaben, ergab sich aus der Rolle der inspirierenden Gastgeberin; vorbildhaft institutionalisiert in den französischen Salons etwa einer Madame Geoffrin (1699–1777), aber auch in den Berliner Salons der Spätaufklärung wie dem Salon der Schriftstellerin Rahel Varnhagen (1771–1833). Hinzu kam das Phänomen des weiblichen Wunderkindes, wie im Falle der Göttinger Gelehrtentochter Dorothea Schlözer (1770–1825), die mit 17 Jahren als besonderer Programmpunkt des 50-jährigen Universitätsjubiläums an der Universität Göttingen zum Dr. phil. promoviert wurde. Solche Beispiele verdeutlichen, dass Frauen noch weit davon entfernt waren, selbstverständlich zum öffentlich-literarischen Diskurs der Aufklärung dazuzugehören. Ihr akademischer Erfolg erregte Widerspruch und Aufmerksamkeit, war die Ausnahme, ja fast ein Wunder.

Frauen standen außerhalb der bürgerlichen Gesellschaft mündiger, gleichberechtigter Bürger, wie sie von der Mehrheit der aufgeklärten Denker konzipiert worden war. Diese Tatsache belegen Schriften und Debatten, die um die Frage kreisten, ob und in welchem Maße man die Emanzipation der Frauen zulassen solle. Aufgeklärte Philosophen wie Ernst Brandes stellten dem dräuenden Bild der öffentlich agierenden *Maitresse-femme* die „Bestimmung des Weibes für den häuslichen Kreis" entgegen (Brandes 1992, S. 41). Der „emanzipatorische Gedanke" wurde überwiegend, selbst von öffentlich wirkenden Frauen wie der Schriftstellerin Caroline Pichler (1769–1843), kritisch gesehen (Pichler 1992, S. 396). Er fand nur langsam – und vor allem im Umfeld der Revolution – überzeugte Vertreter, etwa den preußischen Beamten Theodor Gottlieb von Hippel (1741–96) mit seiner Schrift *Die bürgerliche Verbesserung der Weiber* (1792).

Begriff der Emanzipation

Der Begriff der „Emanzipation" bestimmte – zurückgehend auf den Begriff der *emancipatio* als Freiwerden des Kindes von der Vatersgewalt (*patria potestas*) im römischen Recht – immer noch den rechtlichen Status der Unmündigkeit von Frauen. Vor dem Hintergrund dieser Statusbestimmung wurden Frauen im aufgeklärten Diskurs als interessanter Gegenstand der Natur- und Menschheitsgeschichte behandelt; ihre jeweilige Stellung in der Gesellschaft half dabei, Differenzen unter den Völkern und Kulturstufen in der Geschichte ausmachen zu können, wie in Antoine Léonard Thomas' *Essai sur le caractère, les moeurs et l'esprit des femmes* (*Geist, Sitten und Karakter der Weiber*, 1772), William Alexanders *History of Women* (*Geschichte der Frauen*, 1779) und Christoph Meiners' *Geschichte des weiblichen Geschlechts* (1800) (Yuge 2002, S. 205ff.). Nicht die am Reißbrett entworfene Gleichstellung, sondern die systematische Erziehung der Frauen zu ihrem gesellschaftlichen Zweck, nämlich in ihrer Rolle als Gattin, Hausfrau und Mutter, war das Anliegen der Aufklärung. Insofern bildete das Unterrichten der Mädchen eine gesonderte Gattung in den Erziehungsschriften aufgeklärter Denker.

Erziehung der Frauen

Ausgehend von Locke sowie in aneignender Abgrenzung von Rousseaus theoretischer Grundlegung errichtete der Theologe und ehemalige Hauslehrer Johann Bernhard Basedow (1724–90) 1774 auf Wunsch des Fürsten von Anhalt Dessau, Leopold III., seine „Pflanzschule der guten Erziehung", das sogenannte Philanthropinum für Jungen zwischen dem 6. und 18. Lebensjahr in Dessau. Die Gründung zog viele Nachfolgeprojekte im Reich und Europa nach sich. Jeder bedeutende, später auch an anderen Orten wirkende Philanthrop unterrichtete zumindest zeitweise an dieser pädagogischen Einrichtung. Ein wichtiges reformpädagogisches Ziel Basedows bestand darin, das Lernen von der Anschauung und vor allem von der „selbsttätigen" Reflexion des Schülers ausgehen zu lassen. Im Lernprozess selbst wurde der muttersprachlichen Erfassung von Lerninhalten gegenüber dem traditionellen Primat der alten Sprachen Vorzug gegeben. Darüber hinaus wurde ein räumlich und ideell eng gebundenes, enthierarchisiertes Verhältnis von Lehrer und Zögling angestrebt, das die Charakterbildung der Kinder vorantreiben sollte. Das Programm sah neben der „Erziehung zur Menschenfreundschaft" die Ausbildung zu religiöser Toleranz vor. Basedows aufgeklärt-tolerante Haltung zur Religion und der Umstand, dass Philanthropine dezidiert als Gegenkonzepte zu konfessionell gebundenen Schulformen gegründet worden waren, machte sie ebenso erfolgreich

Dessauer Philanthropinum

Bindung von Lehrer und Schüler

wie verdächtig. Die Wirkung der philanthropischen Bewegung, zu der Joachim Heinrich Campe (1746-1818), Ernst Trapp (1745-1818) und Christian Gotthilf Salzmann (1744-1811) zählten, ist kaum zu überschätzen, wenn es um den Paradigmenwechsel in Form und Aufgabe von Erziehung in der Neuzeit geht. Trotz des relativ kurzen Bestehens des Dessauer Instituts blieben seine Prämissen hinsichtlich des Verhältnisses von Schüler und Lehrer für die Grundlegung der modernen Pädagogik bestimmend. Die Zöglinge wurden als prinzipiell gleiche, offene ‚Ressourcen' gedacht, während der Erzieher als Kenner der Natur des Menschen und ihrer Wissenschaften (Anthropologie, Psychologie, Moralphilosophie) Wege finden sollte, die Natur ihrer Bestimmung zuzuführen: Neugier zu wecken, Erfahrungen zu vermitteln, zum Selbstdenken bzw. zur Selbsttätigkeit und Gemeinnützigkeit anzuregen.

Wirkung der Philanthropischen Bewegung

Der philanthropische Toleranzgedanke galt in besonderem Maße der Anerkennung der Juden. Basedow war es ein Anliegen, jüdische Schüler für sein Institut zu gewinnen, was grundsätzlich die Unterstützung des Philosophen Moses Mendelssohn fand, der auch an Examina im Philanthropin teilnahm. Die führenden Vertreter des Philanthropismus standen auch in Austausch mit Vertretern der jüdischen Aufklärung, den Maskilim (Schmitt 2007, S. 267f.), was innerhalb der Gesellschaft der Aufklärer ein selten zu findender Vorgang war. Doch auch dieses Projekt folgte den erzieherischen Maximen der Aufklärung, was seinen deutlichen Ausdruck in der wirkmächtigsten Schrift zur Emanzipation der Juden im 18. Jahrhundert fand; einer von Moses Mendelssohn und dem Verleger Friedrich Nicolai (1733-1811) angeregten Studie des preußischen Beamten Wilhelm Dohm (1751-1820) *Über die bürgerliche Verbesserung der Juden* (1781). Bis heute wird in der Literatur darüber gestritten, ob es sich bei dieser Schrift um die Grundlage der Emanzipation des Judentums oder um den ersten Schritt seiner spezifisch neuzeitlichen Unterminierung handelt. Beide Thesen finden ihre Bestätigung in der Ambivalenz der aufgeklärten Erziehungsvorstellung. In Dohms Schrift wird die aufsehenerregende Forderung erhoben, den Juden die gleichen bürgerlichen Rechte wie allen anderen Untertanen einzuräumen, da „die Juden die gleiche Fähigkeit erhalten haben, glücklichere, bessere Menschen, nützlichere Glieder der Gesellschaft zu werden; dass nur die unseres Zeitalters unwürdige Drückung sie verderbet habe, so wie der aufgeklärtern Politick gemäß sei, diese Drückung zu verbannen, und den Zustand der Juden zu ihrem eignen und des Staats Wohl zu verbessern" (Dohm 1781, S. 130). Die Zweischneidigkeit dieser Forderung bestand also darin, dass der Grad der geforderten Freiheit sich am Nutzen für die Gesellschaft bemessen sollte, die ihre Zwecke wiederum als Erziehungsziele formulierte. Die Erteilung von Rechten hing folglich von der Anpassungsleistung an die Majorität der Gesellschaft ab und damit von der Bereitschaft, Tradition und partikulare Identität aufzugeben.

Als Gegenkonzept zum ständisch-hierarchischem System samt seiner Privilegien und dem damit verbundenen kirchlichen Einfluss wurde eine bürgerliche Gesellschaft anvisiert, deren Identität und Gleichheitspostulat die Abtretung von Traditionen, den Beweis von Nutzen, Systemkonformität und schließlich uneingeschränkter Loyalität zu derselben erforderte. Somit war es die wesentliche *Aufgabe der Erziehung*, ein übereinstimmendes Bekenntnis zu den Werten der Aufklärung zu erzielen.

13.3 Rechts-, Sozialreformen und Besserungsinstitutionen

Das Dilemma der Aufklärung bestand darin, dass die Umsetzung ihrer Ziele erst dann erreichbar schien, wenn Untertanen zu mündigen Bürgern erzogen waren. Zum anderen war grundsätzlich zu klären, welcher Nutzen von bestimmten, gesellschaftlichen Gruppen zu erwarten war, bevor man den erwünschten Grad ihrer jeweiligen Selbstbestimmung festlegen konnte. Über die jeweils wünschenswerte Entfaltung bestand unter den aufgeklärten Philosophen keineswegs Einigkeit, wie man an der Debatte um die Emanzipation der Frauen und Juden, aber auch an der Sklavenfrage unschwer erkennen kann. Die für den Bürgerstatus erforderliche *Mündigkeit* überhaupt einzurichten und dann nachhaltig zu gewährleisten, um die neue Gesellschaftsordnung zu etablieren, war an den Bildungsprozess gekoppelt. Die Mündigkeit der Bürger dafür zu evaluieren und mit der jeweiligen Bildungsstufe der bürgerlichen Gesellschaft in Einklang zu bringen, lag wiederum in den Händen der Aufklärer. Vor diesem Hintergrund ist die Debatte zu sehen, ob erst Reformen auf den Weg gebracht werden müssten, die das nötige politische Bewusstsein unter den Menschen schaffen konnten, oder ob das Erziehungsprojekt erst abgeschlossen sein müsste, bevor die bürgerliche Gesellschaft sich zu formieren imstande war.

Mit der Frage des Verhältnisses entstehender Gesellschaften zur Stellung des Individuums wurde auf ein zentrales Thema der Naturrechtslehre verwiesen, das dort mit der These einer Doppelstruktur gelöst worden war: auf der einen Seite der Naturzustand (*status naturalis*), in dem das Naturrecht gilt, und auf der anderen Seite der bürgerliche Stand (*status civilis*), der im positiven, bürgerlichen Recht seine Regelung findet. Diese Auffassung hatte zum Beispiel der englische Philosoph Thomas Hobbes im 17. Jahrhundert vertreten. Die aufgeklärte Lesart dieser Tradition durchbrach die Dichotomie (Zweiteilung) dieses Verhältnisses, indem es in einen dynamischen Prozess überführt wurde. Die Neugestaltung des Staates und seiner Rechtsordnung wurde zu einem historisch virulenten, in die Zukunft ausgerichteten Imperativ von Aufklärung und Naturrecht, dessen Durchsetzung auf grundlegenden Rechtsreformen basieren musste. Forderungen nach Rechts-, Justiz- und Verwaltungsreformen fanden insbesondere im aufgeklärten Absolutismus wirkmächtige Umsetzung. Friedrich II. von Preußen, Joseph II. und sein Bruder Leopold II. – zumindest und mit allem Nachdruck als Großherzog von der Toskana, bevor er Kaiser wurde – beherzigten aufgeklärte Impulse im Aufbau ihrer Verwaltungsstrukturen. Auf die Initiative des Wiener Regierungsrats und Professors für „Polizey- und Cameralwissenschaft", Joseph von Sonnenfels (1733?–1817), wurde 1776 unter Joseph II. die Folter abgeschafft und die Todesstrafe eingeschränkt. In seinen *Grundsätzen der Polizey-, Handlung- und Finanzwissenschaft* (1769–76) setzte sich Sonnenfels für die Kodifikation von Straf-, Privat- und Verwaltungsrecht ein, was mit der Forderung nach Rechtsgleichheit, Rechtseinheit und Rechtssicherheit einherging. Um das Rechtssystem für das Volk zu öffnen, sollte das Recht nicht in Latein verfasst, sondern allgemein verständlich, übersichtlich und leicht zugänglich sein.

Die von Jeremy Bentham geprägte Formel der „Kodifikation" diente in diesem Sinne als Bezeichnung eines umfassenden Gesetzeswerkes, das – anders als eine Kompilation (Zusammenstellung) verschiedener Gesetze – ein prinzipiell lückenloses, in sich widerspruchsfreies Rechtsfundament des Gemeinwesens bilden sollte: Idealtypisch ging die einheitliche Kodifikation davon aus, auf einer einzelnen, rechtssetzenden Gewalt wie der Monarchie zu beruhen, ausschließliche Geltungskraft zu besitzen und entweder die gesamte Rechtsordnung oder ein größeres Rechtsgebiet zusammenfassend zu regeln. Am umfassendsten wurden diese Prämissen in dem von Friedrich II. in Auftrag gegebenen und 1794 in Kraft tretenden *Allgemeinen Landrecht für die preußischen Staaten* (ALR) eingelöst (→ KAPITEL 7.3). Durch seine 19 000 Vorschriften zum allgemeinen Zivilrecht,

Familien- und Erbrecht, Lehnsrecht, Ständerecht, Gemeinderecht, Staatsrecht, Kirchenrecht, Polizeirecht, Strafrecht und Strafvollzugsrecht sollte es als „Katechismus anständigen Verhaltens" verstanden werden und damit den Forderungen der Naturrechtslehre und dem Erziehungsauftrag der Aufklärung entsprechen (Koselleck 1989, S. 23).

Privat- und strafrechtliche Kodifikationen, die auf aufgeklärten Maximen beruhen, finden sich auch in etlichen kleineren Territorien, in denen der Absolutismus mit der Aufklärung, meistens durch gelehrte Staatsbeamte vermittelt, eine Koalition eingegangen war. Die Schaffung der Figur der allgemeinen Rechtspersönlichkeit war im Privatrecht die folgenreichste Reform. Damit wurde der Versuch unternommen, von der älteren Statuslehre (*status libertatis, status familiae, status civitatis*) abzurücken und an deren Stelle den Menschen als freies, vor dem Gesetz gleiches Rechtssubjekt zu stellen. Vereinheitlichungen des Erbfolgerechts und die Säkularisierung des Eherechts waren ebenso gravierende gesellschaftsverändernde Konsequenzen dieser Reform wie die zunehmende Enthierarchisierung der Familie: Kinder waren im Lichte dieser Rechtsfigur mit eigenen „Menschenrechten" ausgestattet und standen nur solange unter der Kuratel des Vaters, bis die Erziehung vollendet war; gleichzeitig wurde die Rechtsstellung unehelicher Kinder damit grundlegend aufgewertet.

Die maßgeblich auf den Mailänder Philosophen Cesare Beccaria zurückgehenden Reformen im Strafrecht waren ebenfalls Ausdruck einer Säkularisierungs- und Humanisierungs-, aber auch Rationalisierungsbestrebung im Recht (→ KAPITEL 7.2). Nicht der Verstoß gegen ein göttliches Gebot, sondern der gegen die Ordnung der Gesellschaft war zu bestrafen. Daraus ergab sich ein drastischer Rückgang an Prozessen gegen Religionsvergehen ebenso wie an Prozessen gegen Hexen und Zauberei, die es im 18. Jahrhundert noch vereinzelt gab und die von aufgeklärten Denkern als Ausdruck pervertierten religiösen Eifers gedeutet wurden. Der Gedanke von Rache und Vergeltung wurde als barbarisch diskreditiert und durch den der Prävention ersetzt: Kein Mensch war demnach von Natur aus kriminell und wenn er – aufgrund widriger Umstände – straffällig geworden war, bestand die Möglichkeit, ihn zu bessern. Diese anthropologische Annahme bot die Grundlage zur Bemessung der Strafe, die zwar eine abschreckende Wirkung haben sollte, deren Maß allerdings nicht über Gebühr in die Würde des Täters eingreifen sollte. Trotz beharrlicher Befürworter dieser Strafform unter den Aufklärern, ging die Zahl der verhängten Todesstrafen wie überhaupt der „peinlichen

Strafen" (Körperstrafen) im ausgehenden 18. Jahrhundert zurück; sie wurden zunehmend durch Freiheitsstrafen ersetzt. Ganz dem Nützlichkeitsdenken in der Sozialphilosophie der Aufklärung (Utilitarismus) verpflichtet – als dessen Begründer Jeremy Bentham gilt –, wurden zudem Zwangarbeitsstrafen (*opus publicum*) verhängt, die dem öffentlichen Wohl dienten (Festungsbau etc.).

Über den Strafvollzug entwickelte sich ein eigener politisch-philosophischer Diskurs, der die Ambivalenz des Erziehungs- und Besserungswillens der Aufklärung sehr deutlich sichtbar werden lässt. Das positive Menschenbild der Aufklärung, die Ablehnung willkürlicher Grausamkeiten und physischer Gewalt durch ihre Vertreter waren Grundlage der Rechtsreformen im 18. Jahrhundert. So wurde die Folter zur Erzwingung von Geständnissen in fast allen europäischen Ländern unter dem Eindruck aufgeklärter Schriften abgeschafft: 1740 in Preußen, 1776 in den österreichischen Erblanden, 1806 in Bayern. An die Stelle von Willkür und Grausamkeit trat das Nützlichkeitsdenken im Strafvollzug, der damit einen Wandel zum Besserungsvollzug erlebt. Die ‚Brauchbarkeit' eines Menschen bemisst sich, etwa im Weltbild des Philanthropismus, am Nutzen für die Gesellschaft. Ist dieser nicht gegeben, muss der Mensch zu Arbeitsamkeit, Mäßigkeit und Gehorsam erzogen werden: Die Strafanstalt wird somit zur „Besserungsmaschine" des Staates (Nutz 2001, S. 82ff.). Die individuelle Freiheit wird dem Zweck des Gemeinwesens untergeordnet – und soweit die aufgeklärte Theorie in den Dienst des Staates gestellt wurde, stand es diesem frei, seine Bürger nach seinen Maximen zu formen.

Strafvollzug

Abschaffung der Folter

„Besserungsmaschine"

Fragen und Anregungen

- Erläutern Sie, welchem Menschenbild das Erziehungskonzept der Aufklärung folgt.
- Charakterisieren Sie den gesellschaftlichen Wandel, mit dem die Erziehungsideale der Aufklärung einhergehen.
- Diskutieren Sie, ob und inwiefern die Aufklärung als Zeitalter der Emanzipation beschrieben werden kann.
- Welche aufgeklärten Schriften und Bewegungen hatten zentrale Bedeutung für die entstehende Pädagogik?
- Erklären Sie die Ambivalenz des Erziehungskonzepts in der Aufklärung.

Lektüreempfehlungen

Quellen

- Jeremy Bentham: The Panopticon Writings [1785ff.], hg. v. Miran Božovič, London 1995, S. 29–95. *Theoretische Ausarbeitung zur Vorstellung einer modernen Besserungsanstalt.*

- Christian Wilhelm Dohm: Über die bürgerliche Verbesserung der Juden, 2 Bände, Berlin/Stettin 1781. Web-Adresse: www.ub.uni-bielefeld.de/diglib/dohm/ueber/. Stand: 13.8.2009. *Bis heute umstrittene Schrift zur Emanzipation der Juden.*

- John Locke: Gedanken über Erziehung [1693], übersetzt, mit Anmerkungen und Nachwort versehen v. Heinz Wohlers, Stuttgart 2007. *Wirkungsvolle theoretische Begründung der Pädagogik, in der noch heute diskutierte Fragen der Erziehung erwogen werden.*

- Jean-Jacques Rousseau: Emile oder Über die Erziehung [1762], hg., eingeleitet und mit Anmerkungen versehen v. Martin Rang, Stuttgart 2006. *Unbedingt zur Lektüre und Anschaffung empfohlener Klassiker.*

Forschung

- Michel Foucault: Überwachen und Strafen. Die Geburt des Gefängnisses, Frankfurt a. M. 1994. *Klassiker der postmodernen Aufklärungskritik.*

- Christine Haug/Johannes Frimmel (Hg.): Schulbücher um 1800. Ein Spezialmarkt zwischen staatlichem, volksaufklärerischem und konfessionellem Auftrag, Wiesbaden 2015. *Schöner Band, der ideen- und buchgeschichtliche Aspekte der entstehenden Pädagogik versammelt.*

- Ulrich Herrmann: Familie, Kindheit, Jugend, in: Handbuch der deutschen Bildungsgeschichte, Bd. II: 18. Jahrhundert. Vom späten 17. Jahrhundert bis zur Neuordnung Deutschlands um 1800, hg. v. Notker Hammerstein und Ulrich Herrmann, München 2005, S. 69–96. *Anspruchsvolle, gut verständliche Einführung ins Thema in einem durchweg empfehlenswerten Handbuch.*

- Thomas Nutz: Strafanstalt als Besserungsmaschine. Reformdiskurs und Gefängniswissenschaft 1775–1848, München 2001. *Interessante, quellengesättigte und von Foucault inspirierte Analyse.*

- Claudia Opitz: **Aufklärung der Geschlechter, Revolution der Geschlechterordnung. Studien zur Politik- und Kulturgeschichte des 18. Jahrhunderts,** Münster/New York/München/Berlin 2002. *Guter Überblick zur Geschlechtergeschichte im 18. Jahrhundert.*
- Hanno Schmitt: **Vernunft und Menschlichkeit. Studien zur philanthropischen Erziehungsbewegung,** Bad Heilbrunn 2007. *Sowohl biografische als auch systematische Einsichten in die Pädagogik des 18. Jahrhunderts.*

14 Kunstgriffe der Aufklärung: Revolution, Fortschritt, Geschichte

Abbildung 17: Anonymus: *Liberty Triumphs and Destroys the Abuses* (1790), Illustration zur Wochenschrift *Révolutions de France et de Brabant* (15. November 1790)

Ein klassischer Topos der Revolutionspublizistik ist, dass die Französische Revolution als Sieg der Aufklärung zu werten sei. Die Vertreter dieser Auffassung hatten ihr Emblem im Sturm auf die Bastille vom 14. Juli 1789 gefunden, vor dessen Hintergrund die Freiheitsallegorie in Camille Desmoulins (1760–94) radikaler Wochenschrift postiert ist. Der junge Anwalt Desmoulins verfügte über ein gutes Gespür bei der Erfindung massenwirksamer Symbole: Ihm verdankte sich auch der revolutionäre Brauch, Kokarden zu tragen. Und sein leidenschaftlicher Aufruf an die Demonstranten nach der Entlassung des Finanzministers Jacques Necker (1732–1804) durch Ludwig XVI. soll letzter Auslöser für den Sturm auf die Bastille gewesen sein. Obwohl sich in diesem königlichen Gefängnis nur noch sieben Gefangene befanden, war mit seiner Erstürmung das Sinnbild für die Befreiung vom Joch despotischer Herrschaft geschaffen: Die allegorische Freiheitsdarstellung trägt im Schein des aufgeklärten Lichts die Jakobinermütze als Attribut und zerstört zugleich die Insignien feudaler Herrschaft: die Ketten der Leibeigenschaft, die Wappen aristokratischer Familien, den Kardinalshut, Kronen und Szepter sowie Feudalrechtsbestimmungen.

Die Frage, ob die Revolution das Produkt der Aufklärung war, wurde von den Vertretern der Aufklärung weit weniger eindeutig positiv beantwortet als von den Revolutionären selbst. Die führenden Köpfe des französischen *siècle des lumières* erlebten den Revolutionsausbruch schon nicht mehr. Etliche ihrer Mitstreiter in anderen europäischen Ländern begrüßten die Revolution zunächst, distanzierten sich aber im Verlauf ihrer Radikalisierung und spätestens nach der Hinrichtung Ludwigs XVI. am 21. Januar 1793. Der blutige Umsturz wurde nun zunehmend auf die Ziele der Aufklärung zurückprojiziert. Um die Differenz von aufgeklärtem Programm und revolutionärer Praxis zu betonen, vollzog sich ein Rückzug in die Theoretisierung aufgeklärter Prämissen. Enttäuscht über die vertane Chance wurde die Aufklärung in einen schrittweisen Reformprozess bzw. einen historischen Wandel überführt. Diese Verlagerung der Ziele in die Zukunft erforderte theoretische Kunstgriffe, die als Zivilisations- und Evolutionstheorien sowie als Geschichtsphilosophie spezifische Fortentwicklungen aufgeklärten Denkens im Gefolge der Revolution zeitigten.

14.1 **Bewirkt Aufklärung Revolutionen?**
14.2 **Bewertungen der Französischen Revolution**
14.3 **Wandel wird Programm**

14.1 Bewirkt Aufklärung Revolutionen?

Ob die Aufklärung zur Staatskrise in Frankreich beitrug, ist noch heute eine schwer zu beantwortende Frage, die – je nach Definition von „Aufklärung" – das Problem der gestalterischen Kraft von Ideen in der Geschichte bzw. das Verhältnis von Politik-, Sozial- und Ideengeschichte berührt (Schulin 1989, S. 168ff.). Unbestritten ist allerdings auch in der Historiografie, dass bereits verschiedene Schritte im Vorfeld der Revolution, die zur Lösung der Krise des *Ancien Régime* beitragen sollten, vom Geist der Aufklärung geprägt waren. So können etwa die Versuche des Finanzministers Jacques Necker, auf dem Wege von Transparenz, Lastenausgleich und Mitsprache die Staatsfinanzen zu sanieren, als Umsetzung aufgeklärter Forderungen gelten.

Krise des Ancien Régime

Nach der Entlassung Neckers war es an seinen Nachfolgern Charles Alexandre de Calonne (1734–1802) und Étienne Charles Loménie de Brienne (1724–97), eine Zustimmung zur geplanten Neuregelung des Steuerwesens zu finden, die massiv in die Feudalrechte von Adel und Klerus eingriff und zum Beispiel die Abschaffung der Frondienststeuer (*Corvée*) umfasste (> KAPITEL 7.2). Zu den Konflikten zwischen adeligen wie kirchlichen Amtsträgern und der Krone traten Aufstände in der Bevölkerung, mit denen die Bürger nach diversen Missernten auf die Steigerung des Brotpreises reagierten.

Diese Situation war für die örtlichen Provinzialgerichtshöfe, die sogenannten *Parlements*, mit einem Machtzuwachs verbunden und führte zu einem Patt zwischen König und Provinzialständen, das nur mit der Einwilligung der Selbstauflösung des Pariser Parlaments und der damit verbundenen Zusage, die Generalstände zum ersten Mal seit 1614 wieder einzuberufen, gelöst werden konnte (Furet/Richet 1968, S. 47ff.). Bevor die Generalstände am 5. Mai 1789 zusammentraten, wurden aufgeklärte, an Montesquieu und Rousseau geschulte Positionen in Bezug auf Versammlungsform und Abstimmungsmodus artikuliert. Noch im Vorfeld hatten sich die Notabeln – als die vom Hof gelittene Ständevertretung – gegen jede Änderung des Verfahrens verwehrt, das nach Ständen getrennte Beratungen und Abstimmungen vorsah und dadurch die Übermacht von Erstem und Zweitem Stand (Klerus und Adel) gegenüber dem Dritten Stand (freie Bauern und Bürger) im Verhältnis 2 zu 1 sicherte. Zwar war dem Dritten Stand schon im Dezember 1788 eine Verdopplung seiner Abgeordneten zugestanden worden, die Abstimmung sollte jedoch wei-

Parlements

Einberufung der Generalstände

ter nach Ständen erfolgen. Dies veranlasste den Dritten Stand dazu, eine Abstimmung nach Köpfen zu fordern.

Cahiers de Doléances

Eine unerlässliche Quelle für ein Meinungsbild innerhalb der unteren Bevölkerungsschichten vermitteln die *Cahiers de Doléances* (Beschwerdehefte), die traditionell als Anweisungen der Wähler an die Abgeordneten des Dritten Standes dienten. Die Art und Weise, wie in den rund 60 000 Heften Missstände artikuliert und Reformvorschläge unterbreitet wurden, zeigt sehr deutlich, dass aufgeklärte Forderungen Eingang in den öffentlichen Diskurs gefunden hatten. Die individuellen Klagen über lastende Abgaben an die verschiedenen regionalen Herrschaften waren häufig mit einer grundlegenden Kritik an der Privilegienordnung verbunden, die den Kern aufgeklärt-politischen Schrifttums bildete. Gerade in der bäuerlichen Beschwerdeführung wurden ungerechte Besitzverhältnisse im Allgemeinen thematisiert und feudale Herrschaftsrechte grundsätzlich infrage gestellt:

Infragestellung feudaler Herrschaftsrechte

„Warum hat man Frankreich nicht von all den verrückten Abgaben frei gemacht? Endlich fängt man an, die Augen aufzumachen, und es ist von der Weisheit der gegenwärtigen Regierung alles zu hoffen; sie wird den armen Opfern der Erpressung des alten Fiskalsystems, die den Namen Herrenrechte führte und die man niemals veräußern oder verkaufen durfte, eine hilfreiche Hand reichen" (Anonym 1789 in: Markov 1987, S. 28).

Die teilweise geschliffenen Argumentationsfiguren in den *Cahiers* ließen Zweifel an ihrem Quellenwert und die kritische Frage aufkommen, wer in dörflichen Gemeinschaften buchstäblich die Feder führte (Kuhn 2004, S. 59). Für das Verhältnis von Aufklärung und Revolution ist diese Überblendung verschiedener Motivlagen jedoch von besonderem Interesse, da sie den politischen Diskurs jenseits von *Encyclopédie* und gelehrten Texten vermittelt.

Mit dem Zusammentreten der Generalstände in Versailles verdichteten sich die Debatten über eine angemessene Repräsentation des Dritten Standes, der in wachsendem Maße auf Unterstützung durch den niederen Klerus bauen konnte. Eine zentrale Rolle spielte hier der Abt Emmanuel Joseph Sieyès (1748–1836), der schon seit seinem Studium mit den Schriften des englischen Philosophen John Locke und des französischen Geistlichen und Philosophen Étienne Bonnot de Condillac (1714–80) vertraut war. In seiner berühmten Flugschrift *Qu'est-ce que le tiers-état?* (Was ist der Dritte Stand?) von 1789 stellte Sieyès eine direkte Verbindung zwischen der Aufwertung des Dritten Standes und der Aufklärung her. Dabei behandelte er das scheinbare Paradox, „daß die Sache des Dritten Standes mit mehr Eifer und Kraft von den geistlichen und adeli-

Was ist der Dritte Stand?

gen Schriftstellern als von den Nichtprivilegierten selbst verteidigt worden ist" (Sieyès 1988, S. 59f.). Diesen Umstand führte Sieyès auf „die Gewohnheit des Schweigens" und die „Furcht der Unterdrückten" zurück, die der „patriotischen Schriftsteller" aus den ersten beiden Ständen bedurften. Patrioten mussten demnach ihr Standesinteresse hinter das „nationale Interesse" zurücktreten lassen. Nur eine, über diese Standesgrenzen hinweg geeinte Nation, in der sich alle „Klassen im Rahmen des Gesellschaftsvertrages einfügen", könnte die öffentliche Freiheit gewährleisten: „beim Aufgang der Sonne der Aufklärung müssen sich die mittelalterlichen Ungereimtheiten wie Nebel auflösen und die Reste der alten Barbarei zerfallen und vergehen" (Sieyès 1988, S. 59f.).

<small>Nationales Interesse</small>

Sieyès hatte überzeugende Argumente geliefert. Auf seinen Antrag hin erklärte sich der Dritte Stand in überwiegender Mehrheit zur „Nationalversammlung" und damit zur einzig rechtmäßigen Vertretung des französischen Volkes. Mit knapper Mehrheit schloss sich der Klerus diesem Aufruf an, während der Adel bis auf 80 Mitglieder die alte Repräsentationsform gewahrt wissen wollte und beim König Unterstützung suchte.

<small>Nationalversammlung</small>

Die neu formierte Volksvertretung ließ sich jedoch nicht einschüchtern und gelobte am 20. Juni 1789 im sogenannten Ballhausschwur, nicht mehr auseinanderzugehen, bis eine neue Verfassung ausgearbeitet war. Mit der Permanenzerklärung und der Durchsetzung des Prinzips der Volkssouveränität war ein grundlegender Bruch mit der alten Ordnung und damit ein revolutionärer Akt vollzogen, in dessen Gefolge sich der Prozess Bahn brach, der schon von den Zeitgenossen als „Französische Revolution" gefasst wurde.

<small>Ballhausschwur</small>

Zur Verfassungsrevolution traten zwei weitere wichtige Ereignisse: die Volksrevolution mit ihrem Kulminationspunkt im Sturm auf die Bastille und schließlich die Revolution der Bauern auf dem Lande, die in der Abschaffung der Privilegien am 4. August 1789 gipfelte. Die abgeschafften Privilegien umfassten vor allem die grundherrlichen Rechte (Gerichtsbarkeit, Jagdrecht, Bannrecht). Vom revolutionären Eifer getragen, wurde darüber hinaus noch die Abschaffung der Ämterkäuflichkeit, des Kirchenzehnt, der Zünfte sowie die Privilegien von Einzelpersonen beschlossen; Entschlüsse, die schon bald darauf wieder relativiert wurden. Mit der Erklärung der Menschen- und Bürgerrechte am 26. August, der Sanktionierung der August-Dekrete durch den König und dessen Übersiedelung nach Paris waren die drei Revolutionen des Sommers 1789 besiegelt (Furet/Richet 1968, S. 71ff.).

<small>Drei Revolutionen 1789</small>

<small>Revolution als Resultat der Aufklärung</small>

Für die Mitglieder der Nationalversammlung stand außer Frage, dass es sich bei diesen Vorgängen um ein politisches Resultat aufgeklärten Denkens handelte. So schrieb der Abgeordnete Jean-Paul Rabaut Saint-Étienne (1743–93) in seinem *Précis historique de la révolution* (*Taschenbuch der Franken enthaltend die Geschichte der Revolution*, 1792):

> „Die Französische Revolution war ein Produkt der Aufklärung, die in Frankreich anders als in anderen Völkern alle gesellschaftlichen Klassen durchdrungen hatte. Es begann damit, dass Männer unter drei misslichen Regierungen solche Reflexionen aufnahmen und diese durch den Widerstand der Privilegierten verdichtet und durch die ungestüme Natur der Franzosen vervollkommnet wurden [...]. Aber das Licht der Aufklärung kann allen Völkern und Ländern zuteil werden und kein Herrscher und keine Institution ist in der Lage, sie aufzuhalten" (Rabaut 1792, S. 403).

Rabauts optimistische Einschätzung wurde nur von einzelnen Schriftstellern in anderen europäischen Ländern uneingeschränkt geteilt.

Der radikaldemokratische Publizist Johann Adam Bergk (1769–1834) gehört zu den wenigen Autoren seiner Zeit, der die Frage „Bewirkt die Aufklärung Revolutionen?" noch 1795 positiv <small>Revolutionärer Imperativ der Aufklärung</small> beschied und sogar mit einem Imperativ verband:

> „Aus Pflicht befördern Schriftsteller Revolutionen: denn sie *sollen* den Verstand erhellen, das sittliche Gefühl beleben, das Menschengeschlecht über ihre Rechte und Pflichten aufklären und den Kopf und das Herz ihrer Leser wohltätig nähren und befruchten. Indem sie nun die Ansichten der Dinge verändern und erweitern und den Menschen den Forderungen, die sie machen *sollen* und dürfen, an das Herz legen, bereiten sie notwendigerweise Revolutionen und bewirken sie [...]" (Bergk 1977, S. 213).

Grundlage dieses Appells war jedoch der Grad der „äußeren Bedrückung" im Verhältnis zur „moralischen Kultur", das auszuloten als Aufgabe der Aufklärer angesehen wurde. Sie mussten den moralischen Reifegrad der Bürger ihres eigenen Landes bewerten, um davon die Notwendigkeit von Reformen bzw. einer Revolution abhängig zu machen.

14.2 Bewertungen der Französischen Revolution

Die Ereignisse der Jahre 1789/90 in Frankreich markieren – anders noch als die englische und die amerikanische Revolution – eine dramatische Zäsur im Bewusstsein ihrer Zeitgenossen. Durch die vielfältige Medienlandschaft hervorragend aufbereitet und direkt vermittelt, wurde sie als Wendepunkt innerhalb der Zeitläufte, als ein Bruch zwischen alter und neuer Ordnung wahrgenommen. In diesem Sinne meinte der Schriftsteller Christoph Martin Wieland (1733–1813) im Mai 1790 mit „einer Revolution" konfrontiert zu sein, „von welcher die Weltgeschichte noch kein Beispiel hat" (Wieland 1790 in: Koselleck 1984, S. 737).

Epochenwende 1789

Der Bruch mit dem *Ancien Régime*, dessen Unumkehrbarkeit schließlich konstitutiv für das moderne Verständnis von Revolution" werden sollte, blieb von keinem Schriftsteller, Publizisten oder Gelehrten der damaligen Zeit unkommentiert (Koselleck 1984, S. 734f.). Ausgerechnet Frankreichs Staat und Gesellschaft wurden erschüttert, die lange Zeit eine politische Hegemonialstellung und kulturellen Vorbildcharakter in Europa innegehabt hatten. Die Infragestellung der absoluten Herrschaftsform, wie sie sich im revolutionären Prozess vollzogen hatte, konnte auch für die Nachbarländer nicht folgenlos bleiben. Zuordnung und Bewertung des Phänomens warfen allerdings grundsätzliche Fragen auf: War die Revolution das Ergebnis der Aufklärung? Handelte es sich um einen unrechtmäßigen Aufstand oder um eine überfällige Staatsumwälzung? War die Revolution zwar für die französischen Verhältnisse notwendig, in einigen Nachbarländern aber durch kluge Reformen im aufgeklärten Absolutismus verhindert worden? Oder war die Revolution Katalysator eines historischen Prozesses, den ohnehin alle Gesellschaften früher oder später zu durchlaufen hatten?

Begriff der Revolution

Zunächst entstand ein regelrechter Revolutionstourismus, infolge dessen englische und vor allem deutsche Intellektuelle den Schauplatz in Paris besuchten und ihren Landsleuten sowohl in privaten Briefen als auch in öffentlichen Korrespondenzen ihre Beobachtungen der revolutionären Ereignisse mitteilten. Solche später in Kompendien publizierten Augenzeugenberichte wie Joachim Heinrich Campes *Briefe aus Paris* (1790) oder Konrad Engelbert Oelsners *Luzifer oder Gereinigte Beiträge zur Geschichte der Französischen Revolution* (1797–99) hatten einen nicht unmaßgeblichen Einfluss auf die öffentliche Meinung im Reich. Im Gegenteil: Ein Leser wie Wieland war sogar in Sorge, durch die emphatischen ersten Reiseberichte nur

Revolutionstourismus

subjektive, dem Moment geschuldete Empfindungen übermittelt zu bekommen. Der enthusiastische Revolutionstourist Campe fragte etwa 1789 im Angesicht der zahllosen revolutionären Flugblätter und Zeitungen, die er in Paris in die Finger bekam, nach der Konsequenz des „Gedankenstroms, der sich aus der reinen Quelle der Freiheit ergießt", und er kam zu dem Ergebnis, dass

„die großen und kleinen Menschendrücker aller Orten, wo es dergleichen gab, [...] von dem überhandnehmenden Lichte der Vernunft, [...] erschüttert [werden], von ihren unnatürlichen Ansprüchen freiwillig oder durch Umstände genötiget, sichtbar nachlassen, und die heiligen Rechte der Menschheit, die hier jetzt ans hellste Sonnenlicht hervorgezogen werden, endlich anerkennen und respektieren lernen!" (Campe 2000, S. 53).

Revolution als Export

So leidenschaftlich formulierte Prophezeiungen blieben bei ihren deutschen Lesern nicht ohne Reaktion, die Revolution wurde gewissermaßen exportiert. Auch im Reich häuften sich nun die politischen Pamphlete, die spätestens mit dem Beginn der Revolutionskriege 1792 ihre Außenperspektive verloren. Sie führten nun zu klaren Parteibildungen, sowohl in Bezug auf die französische Entwicklung als auch hinsichtlich ihrer Bedeutung für die deutschen Territorien. Die Besetzung des linken Rheinufers durch revolutionäre Truppen und die Parteinahme deutscher Jakobiner für die Sache der Revolution spitzten den Konflikt dramatisch zu. Und der prominenteste Fall des weltgereisten Mainzer Schriftstellers und Jakobiners Georg Forster zeigt, welche fatalen Folgen ein solches politisches Engagement haben konnte (> KAPITEL 3.2).

Georg Forster

Mit dem jungen Alexander von Humboldt (1769–1859) auf Reisen, besuchte Forster 1790 Paris im revolutionären Umbruch, worüber er in seinen vielgelesenen *Ansichten vom Niederrhein, von Brabant, Flandern, Holland, England und Frankreich* Zeugnis ablegte. Wie etliche seiner Landsleute begrüßte Forster die Französische Revolution als historisch notwendige Abschaffung einer pervertierten Herrschaftsform. Für die deutschen Territorien war er allerdings skeptisch, ob ein solcher Umbruch überhaupt nötig und möglich wäre. Seine vorsichtige Skepsis konnte jedoch der Wucht der historischen Ereignisse nicht standhalten: Im Oktober 1792 besetzten französische Truppen Mainz, wo Forster als Oberbibliothekar an der Universität tätig war.

Jedes Zögern schien Forster fehl am Platz, da er sowohl in der sich abzeichnenden Koalition zwischen Preußen und Österreich als auch in der durch die französischen Emigranten geschürten Reaktion eine echte Gefahr für die Ideen der Freiheit aufkeimen sah. Federführend wurde er 1793 zum Mitbegründer der „Mainzer Republik" und als Gesandter des ersten demokratisch gewählten Parlaments nach Paris geschickt, um die „Einverleibung des rheinisch-deutschen Volkes" in die „fränkische Republik" voranzutreiben (Uhlig 2004, S. 323). Doch noch bevor Forster Paris erreicht hatte, war Mainz von preußischen und österreichischen Truppen zurückerobert und dem ‚Vaterlandsverräter' die Heimkehr verwehrt. Er erlebte die Terrorherrschaft (*la terreur*) in Paris, doch anders als die meisten anderen deutschen Intellektuellen, die sich spätestens zu diesem Zeitpunkt enttäuscht von den Geschehnissen distanzierten, blieb Forster ein treuer Anhänger der Revolution. Er verstand sie als naturhaftes Ereignis; ihre Exzesse mussten mit einer reinigenden Naturkatastrophe oder schmerzhaften Heilung von einer schweren Krankheit verglichen werden.

Forster war das prominenteste Beispiel eines deutschen Aufklärers, der nach der Hinrichtung des Königs und über die *terreur* hinaus an den Zielen der Revolution festhielt. Längst hatte sich der Ton in der politischen Publizistik im Reich geändert und die moralische Empörung wurde zum Tenor aller Texte über die Vorgänge in Frankreich. Plötzlich war nicht mehr der „Despotismus" der zentrale Kampfbegriff. Die beginnende gegenrevolutionäre Stimmung sah nun in „Freiheitstaumel", „Fanatismus" und „Atheismus" die lauernden Gefahren.

In der politischen Publizistik war ein „Krieg um die öffentliche Meinung" ausgebrochen, der durch die sich schrittweise verschärfende Zensur bald zugunsten der Revolutionsgegner entschieden wurde. Mit Franz II., der 1792 die Nachfolge seines Vaters Leopold II. angetreten hatte, und Friedrich Wilhelm III., seit 1797 Regent in Preußen, wandelte sich das Klima für aufgeklärte Schriftsteller. Im Kriegszustand mit Frankreich wurden Vertreter demokratischer Ziele als Umstürzler verfolgt, inhaftiert und in einzelnen Fällen auch wegen Hochverrats zum Tode verurteilt (Eberle/Stammen 2000, S. 34f.). Der Versuch, die ‚wahre' von der ‚falschen' Aufklärung zu trennen und damit die politische Aufklärung als das Recht zur freien Meinungsäußerung zu retten, muss als fehlgeschlagen betrachtet werden. Zu tief saß die Angst vor der Macht der öffentlichen Meinung, die dazu in der Lage war, ein gesamtes politisches System zum Einsturz zu bringen. Den klugen Befürwortern der Pressefreiheit und damit einer praxisnahen Volksaufklärung gelang es nicht, diese Sorge zu zerstreuen.

Kritiker der Revolution

In den Augen ihrer Kritiker hatte die Französische Revolution gezeigt, dass die Aufklärung ihren eigenen Ansprüchen nicht genügen konnte. Nach dieser Auffassung war die Regentschaft der Vernunft ein Pyrrhussieg, der in Krieg, Terror und Diktatur geendigt hatte. Im Verlauf der Revolution hatte sich vielmehr gezeigt, dass das Volk nicht oder noch nicht reif für die Freiheit war. Ein Ausweg aus diesem Dilemma bestand für einige Denker darin, Aufklärung nicht als praxisorientiertes, politisches Programm, sondern als Zukunftsprojekt zu formulieren: Johann Gottfried Herders *Briefe zur Beförderung der Humanität* (1793–97) oder Johann Gottlieb Fichtes *Bestimmung des Menschen* (1800) zeigen, welche Kunstgriffe diese Neuorientierung erforderte.

14.3 Wandel wird Programm

Der Ideenhistoriker Jean Starobinski gab einem Sammelband zum Thema Aufklärung den Titel *Le Remède dans le mal. Critique et légitimation de l'artifice à l'âge des Lumières* (1989), dessen Übersetzung durch Horst Günther die These Starobinskis noch verstärkte: *Das Rettende in der Gefahr. Kunstgriffe der Aufklärung* (1990).

Die Erfahrung der Moderne

Die Philosophie der Aufklärung begreift Starobinski als ‚Heilungsverfahren', mit dem die Widersprüche der modernen Welt kuriert werden sollten. Diese schwierige Kur erforderte allerdings auch Kunstgriffe, mit denen sowohl auf den grundlegenden Wahrnehmungswandel als auch auf die Verunsicherung im Gefolge einer sich schnell verändernden Welt reagiert werden konnte. Als Kunstgriffe entdeckte Starobinski in der Aufklärungsliteratur deshalb völlig neue Denkmuster, nämlich veränderte Zeitkonzepte, Geschichtstheorien und -philosophien.

Kunstgriffe der Aufklärung

Wieso waren diese Kunstgriffe erforderlich und worin besteht die radikale Wahrnehmungsveränderung der Zeitgenossen im 18. Jahrhundert? Was macht in den Augen der Beobachter den Epochenbruch zwischen Tradition und Moderne aus, in dem die Französische Revolution als Scheitelpunkt, als „Geschichtszeichen" (Kant) gesehen wurde?

Epochenbruch

Als Ursache für die Wahrnehmung des Epochenbruchs hat der deutsche Historiker Reinhart Koselleck (1923–2006) das Auseinandertreten von Erfahrungsmustern und Erwartungshorizonten der Menschen geltend gemacht. Im Mittelalter und in der Frühen Neuzeit war man es gewohnt, aus Erfahrungen lernen zu können. Dagegen besteht die Herausforderung der Moderne darin, auf einen Zuwachs irritierender, neuer Erkenntnisse und radikaler Veränderungen mit neuen Lösungsmustern antworten zu müssen. Die Verbindung von Vergangenheit, Gegenwart und Zukunft basierte nicht mehr auf der Logik, dass Erfahrungen in die Zukunft projizierbar waren, sondern es bedurfte einer neuen theoretischen Verbindung, welche die offene Zukunft – sowohl mit ihrem Gestaltungsspielraum als auch in ihrem Drohpotenzial – einzubeziehen in der Lage war (Koselleck 1992, S. 349ff.). Verbindung von Vergangenheit, Gegenwart und Zukunft

Mit der Wortneuschöpfung „Perfektibilität" reagierte der französische Philosoph Jean-Jacques Rousseau auf diese Herausforderung (> KAPITEL 4.3). Er verstand unter diesem Begriff die Fähigkeit des Menschen, sich zu vervollkommnen – und sah darin den entscheidenden Unterschied des Menschen zu allen anderen Lebewesen. Nach Rousseau kommt diese Fähigkeit sowohl dem Individuum als auch der Gattung zu. Man kann sich Rousseaus Konzept der Perfektibilität wie eine Programmierung der Menschheit vorstellen, die ohne ihr Zutun die Entwicklung vorantreibt; allerdings immer von der stetigen Gefahr möglicher Depravierung begleitet (Rousseau 1997, S. 103). Vervollkommnung

Die Idee, dass Lebewesen nicht statisch, seit der Schöpfung im überzeitlichen Kontinuum bis zum jüngsten Tag die Erde bevölkern, sondern aus einem Entwicklungsprozess hervorgegangen sind und in diesem voranschritten, entlehnte Rousseau dem naturgeschichtlichen Konzept des berühmten Naturhistorikers Buffon (> KAPITEL 3.2). Dieser wies damit die seinerzeit gängige klassifikatorische Ordnung der Natur seines nicht minder bedeutenden schwedischen Kollegen Carl von Linné zurück, entwickelte eine frühe Planetenentstehungstheorie und favorisierte ein proto-evolutionäres Stufenleitermodell der Lebewesen (Lovejoy 1993). In diesem Modell fungierte der Mensch nicht als Krönung der Schöpfung, sondern war – wie jedes andere Wesen – Teil eines lang andauernden Entwicklungsprozesses. Durch dieses Verfahren machte Buffon sich der Heterodoxie verdächtig und musste sich 1751 vor der theologischen Fakultät der Universität von Paris verantworten. Im Verfahren legte er folgende Erklärung ab: Naturgeschichte

Evolution

> „Daß es mir niemals in den Sinne gekommen, dem Texte der Heiligen Schrift zu widersprechen, daß ich alles was daselbst von der Schöpfung, sowohl in Absicht auf die Ordnung der Zeiten, als auf die Umstände der Begebenheiten selbst, erzählet ist, zuversichtlich glaube und gerne alles fahren lasse, was ich in meinem Buche [...] gesagt haben möge. Meinen angenommenen Satz von Bildung der

Planeten erkläre ich für nichts anders, als für eine philosophische Voraussetzung" (Buffon 2008, S. 990).

Die alte Ordnung der Zeiten war damit temporär restauriert, aber der Zweifel genährt und es wurden immer neue philosophische Hypothesen zur Frage des Alters der Welt, des Ursprungs der Menschheit und ihrer mutmaßlichen Entwicklung unterbreitet.

<small>Abstammungslehren</small>

Gerade in der schottischen Aufklärung war man nicht verlegen, immer neue Vorschläge zur theoretischen Bewältigung dieser offenen Fragen zu unterbreiten. Die These des schottischen Richters Lord Monboddo, dass der Mensch vom Affen, nämlich Orang-Utan abstamme, schien doch recht abwegig. Plausibler erschien den Zeitgenossen eine andere Theorie, die gleich mehrere der Gelehrten vertraten, unter ihnen so berühmte Denker wie Adam Smith (1723–90) und Adam Ferguson (1723–1816). Nach diesem Verständnis vollzieht sich die Entwicklung der Gesellschaft nach Gesetzmäßigkeiten, die mit den jeweiligen Selbsterhaltungsweisen der Menschen einhergingen (Ferguson 1988, S. 109).

<small>Zivilisation</small>

Für diese Stadientheorie der Geschichte, die vom Zeitalter der Jäger und Sammler in das der Hirten, dann in das der Bauern und schließlich in das des modernen Handelswesens führte, prägte Ferguson den Begriff der „Zivilisation". Diese Theorie hatte zudem den besonderen Reiz, dass mit ihr zu erklären war, wieso manche Völker schon so weit fortgeschritten waren und andere noch im Stadium der „Kindheit der Menschheit" verharrten. Auf diese Weise konnten Berichte über wilde Völker Auskunft über die mutmaßliche Vergangenheit der eigenen Völkerschaft geben und darüber hinaus war der weitere Werdegang dieser Völker prognostizierbar. Die Vorstellung von erster, zweiter und dritter Welt war geboren, die den eigenen Anspruch auf Vorherrschaft unterstrich und zugleich einen Prozess der „Entwicklungshilfe" denkbar werden ließ.

<small>Naturabsicht</small>

Weniger an äußere Faktoren gebunden war das theoretische Konstrukt Immanuel Kants, dessen Kunstfertigkeit und innere Kohärenz die Zeitgenossen nachhaltig faszinierte. In seiner *Idee zu einer allgemeinen Geschichte in weltbürgerlicher Absicht* (1784) ging er der Frage nach, ob es nicht doch möglich sei, im wechselvollen Wandel der Geschichte eine „Naturabsicht" zu erkennen. Ein solcher Plan der Natur verberge sich in der Geschichte der Menschengattung, indem die Menschheit auf ihren Zweck – die Erreichung der Humanität – hinziele. Der Weg war folglich das Ziel: Humanität und Menschheit am Ende des Prozesses in eins gesetzt zu sehen. Die moralische Bestimmung zur „Menschheit" wirkt sowohl auf das Individuum (Sittengesetz) als auch auf die äußeren Bedingungen (Verbesserung der Staatsverfassung) (Kant 1992, S. 21 ff.). Auch Motor und Ziel der Geschichte waren somit eins, wodurch die – für die Definition des Aufklärungsprozesses typische – Unterscheidung zwischen Theorie und Praxis aufgehoben war. Indem der aufgeklärte Mensch den Plan Natur durchschaut und damit seine eigene Bestimmung erkannt hat, befördert er den Sinn der Geschichte: Die Aufklärung klärt sich über die Geschichte selbst auf (Prüfer 2002, S. 337).

Auch wenn die Französische Revolution unter diesen Vorzeichen zunächst als Meilenstein im Selbsterkenntnisprozess der Menschheit angesehen wurde, so schien ihr Verlauf zu zeigen, dass die Zeit noch nicht reif für die Regentschaft der Vernunft war. Das Vertrauen in die Aufklärung wich einem Vertrauen in die Geschichte, deren Erkenntnis den Prozess der Aufklärung beförderte.

Vertrauen in die Geschichte

Fragen und Anregungen

- Diskutieren Sie, in welchem Verhältnis Französische Revolution und Aufklärung – sowohl aus der Sicht der Zeitgenossen als auch aus heutiger Perspektive – zueinander stehen.
- Skizzieren Sie an geeigneten Beispielen das Spektrum der Reaktionen auf die Französische Revolution unter deutschen Gelehrten.
- Erläutern Sie, worin die spezifische theoretische Herausforderung an die Spätaufklärung liegt und welche Deutungsmodelle sie zeitigte.

Lektüreempfehlungen

- **Johann Adam Bergk: Bewirkt Aufklärung Revolutionen?** Quellen
[1795], in: Aufklärung und Gedankenfreiheit. Fünfzehn Anregungen aus der Geschichte zu lernen, hg. u. eingeleitet v. Zwi Batscha, Frankfurt a. M. 1977. *Gute Quellensammlung zum Verhältnis von Aufklärung und Revolution.*

- **Johann Heinrich Campe: Revolutionsbriefe,** in: Die Französische Revolution in Deutschland. Zeitgenössische Texte deutscher Autoren, hg. v. Friedrich Eberle / Theo Stammen, 2. Auflage, Stuttgart 2000, S. 49–54. *Sehr gut eingeleitete Quellenzusammenstellung der Reaktionen deutschsprachiger Aufklärer auf die französische Revolution.*

- Adam Ferguson: Versuch über die Geschichte der bürgerlichen Gesellschaft [1767], hg. u. eingeleitet von Zwi Batscha/Hans Medick, Frankfurt a. M. 1988. *Kenntnisreich kommentierte deutsche Ausgabe einer zentralen Schrift der schottischen Aufklärung.*
- Immanuel Kant: Schriften zur Geschichtsphilosophie, mit einer Einleitung hg. v. Manfred Riedel, Stuttgart 1992. *Kleinere Schriften Kants, die einen ersten Einstieg in das Werk des Philosophen ermöglichen.*
- Emmanuel Joseph Sieyès: Was ist der Dritte Stand? [1789], hg. v. Otto Dann, Essen 1988. *Einer der wichtigsten Texte des Beginns der Revolution in einer hilfreichen Studienausgabe.*

Forschung
- François Furet/Denis Richet: Die Französische Revolution, Frankfurt a. M. 1968. *Moderner Klassiker der französischen Historiografie in der Neubewertung der Französischen Revolution nach der zuvor dominierenden marxistischen Interpretation.*
- Reinhart Koselleck: Art. „Revolution", in: Geschichtliche Grundbegriffe, hg. v. Otto Brunner, Werner Conze und Reinhart Koselleck, Bd. 5, Stuttgart 1984, S. 689–788. *Einführung in ein neues Denkmuster an der Schwelle zur Moderne.*
- Axel Kuhn: Die Französische Revolution, Stuttgart 2004. *Sehr gute knappe Einführung mit Quellenteil.*
- Thomas Prüfer: Die Bildung der Geschichte. Friedrich Schiller und die Geschichte der modernen Geschichtswissenschaft, Köln/Weimar/Wien 2002. *Hervorragende Analyse der Durchsetzung geschichtlichen Denkens in der Spätaufklärung.*
- Ernst Schulin: Die Französische Revolution, 2. Auflage, München 1989. *Beste deutsche Darstellung der Französischen Revolution, die historiografische Aspekte und den ideengeschichtlichen Hintergrund mit einbezieht.*
- Jean Starobinski: Das Wort Zivilisation, in: ders., Das Rettende in der Gefahr. Kunstgriffe der Aufklärung, aus dem Französischen mit einem Essay von Horst Günther, Frankfurt a. M. 1990, S. 9–64. *Inspirierende Überlegungen zu den Grundlagen eines Weltbildwandels.*

15 Serviceteil

15.1 Allgemeine bibliografische Hilfsmittel

Laufende Bibliografien

- Historische Bibliographie, hg. v. der Arbeitsgemeinschaft Historischer Forschungseinrichtungen in der Bundesrepublik Deutschland, München 1987ff.

- Internationale Bibliographie zur deutschen Klassik 1750–1850 (IBK), Weimar u. a. 1960–2008. *Die 52. Folge der IBK ist die letzte, die im Druck erscheint. Die IBK wird ab 2009 als Informationsdienst „Klassik Online" auf der Website der Herzogin Anna Amalia Bibliothek weitergeführt.*

- The Eighteenth Century. A Current Bibliography (seit 2004: The Eighteenth Century Current Bibliography), New York 1971ff.

- XVIIIe siècle: bibliographie, von Benoît Melançon, 1992ff., Web-Adresse: www.mapageweb.umontreal.ca/melancon/biblio.tdm.html.

Sach- und Personenlexika

- **Allgemeine Deutsche Biographie (ADB)**, hg. durch die Historische Commission bei der Königlichen Akademie der Wissenschaften, 56 Bände, Leipzig 1875–1912, Nachdruck Berlin 1967–71. *Nachschlagewerk, das trotz (oder wegen) seiner starken Wertungen interessante biografische Zugänge ermöglicht. Fortgesetzt in:*
  Neue Deutsche Biographie (NDB), hg. durch die Historische Kommission bei der Bayerischen Akademie der Wissenschaften, Bd. 1–23 (A–S), Berlin 1953–2007, Teilnachdruck Bd. 1–6, Berlin 1971.
  Beide Teile im Internet recherchierbar, Web-Adresse: www.deutsche-biographie.de.

  Biografische Nachschlagewerke

- **Biographische Enzyklopädie der deutschsprachigen Aufklärung**, hg. v. Rudolf Vierhaus und Hans Erich Bödeker, München 2002. *Auskoppelung aus der NDB ebenfalls im Internet recherchierbar,* Web-Adresse: www.deutsche-biographie.de.

SERVICETEIL

Geschichtliche Nachschlagewerke

- **Enzyklopädie der Neuzeit,** im Auftrag des Kulturwissenschaftlichen Instituts (Essen) und in Verbindung mit den Fachwissenschaftlern hg. v. Friedrich Jäger, Bd. 1–10, Stuttgart u. a. 2005–09. *Auf 16 Bände angelegtes lexikalisches Großprojekt zur Erschließung der Geschichte von 1450–1850.*

- **Geschichtliche Grundbegriffe. Historisches Lexikon zur politisch-sozialen Sprache in Deutschland,** hg. v. Otto Brunner, Werner Conze und Reinhart Koselleck, Bd. 1–8 in 9 Teilbänden, Stuttgart 1972–97, Neuausgabe Stuttgart 2004. *Unverzichtbares Hilfsmittel, vor allem zur Untersuchung der sogenannten Sattelzeit (1750–1850).*

Nachschlagewerke zu Philosophie und Wissenschaftsgeschichte

- **Handbuch europäische Aufklärung: Begriffe, Konzepte, Wirkung,** hg. V. Heinz Thoma, Stuttgart u. a. 2015. *Interdisziplinärer Zugang zu rund 50 zentralen Begriffen der Aufklärung.*

- **Historisches Wörterbuch der Philosophie.** Völlig neubearbeitete Ausgabe des „Wörterbuchs der philosophischen Begriffe" von Rudolf Eisler, hg. v. Joachim Ritter, Bd. 1–13, Darmstadt 1971–2007. *Der „Ritter" bietet den besten Einstieg in die philosophische Terminologie.*

- **Grundriss der Geschichte der Philosophie,** begründet von Friedrich Ueberweg, hg. v. Helmut Holzhey, Reihe 18. Jahrhundert, Bd. 1: Grossbritannien und Nordamerika, Niederlande, Basel/Stuttgart 2004, Bd. 2: Frankreich, Basel/Stuttgart 2008. *Hervorragende neue Bände zum 18. Jahrhundert aus dem klassischen Nachschlagewerk zur Philosophiegeschichte.*

- **The Cambridge History of Science,** Bd. 4: Eighteenth-Century Science, hg. v. Roy Porter, Cambridge u. a. 2003. *Von ausgewiesenen Kennern verfasste Überblicksdarstellungen zur Wissenschaftsgeschichte des 18. Jahrhunderts.*

Aufklärungslexika

- **Dictionnaire européen des Lumières.** Publié sous la direction de Michel Delon, Paris 1997, nouvelle édition 2007. *Ist auf ideengeschichtliche Fragestellungen, vorrangig der französischen Aufklärung, konzentriert.*

- **Encyclopedia of the Enlightenment.** Editor in chief: Alan Charles Kors, Vol. 1–4, Oxford u. a. 2003. *Umfassendstes neuestes Lexikon zu Begriffen und Personen der Aufklärung.*

- The Enlightenment World, hg. v. Martin Fitzpatrick, Peter Jones, Christa Knellwolf und Iain McCalman, London u. a. 2004. *Hervorragende Essays zu übergeordneten Themenstellungen.*

- Lexikon der Aufklärung: Deutschland und Europa, hg. v. Werner Schneiders, München 1995, Neuausgabe 2001. *Zur Anschaffung empfohlenes, kleines, qualitätvolles Nachschlagewerk.*

- Volksaufklärung. Biobibliographisches Handbuch zur Popularisierung aufklärerischen Denkens im deutschen Sprachraum von den Anfängen bis 1850, hg. v. Holger Böning und Reinhart Siegert. *Angelegt auf 5 Bände, davon bisher erschienen:* Bd. 1: Die Genese der Volksaufklärung und ihre Entwicklung bis 1780, Stuttgart-Bad Cannstatt 1990; Bd. 2, Teil 1 und 2: Der Höhepunkt der Volksaufklärung 1781–1800 und die Zäsur durch die Französische Revolution, Stuttgart-Bad Cannstatt 2001. *Unverzichtbare Grundlagenarbeit für das Thema Volksaufklärung.*

Zeitschriften und Periodika

- Aufklärung. Interdisziplinäre Halbjahresschrift (seit 2001: Jahrbuch) zur Erforschung des 18. Jahrhunderts und seiner Wirkungsgeschichte, Heft 1ff., Hamburg 1986ff.

- Berliner Aufklärung. Kulturwissenschaftliches Jahrbuch, hg. v. Ursula Goldenbaum und Alexander Košenina, Bd. 1ff., Hannover 1999ff.

- Das achtzehnte Jahrhundert. Mitteilungen (seit 1998: Zeitschrift) der Deutschen Gesellschaft für die Erforschung des 18. Jahrhunderts, Heft 1ff., Bremen u. a. 1977ff.

- Das Achtzehnte Jahrhundert und Österreich. Jahrbuch der Österreichischen Gesellschaft zur Erforschung des Achtzehnten Jahrhunderts, Bd. 1ff., Bochum 1985ff.

- Dix-Huitième Siècle. Revue annuelle. Publié par la Société Française d'Etude du 18e Siècle avec le concours du CNRS, Bd. 1ff., Paris 1969ff.

- Journal for Eighteenth Century Studies (bis 2007: British Journal for Eighteenth Century Studies), ed. for the British Society for Eighteenth Century Studies, Bd. 1ff., Oxford 1978ff.

SERVICETEIL

- La lettre clandestine. Revue annuelle. Publié par les universités Paris IV de Saint-Étienne de Paris I et de Paris XII, Bd. 1ff., Paris 1992ff.

- The Eighteenth Century. Theory and Interpretation (Vorgänger: Burke Newsletter and Studies in Burke and his time), ed. for the Texas Tech University, Bd. 1ff., Lubbock, Texas 1979ff.

15.2 Forschungsinstitutionen und Datenbanken

Institutionen

- **International Society for Eighteenth-Century Studies (ISECS)**, Voltaire Foundation, Oxford, Web-Adresse: www.isecs.org. *Internationaler Verband zur Förderung der Kommunikation und des Informationsaustausches zwischen mittlerweile etwa 30 nationalen Gesellschaften zur Erforschung des 18. Jahrhunderts, dem auch die DGEJ angehört.*

- **Deutsche Gesellschaft für die Erforschung des 18. Jahrhunderts (DGEJ)** mit Sitz an der Herzog August Bibliothek Wolfenbüttel, Web-Adresse: http://dgej.hab.de. *Unter der Rubrik „Topographie der 18. Jahrhundert-Forschung" bietet die DGEJ eine Übersicht zu Institutionen, Forschungsstellen und laufenden Projekten der deutschen Aufklärungs- bzw. 18.-Jahrhundert-Forschung.*

- **Interdisziplinäres Zentrum für die Erforschung der Europäischen Aufklärung** der Martin-Luther-Universität Halle-Wittenberg in Halle/Saale, Web-Adresse: www.izea.uni-halle.de.

Datenbanken

- **ARTFL (American and French Research on the Treasury of the French Language)** der Universität Chicago in Kooperation mit dem Laboratoire ATILF (Analyse et Traitement Informatique de la Langue Française) am Centre National de la Recherche Scientifique (CRNS), Web-Adresse: http://humanities.uchicago.edu/orgs/ARTFL. *Die Datenbank bietet französische Werke aus dem 12. bis 20. Jahrhundert im Volltext, darunter wichtige Texte des 17. und 18. Jahrhunderts.*

- **Eighteenth Century Collections Online (ECCO)** von Thomson Gale, Web-Adresse: http://infotrac.galegroup.com/itweb?db=ECCO. *Die elektronische Ausgabe der Mikrofilm-Sammlung „The Eighteenth Century" bietet Zugriff auf 138 000 digitalisierte gedruckte Werke, die in den Jahren 1701 bis 1800 im Vereinigten Königreich*

(alle Sprachen) und weltweit in englischer Sprache erschienen sind. Das lizenzpflichtige Angebot ist über viele Landes- und Universitätsbibliotheken abrufbar.

- **Eighteenth Century Journals Online. A Portal to Newspapers and Periodicals, c. 1685–1815,** von Adam Matthew Digital, Web-Adresse: www.18thcjournals.amdigital.co.uk. *Die Sammlung enthält in drei Sektionen populäre, in Großbritannien und andernorts (u. a. Kanada, Karibik, Indien) erschienene englischsprachige Zeitschriften des 18. Jahrhunderts im Volltext.*

- **Electronic Enlightenment,** Web-Adresse: www.e-enlightenment.com. *Eine von der Universität Oxford erarbeitete Datenbank, die die Korrespondenz von fast 6 000 Denkern und Schriftstellern der Aufklärung verfügbar macht, basierend auf den kritischen Ausgaben. Neben ca. 53 000 digitalisierten Briefen bietet die Datenbank zu jedem Autor u. a. eine systematische Auflistung aller in der Datenbank verzeichneten Korrespondenzpartner einschließlich biografischer Kurzinformationen.*

- **Gallica Projekt** an der Bibliothèque Nationale de France (BNF), Web-Adresse: http://gallica.bnf.fr. *Das Digitalisierungsprojekt der BNF erfasst Werke (u. a. Enzyklopädien, Zeitschriften, Manuskripte, aber auch Bilder) seit der Inkunabelzeit bis ins 20. Jahrhundert, darunter viele Texte insbesondere der französischen Aufklärung. Verwandte Projekte an deutschen Bibliotheken sind das Göttinger Digitalisierungszentrum (GDZ) an der Niedersächsischen Staats- und Universitätsbibliothek (SUB) Göttingen und das Münchener Digitalisierungszentrum (MDZ) an der Bayerischen Staatsbibliothek (BSB) München.*

- **Index deutschsprachiger Zeitschriften des 18. Jahrhunderts** (IdRZ 18) der Göttinger Akademie der Wissenschaften, Web-Adresse: http://adw.sub.uni-goettingen.de/idrz/pages/Main.jsf. *Der Index wertet im Sinne eines „Systematischen Registers" die Buchreferate und -kritiken wichtiger fächerübergreifender Rezensionszeitschriften des 18. Jahrhunderts aus.*

- **Neue Bibliothek der schönen Wissenschaften und der freyen Künste,** ein Projekt des Forschungszentrums für Europäische Aufklärung Potsdam, Web-Adresse: http://scout.ub.uni-potsdam.de/fea/digbib/start. *Das Projekt bietet die einschlägige, von Christian Felix Weiße und Johann Gottfried Dyk herausgegebene Zeitschrift* *im Volltext (Bd. 1–72, 1765–1806). Die Zeitschrift ist über eine Datenbank detailliert erschlossen und recherchierbar.*

- Retrospektive Digitalisierung wissenschaftlicher Rezensionsorgane und Literaturzeitschriften des 18. und 19. Jahrhunderts aus dem deutschen Sprachraum, ein Projekt der Universitätsbibliothek Bielefeld in Kooperation mit der Akademie der Wissenschaften zu Göttingen und der Georg Olms Verlag AG, Web-Adresse: www.ub.uni-bielefeld.de/diglib/aufklaerung/index.htm. *Das vom „Index deutschsprachiger Zeitschriften 1750–1815" der Göttinger Akademie der Wissenschaften ausgehende Projekt zielt auf eine digitale Rekonstruktion der vollständigen Korpora der größten Rezensionsorgane und Literaturzeitschriften der deutschen Aufklärung.*

15.3 Lexika des 18. Jahrhunderts

Diderots und D'Alemberts Encyclopédie (1751–80)

Historische Auflage

- Encyclopédie, ou Dictionnaire Raisonné des Sciences, des Artes et des Métiers, Vol. 1–35, Paris/Neufchatel [Paris]/Amsterdam 1751–80. *Ursprünglich als Übersetzung von Chambers zweibändiger „Cyclopedia" geplant, entwickelte sich dieses Werk zur bekanntesten Enzyklopädie der Aufklärung. Herausgegeben von Denis Diderot und Jean Baptiste le Rond d'Alembert unter wesentlicher Mitwirkung von Louis de Jaucourt, der knapp ein Viertel (>17 000) aller Artikel beisteuerte. Der 17 Bände umfassende Textteil der „Encyclopédie" wurde 1765 abgeschlossen, bis 1772 erschienen elf Bildbände.*

Moderne (Teil-)Übersetzungen

- Jean le Rond d'Alembert, Einleitung zur Enzyklopädie, durchgesehen und mit einer Einleitung hg. v. Günther Mensching, Hamburg 1997.

- Denis Diderot, Enzyklopädie: Philosophische und politische Texte aus der „Encyclopédie" sowie Prospekt und Ankündigung der letzten Bände. Mit einem Vorwort von Ralph-Rainer Wuthenow, München 1969.

- Die Encyclopédie des Denis Diderot, hg. v. Karl-Heinz Manegold, Dortmund 1983.

- Enzyklopädie: eine Auswahl, hg. v. Günter Berger, Frankfurt a. M. 1989.

- Die Welt der Encyclopédie, hg. v. Anette Selg u. a., Frankfurt a. M. 2001.
- The ARTFL Encyclopédie Project. Web-Adresse: http://portail.atilf.fr/encyclopedie. *Mit englischem Interface unter:* http://encyclopedie.uchicago.edu. *Vollständiges, im Rahmen des ARTFL-Projekts – einer Kooperation der Universität Chicago und des CRNS – erstelltes Digitalisat, das für die Volltextsuche elektronisch aufgearbeitet wurde. Die Suppléments sind recherchierbar, ihre Aufarbeitung ist aber noch nicht abgeschlossen.* — Online-Ausgabe

Krünitz' Oekonomische Encyklopädie (1773–1858)

- Oekonomische Encyklopädie oder allgemeines System der Staats- Stadt- Haus- und Landwirthschaft, 242 Bände, Berlin 1773–1858. *Eine der umfangreichsten Enzyklopädien des deutschen Sprachraums, geplant als Übersetzung des „Dictionnaire raisonné universel d'histoire naturelle" (1764) und der „Encyclopédie Oeconomique ou Systeme générale d'Oeconomie rustique, domestique et politique" (1771/72), begründet von Johann Georg Krünitz.* — Historische Auflage

- Vollständig digitalisierte Ausgabe der Oekonomischen Encyklopädie, Web-Adresse: www.kruenitz1.uni-trier.de. *als XML/SGML-konforme und recherchierbare elektronische Volltextversion, zugänglich gemacht im Rahmen eines von der DFG geförderten Digitalisierungsprojekts an der Universitätsbibliothek Trier.* — Online-Ausgabe

Zedlers Universal-Lexicon (1732–54)

- Grosses vollständiges Universal-Lexicon aller Wissenschaften und Künste, Welche bißhero durch menschlichen Verstand und Witz erfunden und verbessert worden, 64 Bände und 4 Supplementbände, Leipzig/Halle 1732–54. Vollständiger Nachdruck: Graz 1961–64. *Größtes allgemeines Lexikon des 18. Jahrhunderts, das auf 63 000 Seiten rund 284 000 Artikel verzeichnet. Herausgegeben von Johann Heinrich Zedler.* — Historische Auflage

- Vollständig digitalisierte Ausgabe des Universal-Lexicons, Web-Adresse: www.zedler-lexikon.de. *Digitalisiert, inhaltlich erschlossen und kategorisiert im Rahmen eines DFG-geförderten Projekts von der Bayerischen Staatsbibliothek in Kooperation mit der Herzog August Bibliothek Wolfenbüttel.* — Online-Ausgabe

SERVICETEIL

15.4 Werkausgaben, Periodika und Institutionen zu einzelnen Autoren

Jeremy Bentham (1748–1832)

Werkausgaben
- Œuvres, traduction Étienne Dumont et Benjamin Laroche, Vol. 1–4, Bruxelles 1829–34, Nachdruck Aalen 1969. *Von den Originalmanuskripten auch inhaltlich abweichende, aber für die Rezeptionsgeschichte wichtige Übersetzung.*

- The Works of Jeremy Bentham, published under the superintendence of his executor, John Bowring, Vol. 1–6, Edinburgh 1838–43, Nachdruck New York 1962. *Lange Zeit die einzig verfügbare, jedoch unvollständige und problematische Ausgabe mit vielen Auslassungen, die zu Teilen auf Rückübersetzungen aus Dumonts französischer Fassung beruht.*

Historisch-kritische Ausgabe
- The Collected Works, ed. J. H. Burns, John R. Dinwiddy, Fred Rosen and P. Schofield, London 1968–81, Oxford 1983ff. *Angelegt auf 70 Bände. Bisher sind 27 Bände erschienen, einschließlich des Briefwechsels in bisher 12 Bänden. Ältere Bände liegen teils bereits im Nachdruck, teils als korrigierte Neuauflagen vor.*

Briefe
- The Correspondence, ed. Timothy L. S. Sprigge u. a., Vol. 1–12, London/Oxford 1968ff. *Die Ausgabe des Briefwechsels ist Teil der „Collected Works". Die bisher erschienenen 12 Bände beinhalten den Briefwechsel bis Juni 1828. Der in Vorbereitung befindliche Band 13 und der Indexband 14 werden die Briefausgabe inhaltlich und systematisch abschließen.*

Institutionen
- **Bentham Project** des University College London (UCL), Web-Adresse:www.ucl.ac.uk/Bentham-Project.

Georges Louis Leclerc, Comte de Buffon (1707–88)

Werkausgabe
- Œuvres complètes, éd. Jean Louis de Lanessan, Vol. 1–14, Paris 1884–85.

Historisch-kritische Ausgabe
- Œuvres complètes, texte établie et annoté par Stéphane Schmitt avec la collaboration de Cédric Crémière, Paris 2007ff. *Angelegt auf 36 Bände. Mit kritischen Anmerkungen versehene Neuausgabe von Buffons „Histoire naturelle", die folgende Werke umfasst: „Histoire naturelle générale et particulière, avec la description du*

Cabinet du Roy" (15 Bde., 1749–67), „Histoire naturelle des oiseaux" (9 Bde., 1770–83), „Histoire naturelle des minéraux" (5 Bde., 1783–88), Supplémenet à l'Histoire naturelle (7 Bde., 1774–89). Bisher erschienen sind Buch I–III.

- Correspondance inédite de Buffon. A laquelle ont été réunies les lettres publiées jusqu'à ce jour, éd. Henri Nadault de Buffon, Vol. 1–2, Paris 1860.
  Briefe

- **Sämmtliche Werke**, sammt den Ergänzungen, nach der Classifikation von Georges Cuvier, übersetzt v. H. J. Schaltenbrandt, Bd. 1–9, Köln 1837–47.
  Historische Übersetzung

- **Musée Buffon**, Montbard.
  Institutionen

- **Buffon et l'histoire naturelle: l'édition en ligne**, Web-Adresse: www.buffon.cnrs.fr.
  Online-Ausgabe

Georg Forster (1754–94)

- **Werke. Sämtliche Schriften, Tagebücher, Briefe**, hg. v. der Deutschen Akademie der Wissenschaften zu Berlin u. a., Bd. 1–18, Berlin 1958–2003. *Vorbildlich edierte und kommentierte Werkausgabe, deren Registerband und Bibliografie noch aussteht.*
  Historisch-kritische Ausgabe

- **Werke in vier Bänden**, hg. v. Gerhard Steiner, Frankfurt a. M. 1967–70. – Taschenbuchausgabe: Bd. 1 (*Reise um die Welt*, 1778–80), Frankfurt a. M. 1983, 7. Auflage 2004.
  Studienausgabe

- **Georg-Forster-Studien**, hg. im Auftrag der Georg-Forster-Gesellschaft, Bd. 1ff., Berlin u. a. 1997ff.
  Schriftenreihe

- **Arbeitsstelle Forster-Ausgabe** der Berlin-Brandenburgischen Akademie der Wissenschaften in Berlin, Web-Adresse: www.bbaw.de.
  Institutionen

- **Georg-Forster-Gesellschaft** in Kassel, Web-Adresse: www.georg-forster-gesellschaft.de.

Benjamin Franklin (1706–90)

- **The Writings**, ed. Albert H. Smyth, Vol. 1–10, New York 1905–07, Nachdruck New York 1970.
  Werkausgabe

- **The Papers**, ed. Leonard W. Labaree u. a., Vol. 1ff., New Haven / London 1959ff. *Maßgebliche historisch-kritische Ausgabe von*
  Historisch-kritische Ausgabe

Franklins Schriften und Briefen, angelegt auf 47 Bände, bisher sind Band 1–39 für den Zeitraum Januar 1706 bis 15. Mai 1783 erschienen. Online-Index abrufbar unter: www.yale.edu/franklinpapers/indexintro.html.

Institutionen

- **The Papers of Benjamin Franklin,** Yale University, Web-Adresse: www.yale.edu/franklinpapers/index.html. *Das hier aufgearbeitete und in den „Papers" publizierte Material findet sich zu Teilen, aber ohne kritischen Kommentar, in digitalisierter Form abrufbar und recherchierbar unter*: http://franklinpapers.org.

- **The Friends of Franklin,** Philadelphia, Web-Adresse: http://friendsoffranklin.org.

Friedrich der Große (1712–86)

Werkausgabe

- **Die Werke Friedrichs des Großen** in deutscher Übersetzung, hg. v. Gustav Berthold Volz, übersetzt v. Friedrich von Oppeln-Bronikowski, Bd. 1–10, Berlin 1912–14. *Übersetzung des ursprünglich in französischer Sprache verfassten Werks Friedrichs des Großen anlässlich seines 200. Geburtstages (1912).*

Historisch-kritische Ausgabe

- **Friedrich der Große – Potsdamer Ausgabe.** Werke in 12 Bänden; französisch-deutsch, hg. v. Günther Lottes und Brunhilde Wehinger, Berlin 2007ff. *Die in Potsdam veranstaltete zweisprachige Werkausgabe soll anlässlich des 300. Geburtstages Friedrichs des Großen (2012) fertig gestellt werden. Bisher ist Band 6: „Philosophische Schriften" erschienen.*

Institution

- **Editionsprojekt: Friedrich der Große – Potsdamer Ausgabe,** Web-Adresse: www.uni-potsdam.de/friedrich-editionsprojekt/index.htm.

Briefe

- **Die politische Correspondenz Friedrichs des Großen,** hg. v. Johann G. Droysen u. a., Bd. 1–47, Berlin u. a. 1879–2003. *Die Bände 1–46 sind 1879–1939 erschienen, ein Ergänzungsband in Köln 2003. Die Briefe sind in französischer Sprache verfasst.*

Johann Gottfried Herder (1744–1803)

Gesamtausgabe

- **Sämmtliche Werke,** hg. v. Bernhard Suphan, Bd. 1–33 (Nachdruck der Ausgabe Berlin 1877–1913), Hildesheim 1967/68. *Immer noch die umfassendste, aber nicht immer ganz zuverlässige Werkausgabe.*

- Werke in zehn Bänden, hg. v. Martin Bollacher u. a., Frankfurt a. M. 1985–2000. *Kenntnisreich kommentierte, kritische Werkausgabe.*   Historisch-kritische Werkausgaben

- Werke, hg. v. Wolfgang Pross, Bd. 1–3, München/Wien 1984–2002. *Hervorragend kommentierte, repräsentative Werkauswahl.*

- Briefe. Gesamtausgabe 1763–1803, unter Leitung von Karl-Heinz Hahn hg. v. den Nationalen Forschungs- und Gedenkstätten der klassischen deutschen Literatur in Weimar (Goethe- und Schiller-Archiv) u. a., Bd. 1–12, Weimar 1977–2005.   Briefe

- Herder-Jahrbuch. Studien zum 18. Jahrhundert, hg. v. der International Herder Society, Bd. 1ff., Columbia/SC u. a. 1992ff.   Jahrbuch

- International Herder Society, Web-Adresse: www.johann.gottfried-herder.net.   Institution

David Hume (1711–67)

- The Philosophical Works, ed. Thomas Hill Green and Thomas Hodge, Vol. 1–4, London 1874–75, Nachdruck Aalen 1992.   Gesamtausgabe

- The Clarendon Edition of the Works of David Hume, ed. Tom L. Beauchamp u. a., Oxford 1998ff. *Angelegt auf acht Bände, bisher sind die Bände 1–5 erschienen. Die abgeschlossene, achtbändige Ausgabe wird alle Werke Humes enthalten, mit Ausnahme der „History of England" und kleinerer historischer Schriften. Die bisher publizierten Bände enthalten „A Treatise on Human Nature" (Bd. 1–2), „An Enquiry Concerning Human Understanding" (Bd. 3), „An Enquiry Concerning the Principles of Morals" (Bd. 4), „The Natural History of Religion und A Dissertation on the Passions" (Bd. 5).*   Historisch-kritische Ausgabe

- Hume Studies, hg. v. der Hume Society, Bd. 1ff., London/Ontario 1975ff., Online-Index: www.humestudies.org/Tables.htm.   Schriftenreihe

- The Hume Society, Web-Adresse: http://humesociety.org.   Institution

- David Hume-Online, Web-Adresse: www.davidhume.org. *Zuverlässige Online-Version von verschiedenen Schriften David Humes, hg. v. Peter Millican, Co-Editor der „Hume Studies".*   Online-Ausgabe

Immanuel Kant (1724–1804)

Historisch-kritische Ausgabe

- Gesammelte Schriften, hg. v. der Königlich Preußischen Akademie der Wissenschaften, Bd. 1–29, Berlin u. a. 1900ff. *Bei der Berlin-Brandenburgischen Akademie der Wissenschaften liegende Werkausgabe, die bis auf den fehlenden Band 26 („Vorlesungen über Physische Geographie") abgeschlossen ist. Die Werkausgabe umfasst in vier Sektionen Werke, Briefwechsel, handschriftlichen Nachlass und Vorlesungen. Ältere Bände liegen teils bereits in zweiter Auflage, teils als Nachdruck vor. Neueditionen der drei Kritiken und des „Opus postumum" sind geplant.*

Schriftenreihe

- Kant-Studien. Philosophische Zeitschrift der Kant-Gesellschaft, Bd. 1ff., Berlin 1896ff.

Institutionen

- Arbeitsstelle Kant-Ausgabe der Berlin-Brandenburgischen Akademie der Wissenschaften, Web-Adresse: www.bbaw.de/bbaw/Forschung/Forschungsprojekte/kant/de/Startseite.

- Kant-Gesellschaft Bonn, Web-Adresse: www.kant-gesellschaft.de.

- Kant-Online des Kant-Archivs Marburg und der Arbeitsstelle Kant-Ausgabe der Göttinger Akademie der Wissenschaften, Web-Adresse: http://web.uni-marburg.de/kant.

- Zentrum für Kommentarische Interpretationen zu Kant (ZetKIK) der Universität Siegen, Web-Adresse: www.zetkik.de.

John Locke (1632–1704)

Gesamtausgabe

- The Works of John Locke, Vol. 1–9, London 1794, weitere Auflage London 1824; Auflage in 10 Bänden, London 1801, 1812, 1823, Nachdruck Aalen 1963. *Standardausgabe ist die Auflage von 1823.*

Historisch-kritische Ausgabe

- The Clarendon Edition of the Works of John Locke, ed. John W. Yolton and Peter H. Nidditch, Oxford u. a. 1975ff. *Angelegt auf 30 Bände. Eine durchgängige Bandzählung fehlt. Bisher erschienen sind „An Essay Concerning Human Understanding" (1975, Nachdruck 1987), „A Paraphrase and Notes on the Epistles of St. Paul to the Galatians, 1 and 2 Corinthians, Romans, Ephesians" (Vol. 1–2, 1987), „Some Thoughts Concerning Education (1989), „Drafts for the Essay Concerning Human Understanding, and Other Philosophical Writings: in Three Volumes" (bisher nur*

Vol. 1: Drafts A and B, 1990), „*Locke on Money: in Two Volumes*" *(Vol. 1–2, 1991)*, „*The Reasonableness of Christianity: as Delivered in the Scriptures*" *(1999), sowie die unten zitierte abgeschlossene, achtbändige Briefausgabe.*

- The Correspondence of John Locke, ed. Esmond S. de Beer, Vol. 1–8, Oxford 1976–89. — Briefe
- Locke Studies (früher The Locke Newsletter), Bd. 1ff., 1970ff., Online-Index: www.luc.edu/philosophy/LockeStudies/index-of-issues.htm. — Schriftenreihe

Moses Mendelssohn (1729–86)

- Gesammelte Schriften. Jubiläumsausgabe, in Gemeinschaft mit Fritz Bamberger u. a. hg. v. Ismar Elbogen u. a., fortgeführt durch Alexander Altmann und Eva J. Engel, Berlin u. a. 1929ff., Teilnachdruck Stuttgart 1971–74. *Angelegt auf 27 Bände. Bis auf Band 21, der Nachträge unter anderem bisher unveröffentlichter Briefe enthält, sowie zweier Teilbände (9,3; 20,1) mit Übersetzungen ursprünglich hebräischer Texte, fehlen zum Abschluss der Werkausgabe nur noch die drei Registerbände 25–27.* www.hab.de/forschung/projekte/mendelssohn.htm. — Historisch-kritische Ausgabe
- Mendelssohn-Studien. Beiträge zur neueren deutschen Kultur- und Wirtschaftsgeschichte, hg. v. der Mendelssohn-Gesellschaft, Bd. 1ff., Berlin 1972ff. — Schriftenreihen
- Veröffentlichungen der Moses-Mendelssohn-Gesellschaft Dessau, Bd. 1ff., Dessau 1993ff., Web-Adresse: www.mendelssohn-dessau.de.
- Mendelssohn-Archiv der Staatsbibliothek zu Berlin – Preußischer Kulturbesitz, Web-Adresse: http://staatsbibliothek-berlin.de. — Institutionen
- Mendelssohn-Gesellschaft in Berlin, Web-Adresse: www.mendelssohn-gesellschaft.de.

Montesquieu (1689–1755)

- Œuvres complètes de Montesquieu nouvelle édition revue, corrigée et considérablement augmentée par l'auteur, éd. François Richer, Vol. 1–3, Amsterdam/Leipzig 1758, Nachdruck Oeuvres complètes, éd. André Masson, Vol. 1–3, Paris 1950–55. *Umfassendste der vielen Gesamtausgaben.* — Gesamtausgabe

SERVICETEIL

Historisch-kritische Ausgabe
- Œuvres complètes, éd. Société Montesquieu, Oxford u. a. 1998ff. Angelegt auf 22 Bände; bisher erschienen sind die Bände 1–4, 8–9, 11–13, 16, 18.

Schriftenreihen
- Les Cahiers Montesquieu, Bd. 1ff., Neapel 1993ff.
- Revue Montesquieu, Bd. 1ff., Grenoble 1997ff.

Institution
- Société Montesquieu in Lyon, Web-Adresse: http://montesquieu.ens-lsh.fr.

Samuel Pufendorf (1632–94)

Historisch-kritische Ausgabe
- Gesammelte Werke, hg. v. Wilhelm Schmidt-Biggemann, Berlin 1996ff. Bisher erschienen sind die Bände 1–5 und 9: Briefwechsel (Bd. 1), „De Officio Hominis" (Bd. 2), „Elementa jurisprudentiae universalis" (Bd. 3), „De jure naturae et gentium" (Bd. 4, Teilbde. 1 und 2), „Eris scandica und andere polemische Schriften über das Naturrecht" (Bd. 5), „Jus feciale divinum" (Bd. 9).

Jean-Jacques Rousseau (1712–78)

Historisch-kritische Ausgabe
- Œuvres complètes, éd. Bernard Gagnebin et Marcel Raymond, Vol. 1–5, Paris 1959–95.

Briefe
- Correspondance complète, édition critique établie et annotée par Ralph Alexander Leigh, Bd. 1–52, Oxford 1965–98.

Historische Übersetzungen
- Johann Jakob Rousseaus, Bürgers zu Genf, Philosophische Werke, aus dem Französischen übersetzt v. Johann Friedrich Ernst Albrecht, Bd. 1–6, Reval/Leipzig 1779–87.
- Sämmtliche Werke, übersetzt v. Carl Friedrich Cramer, Bd. 1–10, Berlin 1785–91.

Moderne Übersetzungen
- Schriften, hg. v. Henning Ritter, Bd. 1–2, München/Wien 1978.
- Sozialphilosophische und politische Schriften, in Erstübertragungen v. Eckhart Koch u. a., sowie bearbeiteten und ergänzten Übersetzungen aus dem 18. und 19. Jahrhundert. Mit einer Zeittafel v. Dietrich Leube, Anmerkungen v. Eckhart Koch, einem Nachwort v. Iring Fetscher und einer Begriffskonkordanz, München 1981.
- Schriften zur Kulturkritik, übersetzt v. Kurt Weigand, 5. Auflage Hamburg 1995.

Schriftenreihen/Zeitschriften
- Bulletin de l'Association Jean-Jacques Rousseau, Bd. 1ff., 1964ff.

- Études Jean-Jacques Rousseau, hg. im Auftrag des Musée Jean-Jacques Rousseau, Bd. 1ff., 1987ff.
- Annales de la Société Jean-Jacques Rousseau, Bd. 1ff., 1905ff.
- Association Jean-Jacques Rousseau in Neuchâtel, Web-Adresse: www.rousseauassociation.org.   Institutionen
- Société Jean-Jacques Rousseau in Genf, Web-Adresse: www.jjrousseau.org.

Adam Smith (1723–90)

- The Glasgow Edition of the Works and Correspondence, ed. Andrew S. Skinner u. a., Vol. 1–6, Oxford 1976–83.   Historisch-kritische Ausgabe
- The Adam Smith Review, Bd. 1ff., 2004ff.   Schriftenreihe
- International Adam Smith Society, Web-Adresse: www.adamsmithsociety.net.   Institution

Baruch de Spinoza (1632–77)

- Opera, im Auftrag der Heidelberger Akademie der Wissenschaften hg. v. Carl Gebhardt, Bd. 1–4, Heidelberg 1924–26, Nachdruck Heidelberg 1972, Ergänzungsband mit einem Forschungsbericht von Norbert Altwicker, Heidelberg 1987.   Historisch-kritische Ausgabe
- Sämtliche Werke, hg. und mit Einleitung, Anmerkung und Register versehen v. Carl Gebhardt, Bd. 1–3, Leipzig 1914. Erweiterte Neuauflage: Sämtliche Werke. In 7 Bänden und einem Ergänzungsband, hg. und mit Einleitung, Anmerkungen und Register versehen v. Carl Gebhardt, Bd. 1–8, Hamburg 1965–2005.   Textkritische Übersetzung

Anne Robert Jacques Turgot (1727–81)

- Œuvres, édition nouvelle classée par ordre de matières avec les notes de Du Pont de Nemours, augmentée de lettres inédites, des questions sur le commerce et d'observations et de notes nouvelles par MM. Eugène Daire et Hippolyte Dussard, et précédée d'une notice sur la vie et les ouvrages de Turgot par M. Daire, Vol. 1–2, Paris 1844, Nachdruck Osnabrück 1966.   Gesamtausgabe

SERVICETEIL

Historisch-kritische Ausgabe
- Œuvres de Turgot et documents le concernant, avec biographie et notes par Gustave Schelle, Vol. 1–5, Paris 1913–23, Nachdruck Glashütten im Taunus 1972.

Institution
- Société des Amis de Turgot, Lantheuil.

Voltaire (1694–1778)

Historisch-kritische Ausgabe
- Complete works. Œuvres complètes, ed. Nicholas Cronk u. a., Oxford/Genf 1968ff. *Angelegt auf 150 Bände, bisher erschienen sind etwa zwei Drittel, weitere sechs Bände pro Jahr sind geplant.*

Briefe
- Correspondence, ed. Theodore Besterman, Vol. 1–107, Genf 1953–65. *Bestermans Briefausgabe findet sich als Bände 85–135 (erschienen Genf 1968–77) in die von ihm begonnene Oxforder Gesamtausgabe integriert.*

Moderne Übersetzungen
- Briefwechsel [Voltaire und Friedrich II.], übersetzt und hg. v. Hans Pleschinski, revidierte Neuausgabe, München u. a. 2004.

- Sämtliche Romane und Erzählungen. Mit einer Einleitung von Victor Klemperer, 10. Auflage Frankfurt a. M. 2007.

Schriftenreihen/Zeitschriften
- SVEC (Studies on Voltaire and the Eighteenth Century), hg. v. der Voltaire Foundation, Bd. 1ff., Oxford 1955ff. Online-Index: http://163.1.91.91/_svec_index/soi_main.lasso.

- Cahiers Voltaire, hg. im Auftrag der Société Voltaire, Bd. 1ff., 2002ff. Online-Index: www.societe-voltaire.org/cv-index.php.

- Revue Voltaire, hg. im Auftrag der Société des Études Voltairiennes, Bd. 1ff., 2001ff. Online-Index: http://voltaire.lire.ish-lyon.cnrs.fr/rv.html.

Institutionen
- The Voltaire Foundation in Oxford, Web-Adresse: www.voltaire.ox.ac.uk.

- Société Voltaire in Ferney-Voltaire, Web-Adresse: www.societe-voltaire.org.

- Société des études voltairiennes am Centre d'Étude de la Langue et de la Littérature Francaise des XVIIe et XVIIIe siècles der Sorbonne, Web-Adresse: http://voltaire.lire.ish-lyon.cnrs.fr.

16 Anhang

→ ASB
Akademie Studienbücher, auf die der vorliegende Band verweist

ASB BRENDLE Franz Brendle: Das konfessionelle Zeitalter, Berlin 2010.

ASB BUDDE / FREIST / GÜNTHER-ARNDT Gunilla Budde / Dagmar Freist / Hilke Günther-Arndt (Hg.): Geschichte. Studium – Wissenschaft – Beruf, Berlin 2008.

ASB D'APRILE / SIEBERS Iwan Michelangelo D'Aprile / Winfried Siebers: Das 18. Jahrhundert. Zeitalter der Aufklärung, Berlin 2008.

ASB KOŠENINA Alexander Košenina: Literarische Antrhopologie. Die Neuentdeckung des Menschen, Berlin 2008.

ASB MÜLLER Harald Müller: Mittelalter, Berlin 2008.

16.1 Zitierte Literatur

Abrosimov 2014 Kirill Abrosimov: Aufklärung jenseits der Öffentlichkeit: Friedrich Melchior Grimms „Correspondence littéraire" (1753–1773) zwischen der „république des lettres" und europäischen Fürstenhöfen, Ostfildern 2014.

Addison 1965 Joseph Addison / Richard Steele: The Spectator, Nr. 10, 12. März 1711, in: D. F. Bord (Hg.), The Spectator, Oxford 1965, Bd. 1, S. 44–47.

Albrecht / Weiß 1997 Wolfgang Albrecht / Christoph Weiß: Einleitende Bemerkungen zur Beantwortung der Frage: Was heißt Gegenaufklärung?, in: dies. (Hg.), Von „Obscuranten" und „Eudämonisten". Gegenaufklärerische, konservative und antirevolutionäre Publizisten im späten 18. Jahrhundert, St. Ingbert 1997, S. 7–34.

Anderson 2000 Fred Anderson: Crucible of War. The Seven Years' War and the Fate of Empire in British North America, 1754–1766, New York 2000.

Anonym 1987 Anonym: Die ganze Gegend ist mit Abgaben verpestet. Schreiben eines Bauern an den Intendanten, in: Revolution im Zeugenstand. Frankreich 1789–1799, Bd. 2, hg. v. Walter Markov, Frankfurt a. M. 1987, S. 27–29.

von Archenholz 1998 Johann Wilhelm von Archenholz: Geschichte des Siebenjährigen Krieges in Deutschland (Reprint der Ausgabe von 1828), Leipzig 1998.

Asal 2007 Sonja Asal: Der politische Tod Gottes. Von Rousseaus Konzept der Zivilreligion zur Entstehung der politischen Theologie, Dresden 2007.

Asch 2005 Ronald Asch: Artikel „Absolutismus", in: Helmut Reinalter (Hg.), Lexikon zum aufgeklärten Absolutismus in Europa, Wien / Köln / Weimar 2005, S. 15–22.

Bachmann-Medick 1989 Doris Bachmann-Medick: Die ästhetische Ordnung des Handelns. Moralphilosophie und Ästhetik in der Popularphilosophie des 18. Jahrhunderts, Stuttgart 1989.

Bahrdt 1984 Carl Friedrich Bahrdt: Handbuch der Moral für den Bürgerstand. Tübingen 1789, in: Paul Münch (Hg.), Ordnung, Fleiß und Sparsamkeit. Texte und Dokumente zur Entstehung der „bürgerlichen Tugenden", München 1984, S. 273–278.

Barudio 2003 Günter Barudio: Das Zeitalter des Absolutismus und der Aufklärung, 1648–1779, Frankfurt a. M. 1981, Neuauflage Frankfurt a. M. 2003.

Bayly 2007 Christopher A. Bayly: „Archaische" und „moderne" Globalisierung in Eurasien und Afrika, ca. 1750–1850, in: Sebastian Conrad/Andreas Eckert/Ulrike Freitag (Hg.), Globalgeschichte. Theorien, Ansätze, Themen, Frankfurt a. M./New York 2007, S. 81–108.

Becker 1980 Rudolph Zacharias Becker: Noth- und Hülfs-Büchlein oder lehrreiche Freuden- und Trauergeschichte der Einwohner von Mildheim, Bd. 1, Gotha 1798, Neudruck, hg. v. Reinhart Siegert, Dortmund 1980.

Beetz/Garber/Thoma 2007 Manfred Beetz/Jörn Garber/Heinz Thoma (Hg.): Physis und Norm. Neue Perspektiven der Anthropologie im 18. Jahrhundert, Göttingen 2007.

Bentham 1995 Jeremy Bentham: The Panopticon Writings, hg. v. Miran Božovič, London 1995, S. 29–95.

Bergk 1977 Johann Adam Bergk: Bewirkt Aufklärung Revolutionen?, in: Aufklärung und Gedankenfreiheit. Fünfzehn Anregungen aus der Geschichte zu lernen, hg. und eingeleitet v. Zwi Batscha, Frankfurt a. M. 1977, S. 206–214.

Berlin 1980 Isaiah Berlin: Counter-Enlightenment, in: Against the Current. Essays in the History of Ideas, hg. v. Henry Hardy mit einer Einleitung v. Roger Hausheer, London 1980, S. 1–24.

Bitterli 2006 Urs Bitterli: Die Entdeckung Amerikas. Von Kolumbus bis Alexander von Humboldt, 2. Aufl. München 2006.

Blanckeart 1993 Claude Blanckeart: Buffon and the Natural History of Man: Writing History and the „Foundation Myth" of Anthropology, in: History of Human Sciences 6, 1993, S. 13–50.

Böning 2004 Holger Böning: Popularaufklärung – Volksaufklärung, in: Richard van Dülmen/Sina Rauschenbach (Hg.), Macht des Wissens. Die Entstehung der modernen Wissensgesellschaft, Köln u. a. 2004, S. 563–581.

Borgstedt 2004 Angela Borgstedt: Das Zeitalter der Aufklärung, Darmstadt 2004.

Boswell 2002 James Boswell: Dr. Samuel Johnson. Leben und Meinungen, 4. Aufl., Zürich 2002.

Brandes 1992 Ernst Brandes: Die Führung der häuslichen Angelegenheiten, in: Frauenleben im 18. Jahrhundert, hg. v. Andrea van Dülmen, München 1992, S. 41f.

Braun 1990 Lucien Braun: Geschichte der Philosophiegeschichte, aus dem Französischen übersetzt v. Franz Wimmer, bearbeitet und mit einem Nachwort versehen v. Ulrich J. Schneider, Darmstadt 1990.

Budde/Freist 2008 Gunilla Budde/Dagmar Freist: Verfahren, Methoden, Praktiken, in: dies./dies./Hilke Günther-Arndt (Hg.), Geschichte. Studium – Wissenschaft – Beruf, Berlin 2008, S. 158–177.

Buffon 2008 Georges-Louis Leclerc de Buffon: Allgemeine Naturgeschichte, Frankfurt a. M. 2008.

Burkhardt 2006 Johannes Burkhardt: Vollendung und Neuorientierung des frühmodernen Reiches 1648–1763, Stuttgart 2006.

Campe 2000 Johann Heinrich Campe: Revolutionsbriefe, in: Die Französische Revolution in Deutschland. Zeitgenössische Texte deutscher Autoren, hg. v. Friedrich Eberle und Theo Stammen, 2. Aufl., Stuttgart 2000, S. 49–54.

Cassirer 1973 Ernst Cassirer: Die Philosophie der Aufklärung, 3. Aufl., Tübingen 1973.

Ceranski 2000 Beate Ceranski: Wunderkinder, Vermittlerinnen und ein einsamer Marsch durch die akademischen Institutionen. Zur wissenschaftlichen Aktivität der Frauen in der Aufklärung, in: Claudia Opitz/Ulrike Weckel/Elke Kleinau (Hg.), Tugend, Vernunft und Gefühl. Geschlechterdiskurse der Aufklärung und weibliche Lebenswelten, Münster u. a. 2000, S. 287–308.

ZITIERTE LITERATUR

Conrad 1999   Anne Conrad: „Umschwebende Geister" und aufgeklärter Alltag. Esoterik als Religiösität der Spätaufklärung, in: Monika Neugebauer-Wölk (Hg.), Aufklärung und Esoterik, Hamburg 1999, S. 397–415.

Conrad 2008   Anne Conrad: Rationalismus und Schwärmerei. Studien zur Religiosität und Sinndeutung in der Spätaufklärung, Hamburg 2008.

Daniel 2002   Ute Daniel: How Bourgeois was the Public Sphere in the Eighteenth Century? Or: Why It is Important to Historicize Strukturwandel der Öffentlichkeit? in: Das Achtzehnte Jahrhundert 26, 2002, S. 9–17.

Dann 1981   Otto Dann (Hg.): Lesegesellschaften und bürgerliche Emanzipation. Ein europäischer Vergleich, München 1981.

Dann/Klippel 1995   Otto Dann/Diethelm Klippel (Hg.): Naturrecht – Spätaufklärung – Revolution, Hamburg 1995.

Darnton 1982   Robert Darnton: The Literary Underground of the Old Regime, Cambridge/London 1982.

Darnton 1984   Robert Darnton: The Great Cat Massacre and Other Episodes in French Cultural History, New York 1984.

Darnton 1995   Robert Darnton: The Forbidden Best-Sellers of Pre-Revolutionary France, New York 1995.

Darnton 1996   Robert Darnton: George Washingtons falsche Zähne oder noch einmal: Was ist Aufklärung?, München 1996.

Daston/Park 2002   Lorraine Daston/Katharine Park: Wunder und die Ordnung der Natur 1150–1750, Frankfurt a. M. 2002.

Daston/Galison 2007   Lorraine Daston/Peter Galison: Objektivität, Frankfurt a. M. 2007.

Despoix/Fetscher 2004   Philippe Despoix/Justus Fetscher (Hg.): Cross-Cultural Encounters Constructions of Knowledge in the 18th and 19th Century. Non-European and European Travel of Exploration in Comparative Perspective, Kassel 2004.

Dipper 1991   Christoph Dipper: Deutsche Geschichte 1648–1789, Frankfurt a. M. 1991.

Dohm 1781   Christian Wilhelm Dohm: Über die bürgerliche Verbesserung der Juden, 2 Bde., Berlin/Stettin 1781, Web-Adresse: www.ub.uni-bielefeld.de/diglib/dohm/ueber, Zugriff vom 19.9.2009.

Duchhardt 1998   Heinz Duchhardt (Hg.): Der Westfälische Friede, München 1998.

Duchhardt 2007   Heinz Duchhardt: Barock und Aufklärung: Das Zeitalter des Absolutismus, München 2007.

Duchhardt/Schnettger 2015   Heinz Duchhardt/Matthias Schnettger: Barock und Aufklärung, Berlin/Boston 2015.

van Dülmen 1990–94   Richard van Dülmen: Kultur und Alltag in der Frühen Neuzeit, 3 Bde., München 1990–94.

Dumont 1997   Franz Dumont: „Wider Freygeister, Protestanten und Glaubensfeger". Hermann Goldhagen und sein „Religions-Journal", in: Christoph Weiß/Wolfgang Albrecht (Hg.), Von „Obscuranten" und „Eudämonisten". Gegenaufklärerische, konservative und antirevolutionäre Publizisten im späten 18. Jahrhundert, St. Ingbert 1997, S. 35–76.

Eberle/Stammen 2000   Friedrich Eberle/Theo Stammen: Einleitung, in: dies. (Hg.), Die Französische Revolution in Deutschland. Zeitgenössische Texte deutscher Autoren, 2. Aufl., Stuttgart 2000, S. 13–46.

Elias 1983   Norbert Elias: Die höfische Gesellschaft. Untersuchungen zur Soziologie des Königtums und der höfischen Aristokratie (1969), Frankfurt a. M. 1983.

Encyclopédie 2001   Anette Selg/Rainer Wieland (Hg.): Die Welt der Encyclopédie, Frankfurt a. M. 2001.

Epstein 1966   Klaus Epstein: The Genesis of German Conservatism, Princeton 1966.

Ferguson 1998   Adam Ferguson: Versuch über die Geschichte der bürgerlichen Gesellschaft, eingeleitet und kommentiert v. Hans Medick und Zwi Batscha, Frankfurt a. M. 1998.

Foucault 1995   Michel Foucault, Archäologie des Wissens, 7. Aufl., Frankfurt a. M. 1995.

Foucault 2005   Michel Foucault: Was ist Aufklärung? in: Daniel Defert/Francois Ewald (Hg.), Michel Foucault. Dits et Ecrits. Schriften, Bd. 4, Frankfurt a. M. 2005, S. 687–707.

Franklin 1983   Benjamin Franklin: Autobiographie, Leipzig/Weimar 1983.

Frie 2012   Ewald Frie, Friedrich II, Reinbek 2012.

von Friedeburg 2002   Robert von Friedeburg: Lebenswelt und Kultur der unterständischen Schichten in der Frühen Neuzeit, München 2002.

Friedrich 1912   Friedrich der Große: Der Antimachiavell (1740); Das politische Testament von 1752; Regierungsformen und Herrscherpflichten (1777), in: Die Werke Friedrichs des Großen, Bd. 7: Antimachiavell und Testamente, hg. v. Gustav B. Volz, Berlin 1912.

Furet/Richet 1968   François Furet/Denis Richet: Die Französische Revolution, Frankfurt a. M. 1968.

Fues 1991   Wolfram Malte Fues: Amme oder Muttermilch? Disput um das Stillen in der frühen deutschen Aufklärung, in: Aufklärung 5, 1991, S. 79–126.

Füssel 2006   Marian Füssel: Gelehrtenkultur als symbolische Praxis. Rang, Ritual und Konflikt an der Universität der Frühen Neuzeit, Darmstadt 2006.

Füssel 2010   Marian Füssel: Der Siebenjährige Krieg. Ein Weltkrieg im 18. Jahrhundert, München 2010.

Gaier 1989   Ulrich Gaier: Gegenaufklärung im Namen des Logos: Hamann und Herder, in: Jochen Schmidt (Hg.), Aufklärung und Gegenaufklärung in der europäischen Literatur, Philosophie und Politik von der Antike bis zur Gegenwart, Darmstadt 1989, S. 261–276.

Gall 1993   Lothar Gall: Von der ständischen zur bürgerlichen Gesellschaft, München 1993.

Garber 1992   Jörn Garber: Spätabsolutismus und bürgerliche Gesellschaft. Studien zu deutschen Staats- und Gesellschaftstheorie im Übergang zur Moderne, Frankfurt a. M. 1992.

Gay 1977   Peter Gay: The Enlightenment. An Interpretation, Bd. 1: The Rise of Modern Paganism; Bd. 2: The Science of Freedom, 2 Bde., New York/London 1977.

Gestrich 1994   Andreas Gestrich: Absolutismus und Öffentlichkeit. Politische Kommunikation in Deutschland zu Beginn des 18. Jahrhunderts, Göttingen 1994.

Gibbon 1907   Edward Gibbon: The Autobiographies, in: The Works of Edward Gibbon, hg. v. John Murray, New York 1907, S. 1–90.

Goldenbaum 2004   Ursula Goldenbaum: Appell an das Publikum. Die öffentliche Debatte in der deutschen Aufklärung 1687–1796, Teil 1, Berlin 2004.

Goldstein 2015   Jürgen Goldstein: Georg Forster, Zwischen Freiheit und Naturgewalt, Berlin 2015.

Grell/Porter 2000   Ole Peter Grell/Roy Porter (Hg.): Toleration in Enlightenment Europe, Cambridge 2000.

von Greyerz 2000   Kaspar von Greyerz: Religion und Kultur. Europa 1500–1800, Göttingen 2000.

ZITIERTE LITERATUR

Haakonssen 2006 Knud Haakonssen: German Natural Law, in: Mark Goldie / Robert Wokler (Hg.), The Cambridge History of Eighteenth Century Political Thought, Cambridge 2006, S. 251–290.

Habermas 1975 Jürgen Habermas: Strukturwandel der Öffentlichkeit. Untersuchungen zu einer Kategorie der bürgerlichen Gesellschaft, Neuwied / Berlin 1962, 7. Aufl., Neuwied / Berlin 1975.

Habermas 1990 Jürgen Habermas: Die Moderne – ein unvollendetes Projekt. Rede anläßlich der Verleihung des Adorno Preises der Stadt Frankfurt (1980), in: ders., Die Moderne – Ein unvollendetes Projekt. Philosophisch-politische Aufsätze 1977–1990, Leipzig 1990, S. 32–54.

Hamann 1965 Johann Georg Hamann: Briefwechsel, hg. v. Walther Ziesemer und Arthur Henkel, Bd. V: 1783–1785, Wiesbaden 1965.

Hamilton / Madison / Jay 2007 Alexander Hamilton / James Madison / John Jay: Die Federalist Papers. Vollständige Ausgabe, übersetzt, eingeleitet und mit Anm. versehen v. Barbara Zehnpfennig, München 2007.

Haug / Frimmel 2015 Christin Haug / Johannes Frimmel: Schulbücher um 1800. Ein Spezialmarkt zwischen staatlichem, volksaufklärerischem und konfessionellem Auftrag, Wiesbaden 2015.

Hazard 1939 Paul Hazard: Die Krise des europäischen Geistes, Hamburg 1939.

Hellmuth 1998 Eckhart Hellmuth: Die „Wiedergeburt" Friedrichs des Großen und der „Tod fürs Vaterland". Zum patriotischen Selbstverständnis in Preußen in der zweiten Hälfte des 18. Jahrhunderts, in: Aufklärung 10, 1998, Heft 2, S. 23–54.

Herrmann 2005 Ulrich Herrmann: Familie, Kindheit, Jugend, in: ders. / Notker Hammerstein (Hg.), Handbuch der deutschen Bildungsgeschichte, Bd. II: 18. Jahrhundert. Vom späten 17. Jahrhundert bis zur Neuordnung Deutschlands um 1800, München 2005, S. 69–96.

Hochadel 2003 Oliver Hochadel: Öffentliche Wissenschaft. Elektrizität in der deutschen Aufklärung, Göttingen 2003.

van Hoorn 2004 Tanja van Hoorn: Dem Leibe abgelesen. Georg Forster im Kontext der physischen Anthropologie des 18. Jahrhunderts, Tübingen 2004.

Hume 1978 David Hume: A Treatise of Human Nature (1739/40), hg. v. L. A. Selby-Bigge, 2. Aufl., Oxford 1978.

Hume 1999 David Hume: Die Naturgeschichte der Religion. Über Aberglaube und Schwärmerei. Über die Unsterblichkeit der Seele. Über Selbstmord, hg. v. Lothar Kreimendahl, 2. Aufl., Hamburg 1999.

Israel 2002 Jonathan I. Israel: Radical Enlightenment. Philosophy and the Making of Modernity, Oxford 2002.

Israel / Mulsow 2014 Jonathan I. Israel / Martin Mulsow (Hg.): Radikalaufklärung, Berlin 2014.

Jacob 2001 Margaret C. Jacob: The Enlightenment. A Brief History with Documents, Boston / New York 2001.

Kant 1990 Immanuel Kant: Beantwortung der Frage: Was ist Aufklärung?, in: Was ist Aufklärung? Thesen und Definitionen, hg. v. Ehrhard Bahr, Stuttgart 1990, S. 9–17.

Kant 1992 Immanuel Kant: Schriften zur Geschichtsphilosophie, mit einer Einleitung hg. v. Manfred Riedel, Stuttgart 1992.

Kant 1998a Immanuel Kant: Kritik der reinen Vernunft, in: ders., Werke in sechs Bänden, hg. v. Wilhelm Weischedel, Bd. II, Darmstadt 1998.

Kant 1998b Immanuel Kant: Prolegomena zu jeder künftigen Metaphysik, die als Wissenschaft wird auftreten können, in: ders., Werke in sechs Bänden, hg. v. Wilhelm Weischedel, Bd. III, Darmstadt 1998, S. 113–264.

ANHANG

Kant 1998c Immanuel Kant: Anthropologie in pragmatischer Hinsicht, in: ders., Werke in sechs Bänden, hg. v. Wilhelm Weischedel, Bd. VI, Darmstadt 1998.

Kant 2008 Immanuel Kant: Träume eines Geistersehers, erläutert durch Träume der Metaphysik, textkritisch hg. und mit Beilagen versehen v. Rudolf Malter, Stuttgart 2008.

Kittsteiner 1995 Heinz D. Kittsteiner: Die Entstehung des modernen Gewissens, Frankfurt a. M. 1995.

Klemme 2004 Heiner F. Klemme: Immanuel Kant, Frankfurt a. M. 2004.

Klemme 2007 Heiner F. Klemme: David Hume zur Einführung, Hamburg 2007.

Klueting 1993 Harm Klueting (Hg.): Katholische Aufklärung – Aufklärung im katholischen Deutschland, Hamburg 1993.

Kondylis 1986 Panajotis Kondylis: Die Aufklärung im Rahmen des neuzeitlichen Rationalismus, München 1986.

Koselleck 1973 Reinhart Koselleck: Kritik und Krise. Ein Beitrag zur Pathogenese der bürgerlichen Welt, Freiburg i. Br. 1959, Neuausgabe Frankfurt a. M. 1973.

Koselleck 1984 Reinhart Koselleck: Artikel „Revolution", in: Geschichtliche Grundbegriffe, hg. v. Otto Brunner, Werner Conze und Reinhart Koselleck, Bd. 5, Stuttgart 1984, S. 689–788.

Koselleck 1989 Reinhart Koselleck: Preußen zwischen Reform und Revolution. Allgemeines Landrecht, Verwaltung und soziale Bewegung von 1791 bis 1848, München 1989.

Koselleck 1992 Reinhart Koselleck: „Erfahrungsraum" und „Erwartungshorizont" – zwei historische Kategorien, in: ders., Vergangene Zukunft. Zur Semantik geschichtlicher Zeiten, Frankfurt a. M. 1992, S. 349–375.

Koselleck 2000 Reinhart Koselleck: Zeitschichten. Studien zur Historik, Frankfurt a. M. 2000.

Krüger 2005 Kersten Krüger: Möglichkeiten, Grenzen und Instrumente von Reformen im Aufgeklärten Absolutismus: Johann Friedrich Struensee und Andreas Peter Bernstorff, in: ders., Formung der frühen Moderne. Ausgewählte Aufsätze, Münster 2005, S. 251–270.

Kuhn 2004 Axel Kuhn: Die Französische Revolution, Stuttgart 2004.

Kunisch 1992 Johannes Kunisch: Friedensidee und Kriegshandwerk im Zeitalter der Aufklärung, in: ders., Fürst – Gesellschaft – Krieg. Studien zur bellizistischen Disposition des absoluten Fürstenstaates, Köln/Weimar/Wien 1992.

Latour 1998 Bruno Latour: Wir sind nie modern gewesen, Frankfurt a. M. 1998.

Lehmann 2004 Hartmut Lehmann: Einführung, in: Martin Brecht (Hg.), Geschichte des Pietismus, Bd. 4, Göttingen 2004, S. 1–18.

Lepenies 1978 Wolf Lepenies: Das Ende der Naturgeschichte. Wandel kultureller Selbstverständlichkeiten in den Wissenschaften des 18. und 19. Jahrhunderts, München 1978.

Locke 1996 John Locke: Ein Brief über Toleranz, übersetzt, eingeleitet und mit Anm. versehen v. Julius Ebbinghaus, Hamburg 1996.

Locke 2007a John Locke: Gedanken über Erziehung, übersetzt, mit Anm. und Nachwort versehen v. Heinz Wohlers, Stuttgart 2007.

Locke 2007b John Locke: Zweite Abhandlung über die Regierung, kommentiert v. Ludwig Siep, Frankfurt a. M. 2007.

Lovejoy 1993 Arthur O. Lovejoy: Die große Kette der Wesen. Geschichte eines Gedankens, Frankfurt a. M. 1993.

ZITIERTE LITERATUR

Macpherson 1990   Crawford B. Macpherson: Die politische Theorie des Besitzindividualismus. Von Hobbes bis Locke, übersetzt v. Arno Wittekind, Frankfurt a. M. 1990.

de Maistre 2000   Joseph de Maistre: Von der Souveränität. Ein Anti-Gesellschaftsvertrag, übersetzt v. C. Ostermann, Berlin 2000.

Martus 2015   Steffen Martus: Aufklärung. Das deutsche 18. Jahrhundert – ein Epochenbild, Berlin 2015.

Maurer 1996   Michael Maurer: Die Biographie des Bürgers. Lebensformen und Denkweisen in der formativen Phase des deutschen Bürgertums (1680–1815), Göttingen 1996.

Maurer 1999a   Michael Maurer: Kirche, Staat und Gesellschaft im 17. und 18. Jahrhundert, München 1999.

Maurer 1999b   Michael Maurer (Hg.): Neue Impulse der Reiseforschung, Berlin 1999.

Meinecke 1936   Friedrich Meinecke: Die Entstehung des Historismus, 2 Bde., München/Berlin 1936.

Meiners 2000   Christoph Meiners: Ueber die Natur der afrikanischen Neger und die davon abhangende Befreyung, oder Einschränkung der Schwarzen (1790), mit einem Nachwort hg. v. Frank Schäfer, 3. Aufl., Hannover 2000.

Mendelssohn 2005   Moses Mendelssohn: Jerusalem oder über religiöse Macht und Judentum (1783). Mit dem Vorwort zu Manasse ben Israels „Rettung der Juden" und dem Entwurf zu „Jerusalem", hg. v. Michael Albrecht, Hamburg 2005.

Meyer 2008   Annette Meyer: Von der Wahrheit zur Wahrscheinlichkeit. Die Wissenschaft vom Menschen in der schottischen und deutschen Aufklärung, Tübingen 2008.

Millar 1986   John Millar: The Origin of the Distinction of Ranks: Or, An Inquiry into the Circumstances which give Rise to Influence and Authority in the Different Members of Society, 4. Aufl., Edinburgh 1806, Reprint Aalen 1986.

Mix 2007   York-Gothart Mix: Zensur im 18. Jahrhundert. Prämissen und Probleme der Forschung, in: ders./Wilhelm Haefs (Hg.), Zensur im Jahrhundert der Aufklärung. Geschichte – Theorie – Praxis, Göttingen 2007, S. 11–23.

Möller 1986   Horst Möller: Vernunft und Kritik. Deutsche Aufklärung im 17. und 18. Jahrhundert, Frankfurt a. M. 1986.

Montesquieu 1994   Montesquieu: Vom Geist der Gesetze. Auswahl, Übers. und Einl. v. Kurt Weigand, Stuttgart 1994.

Müller 2002   Winfried Müller: Die Aufklärung, München 2002.

Müller 2007   Johann Christian Müller: Meines Lebens Vorfälle und Nebenumstände. Teil 1: Kindheit und Studienjahre (1720–1746), hg. v. Katrin Löffler und Nadine Sobirai, Leipzig 2007.

Mulsow 2002   Martin Mulsow: Moderne aus dem Untergrund. Radikale Frühaufklärung in Deutschland 1680–1720, Hamburg 2002.

Neugebauer-Wölk 1999   Monika Neugebauer-Wölk: Esoterik im 18. Jahrhundert – Aufklärung und Esoterik. Eine Einleitung, in: dies. (Hg.), Aufklärung und Esoterik, Hamburg 1999, S. 1–37.

Norton 2007   Robert E. Norton: The Myth of the Counter-Enlightenment, in: Journal of the History of Ideas 68, 2007, S. 635–658.

Nutz 2001   Thomas Nutz: Strafanstalt als Besserungsmaschine. Reformdiskurs und Gefängniswissenschaft 1775–1848, München 2001.

Opitz 2002   Claudia Opitz: Aufklärung der Geschlechter, Revolution der Geschlechterordnung. Studien zur Politik- und Kulturgeschichte des 18. Jahrhunderts, Münster u. a. 2002.

Osterhammel 1989 Jürgen Osterhammel: Distanzerfahrung. Darstellungsweisen des Fremden im 18. Jahrhundert, in: Hans-Joachim König/Wolfgang Reinhard/Reinhard Wendt (Hg.), Der europäische Beobachter außereuropäischer Kulturen. Zur Problematik der Wirklichkeitswahrnehmung, Berlin 1989, S. 9–42.

Osterhammel 2006 Osterhammel, Jürgen: Welten des Kolonialismus im Zeitalter der Aufklärung, in: Hans-Jürgen Lüsebrink (Hg.), Das Europa der Aufklärung und die außereuropäische koloniale Welt, Göttingen 2006, S. 19–36.

Oz-Salzberger 2000 Fania Oz-Salzberger: New Approaches towards a History of the Enlightenment – Can Disparate Perspectives Make a General Picture?, in: Tel Aviver Jahrbuch für deutsche Geschichte 29, 2000, S. 171–182.

Pagden 1996 Anthony Pagden: Das erfundene Amerika. Der Aufbruch des europäischen Denkens in die Neue Welt, München 1996.

Pagden 2013 Anthony Pagden: The Enlightenment: And Why It Still Matters, Oxford 2013.

Pečar/Tricoire Andreas Pečar/Damien Tricoire: Falsche Freunde. War die Aufklärung wirklich die Geburtsstunde dr Moderne? Frankfurt a. M./New York 2015.

Pichler 1992 Caroline Pichler: Keine Sympathie für den emanzipatorischen Gedanken, in: Frauenleben im 18. Jahrhundert, hg. v. Andrea van Dülmen, München 1992, S. 396–397.

Porter 2000 Roy Porter: The Creation of the Modern World. The Untold Story of the British Enlightenment, New York/London 2000.

Porter 2003 Roy Porter (Hg.): The Cambridge History of Science, Bd. 4: Eighteenth Century Science, Cambridge 2003.

Priestley 1768 Joseph Priestley: An essay on a course of liberal education for civil and active life, London 1768.

Prignitz 2005 Christoph Prignitz: Artikel „Kosmopolitismus", in: Helmut Reinalter (Hg.), Lexikon zum Aufgeklärten Absolutismus in Europa: Herrscher, Denker, Sachbegriffe, Wien u. a. 2005, S. 379–383.

Prüfer 2002 Thomas Prüfer: Die Bildung der Geschichte. Friedrich Schiller und die Geschichte der modernen Geschichtswissenschaft, Köln u. a. 2002.

Pufendorf 1976 Samuel Pufendorf: Die Verfassung des deutschen Reiches (1667), übersetzt und mit Anm. und einem Nachwort versehen v. Horst Denzer, Stuttgart 1976.

Rabaut 1809 Jean Paul Rabaut Saint-Étienne: Précis Historique de la Révolution Française. Assemblée Constituante. Suivi de Réflexions politiques sur les circonstances, 5. Aufl., Paris 1809.

Reill 2005 Peter Hanns Reill: Vitalizing Nature in the Enlightenment, Berkeley/Los Angeles/London 2005.

Reinalter 2000 Helmut Reinalter: Die Freimaurer, München 2000.

Reinhard 2008 Wolfgang Reinhard: Kleine Geschichte des Kolonialismus, Stuttgart 1996, 2. vollständig überarbeitete und erweiterte Auflage 2008.

Reinhard 2017 Wolfgang Reinhard: Die Unterwerfung der Welt. Globalgeschichte der europäischen Expansion 1415–2015, München 2017.

Rogalla von Bieberstein 2008 Johannes Rogalla von Bieberstein: Der Mythos von der Verschwörung. Philosophen, Freimaurer, Juden, Liberale und Sozialisten als Verschwörer gegen die Sozialordnung, Wiesbaden 2008.

Rousseau 1997 Jean-Jacques Rousseau: Diskurs über die Ungleichheit. Discours sur l'inégalité, hg. v. Heinrich Meier, 4. Aufl., Paderborn u. a. 1997.

ZITIERTE LITERATUR

Rousseau 2006   Jean-Jacques Rousseau: Emile oder Über die Erziehung, hg., eingeleitet und mit Anm. versehen v. Martin Rang, Stuttgart 2006.

Schlögl 1995   Rudolf Schlögl: Glaube und Religion in der Säkularisierung. Die katholische Stadt. Köln, Aachen, Münster 1700–1840, München 1995.

Schmale / Dodde 1991   Wolfgang Schmale / Nan L. Dodde (Hg.): Revolution des Wissens? Europa und seine Schulen im Zeitalter der Aufklärung (1750–1825). Ein Handbuch zur europäischen Schulgeschichte, Bochum 1991.

Schmitt 2007   Hanno Schmitt: Vernunft und Menschlichkeit. Studien zur philanthropischen Erziehungsbewegung, Bad Heilbrunn 2007.

Schmitt-Biggemann 2004   Wilhelm Schmitt-Biggemann: Politische Theologie der Gegenaufklärung: De Maistre, Saint-Martin, Kleuker, Baader, Berlin 2004.

Schneiders 1995   Werner Schneiders: Einleitung, in: ders. (Hg.), Lexikon der Aufklärung. Deutschland und Europa, München 1995.

Schulin 1989   Ernst Schulin: Die Französische Revolution, 2. Aufl., München 1989.

Schulte 2002   Christoph Schulte: Die jüdische Aufklärung. Philosophie, Religion, Geschichte, München 2002.

Schulze 2002   Winfried Schulze: Einführung in die Neuere Geschichte, 4. völlig überarbeitete und aktualisierte Auflage, Stuttgart 2002.

Seifert 1976   Arno Seifert: Cognitio Historica. Die Geschichte als Namengeberin der frühneuzeitlichen Empirie, Berlin 1976.

Shapin 1998   Steven Shapin: Die wissenschaftliche Revolution, Frankfurt a. M. 1998.

Sieyès 1988   Emmanuel Joseph Sieyès: Was ist der Dritte Stand?, hg. v. Otto Dann, Essen 1988.

Sloan 2003   Philipp R. Sloan: Buffon, Georges Louis Leclerc de, in: Alan Charles Kors (Hg.), Encyclopedia of the Enlightenment, Bd. 1, Oxford 2003, S. 176–180.

Smith 1979   Adam Smith: An Inquiry into the Nature and Causes of the Wealth of Nations, in: The Glasgow Edition of the Works and Correspondence of Adam Smith, hg. v. Roy H. Campbell und Andrew S. Skinner, Bd. 1/2, Oxford 1979.

Sternhell 2006   Zeev Sternhell: Les anti-Lumières du XVIIIe siècle à la guerre froide, Paris 2006.

Stollberg-Rilinger 2011   Barbara Stollberg-Rilinger: Europa im Jahrhundert der Aufklärung, Stuttgart 2000, Neuauflage 2011.

Stollberg-Rilinger 2017   Barbara Stollberg-Rilinger: Maria Theresia. Die Kaiserin in ihrer Zeit. Eine Biographie, München 2017.

Stuke 1974   Horst Stuke: Artikel „Aufklärung", in: Otto Brunner / Werner Conze / Reinhart Koselleck (Hg.), Geschichtliche Grundbegriffe. Historisches Lexikon zur politisch-sozialen Sprache in Deutschland, Bd. 1, Stuttgart 1974, S. 243–342.

Swedenborg 2005   Emanuel Swedenborg: Himmel und Hölle. Nach Gesehenem und Gehörtem, hg. und kommentiert v. Hans-J. Hube, Wiesbaden 2005.

Swift 1979   Jonathan Swift: A Tale of a Tub. Written for the universal improvement of mankind & The battle of the books, New York 1979.

Thomasius 1968   Christian Thomasius: Ausübung der Vernunftlehre, Halle 1691, hg. v. Werner Schneiders, Hildesheim 1968.

Trepp 1996   Anne-Charlotte Trepp: Sanfte Männlichkeit und selbstständige Weiblichkeit. Frauen und Männer im Hamburger Bürgertum zwischen 1770 und 1840, Göttingen 1996.

ANHANG

Trossbach 1993   Werner Trossbach: Bauern 1648–1806, München 1993.

Uhlig 2004   Ludwig Uhlig: Georg Forster. Lebensabenteuer eines gelehrten Weltbürgers (1754–1794), Göttingen 2004.

Valjavec 1951   Fritz Valjavec: Die Entstehung der politischen Strömungen in Deutschland 1770–1815, München 1951.

Velten 2002   Hans Rudolf Velten: Die Autodidakten. Zum Aufkommen eines wissenschaftlichen Diskurses über Intellektuelle gegen Ende des 17. Jahrhunderts, in: Jutta Held (Hg.), Intellektuelle in der Frühen Neuzeit, München 2002, S. 55–81.

Vollhardt 2016   Friedrich Vollhardt, Gotthold Ephraim Lessing, München 2016.

Voltaire 1984   Voltaire: Abbé, Beichtkind, Cartesianer. Philosophisches Wörterbuch, hg. v. Rudolf Noack, Leipzig 1984.

Voltaire 1994   Voltaire: Briefe aus England, hg. und übersetzt, mit einem Nachwort v. Rudolf von Bittner, Zürich 1994.

Vovelle 1996   Michel Vovelle (Hg.): Der Mensch der Aufklärung, Frankfurt a. M. u. a. 1996.

Weber 2005   Max Weber: Wirtschaft und Gesellschaft. Grundriss der verstehenden Soziologie, mit einem Vorwort v. Alexander Ulfig, Frankfurt a. M. 2005.

Weishaupt 1975   Adam Weishaupt: Anrede an die neu aufzunehmenden Illuminatos dirigentes (1782), in: Richard van Dülmen (Hg.), Der Geheimbund der Illuminaten. Darstellung, Analyse, Dokumentation, Stuttgart 1975.

Widmann 1786   Meinrad Widmann: Wer sind die Aufklärer? Beantwortet nach dem ganzen Alphabet, 2 Bde., Augsburg 1786.

Wieland 1797   Christoph Martin Wieland: Das Geheimniß des Kosmopoliten-Ordens, 1788, in: ders., Sämmtliche Werke, Bd. 30: Vermischte Aufsätze, Leipzig 1797, S. 148–194.

Withers 2007   Charles W. J. Withers: Placing the Enlightenment. Thinking Geographically About the Age of Reason, Chicago/London 2007.

Wolff/Cipolloni 2007   Larry Wolff/Marco Cipolloni: The Anthropology of the Enlightenment, Stanford 2007.

Yuge 2002   Naoko Yuge: Das „wilde" und das „zivilisierte" Geschlechterverhältnis? Die neue Blickrichtung in der anthropologischen Debatte um 1800, in: L'Homme 13, 2002, Heft 2, S. 205–223.

Zaborov 2004   Petr Zaborov: Voltaire im Russland des 18. Jahrhunderts, in: Heinz Duchhardt/Claus Scharf (Hg.), Interdisziplinarität und Internationalität. Wege und Formen der Rezeption der französischen und der britischen Aufklärung in Deutschland und Russland im 18. Jahrhundert, Mainz 2004, S. 81–90.

Zedelmaier 2003   Helmut Zedelmaier: Der Anfang der Geschichte. Studien zur Ursprungsdebatte im 18. Jahrhundert, Hamburg 2003.

Zedler 1732–54   [Johann Heinrich Zedlers] Grosses Vollständiges Universallexikon aller Wissenschaften und Künste, 64 Bde. und 4 Supplement-Bde., Halle/Leipzig 1732–54.

Ziche 2001   Paul Ziche: Anthropologie und Psychologie als Wissenschaften, in: Georg Eckardt/Matthias John/Temilo van Zantwijk/Paul Ziche (Hg.), Anthropologie und empirische Psychologie um 1800. Ansätze einer Entwicklung zur Wissenschaft, Köln/Weimar/Wien 2001, S. 73–109.

Zurbuchen 1991   Simone Zurbuchen: Naturrecht und natürliche Religion. Zur Geschichte des Toleranzproblems von Samuel Pufendorf bis Jean-Jacques Rousseau, Würzburg 1991.

16.2 Abbildungsverzeichnis

Abbildung 1: Unbekannter Künstler: *Isaac Newton using a prism to analyze the colors in a ray of light* (Isaac Newton benutzt ein Prisma, um die Farben in einem Lichtstrahl zu untersuchen) (o. J.), kolorierter Kupferstich.

Abbildung 2: *The Human Brain. Ventricular and sensory harmonies.* Matthäus Merian: Illustration zu Robert Fludds *Metaphysik und Natur- und Kunstgeschichte beider Welten, nämlich des Makro- und des Mikrokosmos* (1617), aus: „Utrisque Cosmi Maioris scilicet et Minoris Metaphysica, Physica Atqve Technica Historia: In duo Volumina secundum Cosmi differentiam diusa / Avthore Roberto Flud aliàs de Fluctibus, Armigero, & in Medicina Doctore Oxoniensi Tomus Primus: De Macrocosmi Historia: in duos tractatus diuisa. Quorum Primus de Metaphysico Macrocosmi et Creaturaru[m] ilius ortu. Physico Macrocosmi in generatione et corruptione progressu. Secundus de Arte Naturæ simia in Macrocosmo producta...", Oppenhemii 1617, S. 21. Photo by Hulton Archive / Getty Images 2009.

Abbildung 3: Unbekannter Künstler: Kupferstich (Verfolgung und Ermordung der Protestanten nach der Aufhebung des Ediktes von Nantes) (1685), aus: Margaret C. Jacob, The Enlightenment – A Brief History with Documents (The Bedford Series in History and Culture). Bedford / St. Martin's. Boston / New York 2001, S. 5.

Abbildung 4: Philipp Balthasar Sinold von Schütz: Frontispiz, *Reales Staats-, Zeitungs- und Conversationslexikon*, Leipzig: Johann Friedrich Gleditsch, 20. Auflage mit einer Vorrede von Johann Hübner, 1744. Herzog August Bibliothek Wolfenbüttel: HAB-WF M : AC : 80.

Abbildung 5: Valentine Green: Illustration zu Alexander Popes *Essay on Man (An Abridgement of Alexander Pope: Essay on Man)* (1732–34), Kupferstich. aus: Roy Porter, The Creation Of The Modern World, New York 2000, Abb. 8. Wellcome Library, London.

Abbildung 6: Illustration zur *Geschichte des Siebenjährigen Krieges* (1789) des preußischen Offiziers Johann Wilhelm von Archenholz, *aus:* Johann Wilhelm von Archenholz: Geschichte des Siebenjährigen Krieges (Reprint der Originalausgabe von 1828), Reprint-Verlag Leipzig 1998.

Abbildung 7: Machtpolitische Auseinandersetzungen im 18. Jahrhundert.

Abbildung 8: Europa um 1740. Karte. Ines Blümel. Grafik-Design. Layout. Illustration, Berlin.

Abbildung 9: Illustration zum Sklavenhandel (1764), aus: M. Chambon, *Le commerce de l'Amérique par Marseille: ou explication des lettres-patentes du roi, portant reglement pour le commerce qui se fait par Marseilles aux isles Françoises de l'Amérique, données au mois de Février 1719, et des lettres-patentes du roi, pour la liberté du commerce à la côte de Guinée, données à Paris au moi de Janvier 1716 / Par un citadin*, Avignon 1764, S. 400 / XI. Staatsbibliothek zu Berlin – Preußischer Kulturbesitz, Abteilung Historische Drucke, 2009.

Abbildung 10: Illustration zu François Fénelon: *The adventures of Telemachus, the son of Ulysses* (1774), aus: François Fénelon de Salignac de La Mothe, *The adventures of Telemachus, the son of Ulysses. Translated from the French of Francis Salignac de La Mothe-Fénelon, Archbishop of Cambray by Percival Proctor*, London 1774, Vol. 1 of 2, S. 284. The British Library Board: Shelfmark 12510.c.9.

Abbildung 11: Johann Martin Bernigeroth: *Leipziger Café* (um 1744), Kupferstich. akg-images.

Abbildung 12: Unbekannter Künstler: *Johann Gottfried Herder und Gemahlin* (1780), Silhouette. akg-images.

ANHANG

Abbildung 13: Illustration der Genesis nach Entwürfen von Johann Melchior Füssli aus der sogenannten Kupfer-Bibel des Johann Jakob Scheuchzer (1731), aus: Ulrich Johannes Schneider (Hg.), Seine Welt wissen. Enzyklopädien in der Frühen Neuzeit, Darmstadt 2006, S. 144.

Abbildung 14: Francisco José de Goya y Lucientes: *El sueño de la razón produce monstruos (Der Schlaf der Vernunft gebiert Ungeheuer)* (1797/98), Radierung und Aquatinta. wikimedia commons.

Abbildung 15: Unbekannter Künstler: *La Justice Divine: Der Streit um die Ausführung eines Voltairedenkmals* (1773), Kupferstich, aus: Derrin M. McMahon, Enemies Of The Enlightenment, New York 2001, S. 60.

Abbildung 16: Jeremy Bentham: *Panopticon*, Illustration zur Schriftensammlung *Management of the Poor* von Jeremy Bentham (1796). Time & Life Pictures / Getty Images.

Abbildung 17: Anonymous: *Liberty Triumphs and Destroys the Abuses* (1790), Radierung. Illustration zur Wochenschrift *Révolutions de France et de Brabant*, No. 51 (15.11.1790), aus: Carla Hesse (Ed.), Practices of Enlightenment, special issue (Representations, No. 61, Winter 1998), University of California Press, 1998, S. 117, figure 14.

(Der Verlag hat sich um die Einholung der Abbildungsrechte bemüht. Da in einigen Fällen die Inhaber der Rechte nicht zu ermitteln waren, werden rechtmäßige Ansprüche nach Geltendmachung ausgeglichen.)

16.3 Personenverzeichnis

Abbt, Thomas 78
Addison, Joseph 29, 118, 119
Adorno, Theodor W. 16
D'Alembert, Jean-Baptiste le Rond 16, 82, 113, 126
Alexander, William 190
Andreae, Johann Valentin 148
Anna Amalia, Herzogin von Sachsen-Weimar-Eisenach 188
Anne, Königin von England, Schottland und Irland 29
Arbuthnot, John 29
Archenholz, Johann Wilhelm von 65f., 79
Ariès, Philippe 185
Aristoteles 248f.
Arndt, Johann 148
August II., König von Polen, Kurfürst von Sachsen 72

Bacon, Francis 13, 158, 161
Bahrdt, Carl Friedrich 114, 178
Barbeyrac, Jean 42
Barrett, William 172
Barruel, Augustin 179f.
Bartenstein, Johann Christof von 73
Basedow, Johann Bernhard 190f.
Bayle, Pierre 30
Bayly, Christopher 86
Beccaria, Cesare 105, 194
Becker, Carl L. 128
Becker, Rudolf Zacharias 135f.
Bentham, Jeremy 183f., 193, 195
Bergk, Johann Adam 204
Bergsträsser, Ludwig 175
Berlin, Isaiah 171–173
Bernigeroth, Johann Martin 111f.
Bischoffwerder, Hans Rudolf von 123
Blake, William 173
Bodin, Jean 67
Bodmer, Johann Jakob 16
Boerhaave, Hermann 157
Böhme, Jakob 148
Bonald, Louis-Gabriel-Ambroise de 173
Bonneville, Nicolas de 179
Boswell, David 117, 130
Brandes, Ernst 180, 189
Breitinger, Johann Jakob 16
Brienne, Étienne Charles Loménie de 201
Brunner, Otto 187
Buffon, Georges-Louis Leclerc de 45f., 179, 209f.

Burke, Edmund 173, 180
Burke, Peter 135

Cagliostro, Alessandro 164f.
Calas, Jean 141f.
Calonne, Charles Alexandre de 201
Campe, Joachim Heinrich 191, 205f.
Carmichael, Gershom 42
Cassirer, Ernst 18, 128, 144, 161
Chambers, Ephraim 31, 159
Chambon, M. 81
Charlotte, Königin des Vereinigten Königreiches von Großbritannien und Irland 69
Châtelet, Émilie du 188
Christian VII., König von Dänemark und Norwegen 99
Clemens XI., Papst 149
Clemens XIV., Papst 150, 177
Columbus, Christoph 31
Condillac, Étienne Bonnot de 202
Cook, James 41, 47
Cromwell, Oliver 29

Darnton, Robert 14, 115, 129f.
Descartes, René 13, 27, 34f., 160
Desmoulins, Camille 199f.
Diderot, Denis 82, 106, 187
Dilthey, Wilhelm 128
Dohm, Christian Konrad Wilhelm 191

Elias, Norbert 59
Elisabeth, Zarin des Russischen Reiches 78
Emmerich, Valentin Franz von 176
Epstein, Klaus 175

Faivre, Anton 164
Fauchet, Claude 179
Fénelon, François 95f.
Ferguson, Adam 210
Fichte, Johann Gottlieb 208
Fludd, Robert 23f.
Forster, Georg 19, 40, 47, 51, 92, 206f.
Forster, Reinhold 47
Foucault, Michel 15, 17, 20, 46, 48, 184, 197
Francke, August Hermann 148f.
Franklin, Benjamin 163
Franz I. Stephan, Kaiser des Hl. Röm. Reiches 73, 76, 121
Franz II., Kaiser des Hl. Röm. Reiches 207
Friedrich I., König in Preußen 158

Friedrich Wilhelm I., König in Preußen 30, 76, 149
Friedrich Wilhelm II., König von Preußen 107, 123, 175
Friedrich Wilhelm III., König von Preußen 42, 207
Friedrich II., König von Preußen 30, 73, 76–79, 100f., 106–109, 115, 121, 193

Galilei, Galileo 13, 24, 31
Gama, Vasco da 31
Gay, Peter 128f.
Geertz, Clifford 176
Gentz, Friedrich 180
Geoffrin, Marie Thérèse 189
Georg III., König des Vereinigten Königreichs von Großbritannien und Irland 69
Gerth, Hans 18, 128
Gibbon, Edward 127, 129, 156
Gleditsch, Johann Friedrich 40
Goethe, Johann Wolfgang von 164
Goldhagen, Hermann 177
Gottsched, Johann Christoph 12, 16
Goya, Francisco de 153f.
Green, Valentine 53f.
Grimm, Melchior 141
Grotius, Hugo 42, 67
Gujer, Jakob 104
Gusdorf, Georges 49
Gutenberg, Johannes 12

Habermas, Jürgen 17, 19, 113, 116, 248
Hamann, Johann Georg 171–173
Hamilton, Alexander 89
Harbsmeier, Michael 49
Harrington, James 87
Hastings, Warren 83
Hazard, Paul 25
Hegel, Georg Wilhelm Friedrich 247
Helvétius, Claude Adrien 143
Herder, Johann Gottfried 35, 45, 125f., 164, 172f., 208
Herder, Maria Karoline 126
Herschel, Caroline 189
Herschel, Friedrich Wilhelm 189
Hippel, Theodor Gottlieb von 189
Hobbes, Thomas 16, 34, 42, 61, 87, 193
Hoffmann, Leopold Alois 179
d'Holbach, Paul Henri Thiry 143
Horkheimer, Max 16
Hübner, Johann 40
Humboldt, Alexander von 206
Hume, David 47, 129, 143f., 161, 165

Iselin, Isaak 46f.

Jacobi, Friedrich Heinrich 172, 178
Jakob II., König von England, Schottland und Irland 29
Jansen, Cornelius 149, 247
Jaucourt, Louis de 82
Jay, John 89
Jefferson, Thomas 90
Jerusalem, Friedrich Wilhelm 147
Johnson, Samuel 117
Joseph I., Kaiser des Hl. Röm. Reiches 76
Joseph II., Kaiser des Hl. Röm. Reiches 78f., 106, 115, 150, 193, 247

Kames, Lord (Henry Home) 46, 104
Kant, Immanuel 14, 21, 24, 48f., 51, 92, 127, 154, 161, 162, 164f., 166, 171, 208, 210f., 212, 247
Karl I., König von England, Schottland und Irland 29
Karl III., König von Spanien 115
Karl V., Kaiser des Hl. Röm. Reiches 67
Karl VI., Kaiser des Hl. Röm. Reiches 73
Karl VII., Kaiser des Hl. Röm. Reiches 76
Karl XI, König von Schweden 42
Katharina I., Zarin des Russischen Reiches 73
Katharina II., Zarin des Russischen Reiches 106, 115
Kauffmann, Angelika 188
Kaunitz, Wenzel Anton von 77
Kepler, Johannes 13, 31
Knigge, Adolph von 122
Kolb, Peter 85
Kopernikus, Nikolaus 31
Koselleck, Reinhart 15, 114, 116, 194, 205, 208f.
Kraus, Christian Jacob 171
Kuhn, Thomas S. 20

Lafitau, Joseph-François 43f.
La Roche, Sophie von 188
Leibniz, Gottfried Wilhelm 12, 34f., 158, 160
Leo, Heinrich 127
Leopold I., Kaiser des Hl. Röm. Reiches 28
Leopold II. Kaiser des Hl. Röm. Reiches 193, 207
Leopold III., Herzog von Anhalt Dessau 190
Lepenies, Wolf 15, 46, 158
Lessing, Gotthold Ephraim 35, 145f., 187
Leszczyński, Stanislaus 73
Lichtenberg, Georg Christoph 92, 130, 163
Linné, Carl von 44f., 209
Locke, John 13, 29, 43, 87, 96, 142, 144, 156, 161, 186, 190, 202
Lovejoy, Arthur O. 128, 209
Ludwig XIV., König von Frankreich und Navarra 26–29, 59, 69, 96f., 141, 149

Ludwig XV., König von Frankreich und Navarra 73
Ludwig XVI., König von Frankreich und Navarra 200
Luhmann, Niklas 116

Machiavelli, Niccolò 100
Macpherson, Crawford B. 87
Madison, James 89
Maistre, Joseph de 173
Mandrou, Robert 135
Manheim, Ernst 18, 128
Mannheim, Karl 18, 175
Maria Theresia, Erzherzogin von Österreich, Königin von Ungarn und Böhmen 73, 76, 84, 106, 150
Maximilian II. Emanuel, Herzog von Bayern, Kurfürst des Hl. Röm. Reiches 28
Maximilian III. Joseph, Herzog von Bayern, Kurfürst des Hl. Röm. Reiches 76, 158
Meiners, Christoph 48, 62, 92, 190
Mendelssohn, Moses 14, 100, 146, 166, 171, 191
Merz, Alois 177
Mesmer, Frank Anton 163
Millar, John 61f.
Milton, John 29
Monboddo, Lord (James Burnett) 45, 210
Montesquieu, Charles de Secondat, Baron de La Brède et de 40, 68, 102f., 115, 129, 201
Moravia, Sergio 49
Möser, Justus 172, 175
Müller, Johann Christian 133

Necker, Jacques 200f.
Needleman, Jacob 164
Newton, Isaac 9f., 29, 33f., 100, 140
Niebuhr, Carsten 48
Nietzsche, Friedrich 172

Oelsner, Konrad Engelbert 205
Osterhammel, Jürgen 49, 83

Pascal, Blaise 149f.
Paul I., Zar des Russischen Reiches 115
Peter I., Zar des Russischen Reiches 72
Peter III., Zar des Russischen Reiches 78
Philadelphia, Jakob 163
Pichler, Caroline 189
Pigalle, Jean-Baptiste 170
Pitt, William, (der Ältere) 78
Platner, Ernst 47f.
Pope, Alexander 9f., 29, 53f.
Priestley, Joseph 186

Pufendorf, Samuel 42f., 68f., 144
Pütter, Johann Stephan 69

Quesnay, François 248

Rabaut Saint-Étienne, Jean-Paul 204
Racine, Jean 149
Rehberg, August Wilhelm 175, 180
Reimarus, Hermann Samuel 146
Roscher, Wilhelm 97
Rousseau, Jean-Jacques 60f., 69, 127, 130, 132, 159, 172f., 179, 185f., 190, 201, 209

Salzmann, Christian Gotthilf 191
Scheuchzer, Johann Jakob 139f.
Schiller, Friedrich 164
Schlözer, Dorothea 189
Schmidt, Johann Lorenz 145
Schnabel, Franz 175
Semler, Johann Salomo 147
Sieyès, Joseph 202f.
Smith, Adam 87f., 91, 210
Sonnenfels, Joseph von 193
Sophie Charlotte von Mecklenburg-Strelitz → Charlotte
Spalding, Johann Joachim 147
Sparrmann, Anders 85
Spener, Philipp Jacob 148
Spinoza, Baruch de 13, 34f., 37, 145, 160
Staël, Germaine de 188
Starck, Johann August von 179
Starobinski, Jean 208
Steele, Richard 29
Struensee, Johann Friedrich 99, 106
Swedenborg, Emanuel 162–164
Swift, Jonathan 16, 29, 40

Tetens, Johannes Nikolaus 48
Thomas, Antoine Léonard 190
Thomasius, Christian 24, 43, 134, 188
Tindal, Matthew 145
Tocqueville, Alexis de 246
Toland, John 35
Trapp, Ernst 191
Treitschke, Heinrich von 68
Turgot, Anne Robert Jacques, Baron de 103f.

Valjavec, Fritz 174f.
Varnhagen, Rahel 189
Vico, Giambattista 172
Voltaire (d. i. François Marie Arouet) 16, 40, 100, 106, 115, 129, 131, 141–143, 170, 179

Weber, Max 16, 27, 55, 147, 247
Weishaupt, Adam 122, 178
Weissenbach, Joseph Anton 177
Wesley, John 149
Widmann, Meinrad 134f.
Wieland, Christoph Martin 91, 205
Wilhelm III., König von England, Irland und Schottland 28f.

Wolin, Richard 174
Wolff, Christian 43
Wöllner, Johann Christoph von 123, 175

Zedler, Johann Heinrich 31, 119, 158f.
Zinzendorf, Nikolaus Ludwig von 149

16.4 Glossar

Absolutismus Epochenbegriff, der sich auf die Durchsetzung eines von politischer Mitsprache (Ständen) unabhängigen, machtvollkommenen, monarchischen Herrschaftsstils in der Frühen Neuzeit bezieht. Der Herrscher steht als Gesetzgeber über den Gesetzen (*legibus absolutus*). → KAPITEL 2,7

Akademie (der Wissenschaften) Aus der Antike übernommene Bezeichnung für gelehrte Gesellschaften, die sich vor allem im ausgehenden 17. und 18. Jahrhundert für die Gründung außeruniversitärer wissenschaftlicher Institutionen etabliert. → KAPITEL 8, 11

Ancien Régime Von Alexis de Tocqueville (1805–59) geprägter Begriff, mit dem die Zeit vor der Französischen Revolution im Allgemeinen und der vorrevolutionäre Regierungsstil der Bourbonen im Besonderen gekennzeichnet wird. → KAPITEL 14

Anthropologie Die Einführung des Begriffs in den wissenschaftlichen Disziplinenkanon im 18. Jahrhundert verdeutlicht die Aufwertung der „Wissenschaft vom Menschen" und damit die neue Betrachtungsweise des Menschen in der Epoche der Aufklärung. → KAPITEL 3, 6, 13

Artes liberales In der Antike entstandener Kanon der sieben freien Künste, der seit dem Mittelalter als Vorbereitung (Propädeutikum) auf das eigentliche Studium (Theologie, Jurisprudenz, Medizin) galt. → KAPITEL 11

Autopsie Untersuchung des Gegenstandes mit den eigenen Augen; wird zur Grundlage eines auf Augenzeugenschaft (Experiment) vertrauenden Wissenschaftsideals. → KAPITEL 3

Barock Epochenbegriff, meist zur Kennzeichnung einer Kunstströmung (Architektur, bildende Kunst, Literatur, Musik) angewendet, die etwa zwischen 1600 und 1770 angesiedelt wird. → KAPITEL 3

Deismus (Vernunftreligion) Eine rationalistische Religionsphilosophie, die im Gegensatz zur Dreifaltigkeitslehre von einem unitarischen Gott ausgeht, dessen Schöpfungsakt nicht infrage gestellt wird, wohl aber dessen fortwährende Einflussnahme in der Welt. → KAPITEL 10

Despotismus Mit Despotie oder Tyrannei wird nach dem Schema der Herrschaftsformen nach Aristoteles die Entartung der Herrschaft eines Einzelnen (Monarchie) bezeichnet. → KAPITEL 7

Emanzipation Aus dem römisch-rechtlichen Begriff *emancipatio* (Freiwerden des Kindes von der Vatersgewalt) hergeleitet, wird darunter seit dem 18. Jahrhundert eine allgemeingesellschaftliche Forderung nach mehr Mündigkeit für Bürger/Frauen/Sklaven/Juden verstanden. → KAPITEL 14

Empirismus Die dem Rationalismus entgegengesetzte erkenntnistheoretische Richtung in der Philosophiegeschichte, in der alle Erkenntnisformen gebündelt werden, die auf Empirie beruhen, d.h. Erkenntnisse, die aus Sinneserfahrung, Beobachtung oder Experiment abgeleitet (Induktion) werden und auf keinerlei Vorwissen basieren. → KAPITEL 2, 11

Epoche Kategorie zur Periodisierung von Geschichte. Mit der Verwendung des Begriffs wird der Anspruch erhoben, sowohl Zäsuren des Anfangs und Endes als auch bestimmte Qualitätsmerkmale des Zeitabschnitts geltend machen zu können. → KAPITEL 1

Erkenntnistheorie Disziplin der Philosophie, die sich mit der Frage beschäftigt, auf welchem Wege Wissen überhaupt zustande kommt. → KAPITEL 2, 11

Evolution Im ursprünglichen Sinne Entwicklung (von Schriftrollen). Im Verlauf des 18. Jahrhunderts wird der Begriff durch die Aufwertung biologischer Studien zum Kerngedanken einer schrittweisen Entwicklungsgeschichte von Mensch und Menschheit. → KAPITEL 14

Feudalismus Wird als Schlagwort im Umfeld der Französischen Revolution populär und bezeichnet die Gesellschaftsform des Mittelalters und der Frühen Neuzeit, die durch Grundherrschaft und damit einhergehende Leibeigenschaft und Abgabenpflichten gekennzeichnet war. → KAPITEL 4

Fortschritt Wird im 18. Jahrhundert als Lehnbegriff zu frz. *progrès* geläufig. Ist Ausdruck einer Theorie, nach der die Geschichte auf der Vervollkommnungsfähigkeit des Menschen (Perfektibilität) beruhe. Diese wird auf den Gattungsverlauf übertragen und bei bestimmten Autoren als stetige Entwicklung zum Besseren qualifiziert. → KAPITEL 14

Frühkapitalismus Volkswirtschaftliche Gesellschaftsform der Frühen Neuzeit, die sich vom noch vorherrschenden → Feudalismus dadurch unterscheidet, dass Geld und Privateigentum von Produktionsmitteln gegenüber dem Besitz von Grund und Boden an Bedeutung gewinnen. → KAPITEL 1

Heterodoxie Eine Meinung, die von der offiziell vertretenen, kirchlichen Lehre abweicht (Gegenbegriff → Orthodoxie). → KAPITEL 2, 14

Heuristik Als Teil der im 19. Jahrhundert entwickelten historischen Methode umfasst die Heuristik sowohl die Quellenkunde als auch verschiedene konzeptionelle Annäherungsweisen an die Quellen. → KAPITEL 1

Historismus Bezeichnet vor allem in der deutschen Geschichtsschreibung eine Form historischen Denkens und wissenschaftlichen Arbeitens, die sich seit dem Beginn des 19. Jahrhunderts ausbildet. → KAPITEL 1, 9

Idealismus (deutscher) Bezeichnung für eine philosophiehistorische Konstellation, die zwischen dem Erscheinen von Kants *Kritik der reinen Vernunft* (1781) und Hegels Tod (1831) angesiedelt wird. → KAPITEL 11

Idealtypus Element eines von Max Weber in die Wissenschaftstheorie eingeführten Verfahrens, nach dem konstruierte, die sozialen Verhältnisse bewusst überzeichnende Begriffe (Idealtypen) zielgerichtet eingesetzt werden, um der Beschreibung der Wirklichkeit als Analysemuster zu dienen. → KAPITEL 13

Imperialismus Bestreben eines Staates, seine Machtsphäre auf andere Völker und Länder auszudehnen. Dieses Expansionsstreben kann sowohl politisch-territoriale als auch kulturelle Einflussnahme betreffen. → KAPITEL 6

Jakobiner Mitglieder eines radikalen politischen Klubs während der Französischen Revolution. Im Verlauf der Revolution wird der Begriff (Jakobinismus) zur Sammelbezeichnung für all diejenigen, die eine republikanische Staatsform anstrebten. → KAPITEL 14

Jansenismus Katholische Reformbewegung, die nach dem Bischof von Ypern, Cornelius Jansen (1585–1638), benannt ist. → KAPITEL 10

Josephinismus Von Kaiser Joseph II. (1741–90) abgeleitete Bezeichnung für Staats-, Rechts- und Verwaltungsreformen nach den Prinzipien des aufgeklärten Absolutismus. → KAPITEL 7, 13

Konfessionalisierung Forschungskonzept zur Analyse der Veränderungen von Herrschaft, Religion und Gesellschaft im Gefolge der Reformation, etwa im Zeitraum von 1540 bis 1648 (konfessionelles Zeitalter, Konfessionalismus, Konfessionsbildung). → KAPITEL 8, 10

Konservatismus Gehört neben Liberalismus und Sozialismus zu den politischen Strömungen, die sich im Gefolge der Französischen Revolution herausbilden. → KAPITEL 12

Kopernikanische Wende Im Rekurs auf die Bedeutung von Kopernikus für den Wandel vom geozum heliozentrischen Weltbild verdeutlicht Kant damit seine eigene Rolle für die Philosophiegeschichte. → KAPITEL 2, 11

Moderne Mit dem Begriff artikuliert sich seit dem ausgehenden 17. Jahrhundert ein Überlegenheitsanspruch gegenüber der Antike (*Querelle des anciens et des modernes*) und seit dem 19. Jahrhundert der Bruch mit der Tradition und damit das Bewusstsein, am Beginn eines neuen Zeitalters zu stehen. → KAPITEL 1

Naturgeschichte Bis in das 18. Jahrhundert von Laien bearbeitetes Wissensfeld, das heutzutage in mehrere Fachdisziplinen segmentiert ist (Biologie, Anthropologie, Ethnologie, Geschichte, Philologien). Im 18. Jahrhundert gewinnt es zentrale Bedeutung für die Veränderung der Deutungsschemata von Kosmos, Welt und Mensch. → KAPITEL 3, 14

Naturrecht Rechtsphilosophische Bezeichnung für das Recht, das dem vom Menschen gesetzten, positiven Recht vorausgeht und übergeordnet ist. Die Auffassung, dass der Mensch von Natur aus mit Rechten ausgestattet ist, verbindet sich vor allem mit der Frühaufklärung. → KAPITEL 3, 4, 5, 6, 7, 10, 13

Naturzustand Ein Modell aus der Naturrechtstheorie des 17. und 18. Jahrhunderts, um den vorgesellschaftlichen ‚Urzustand' der Menschen zu charakterisieren. Die Frage, ob dieser Zustand kriegerisch oder friedlich geprägt sei, prägt die zentralen Debatten der Zeit. → KAPITEL 3, 4, 6, 7, 13

Öffentlichkeit Bezeichnet allgemein die Bedingungen für das Zustandekommen einer öffentlichen Meinung. In der sozialwissenschaftlichen Diskurstheorie wird im *Strukturwandel der Öffentlichkeit* (Habermas) im 17. und 18. Jahrhundert die Grundlegung für die moderne, auf freier Kommunikation beruhende, politische Partizipation gesehen. → KAPITEL 8

Orthodoxie Rechtgläubigkeit, zum Beispiel die Auffassung des Vertreters einer theologischen Richtung, die das Erbe der reinen Lehre zu wahren versucht und unbeirrt an Lehrmeinungen festhält (Gegenbegriff → Heterodoxie). → KAPITEL 2, 14

Pantheismus Lehre, in der Gott und Welt identisch sind. Vertreter dieser Auffassung glauben, dass Gott nur in der Schöpfung, dem Weltall und dem Leben gegenwärtig ist. → KAPITEL 2

Paradigma Figur aus der Rhetorik des Aristoteles (Beispiel, Vorbild, Muster), die seit dem 18. Jahrhundert dazu genutzt wird, um den erkenntnistheoretischen Gehalt bestimmter Geistesströmungen herauszufiltern. Das Auffinden verschiedener wissenschaftlicher Paradigmata dient dazu, Kontinuitäten und Brüche innerhalb der Wissenschaftsgeschichte aufzuzeigen. → KAPITEL 2

Physiokratie Eine auf den französischen Arzt François Quesnay (1694–1774) zurückgehende ökonomische Schule, in der erste systematische Ansätze zur Erklärung volkswirtschaftlicher Strukturen und Prozesse entwickelt wurden. → KAPITEL 7

Pietismus Sammelbezeichnung für verschiedene Reformbewegungen innerhalb des Luthertums/Protestantismus seit dem ausgehenden 17. Jahrhundert. → KAPITEL 10

Postmoderne Vertreter postmoderner Denkrichtungen kritisieren den blinden Innovationsglauben der Moderne, deren epochales Emanzipationsprojekt von Anbeginn totalitäre Züge getragen habe und als gescheitert anzusehen sei. → KAPITEL 1, 13

Rationalismus Ist die dem → Empirismus entgegengesetzte erkenntnistheoretische Richtung in der Philosophiegeschichte. Hier werden alle Ansätze gebündelt, in denen die Auffassung vertreten wird, dass nur durch Vernunft- und Verstandesoperationen (Deduktion) die Struktur der Wirklichkeit erkannt werden kann. → KAPITEL 2, 11, 12

Renaissance Epochenbezeichnung, die im Terminus „Wiedergeburt" das Wiederaufleben der griechischen und römischen Antike in der europäischen Kultur vom 14. bis 17. Jahrhundert zu versinnbildlichen sucht. → KAPITEL 2

Revolution Ein aus der Astronomie entlehnter Begriff (lat. *revolutio* = das Zurückwälzen), der seit dem 17. Jahrhundert auch für politische Umwälzungen gebraucht wird (Thomas Hobbes) und erst im Gefolge der Französischen Revolution zur Beschreibung eines irreversiblen politischen, aber auch wissenschaftlichen oder ökonomischen Umbruchs dient. → KAPITEL 2, 7, 14

Romantik Epochenbezeichnung für eine vor allem kulturgeschichtliche Strömung, die ihren Ursprung bereits im ausgehenden 18. Jahrhundert in einer Kritik am Vernunftglauben der Aufklärung findet und weit ins 19. Jahrhundert fortdauert. → KAPITEL 12

Säkularisierung Abgeleitet vom lateinischen Begriff *saeculum* (Zeit, Zeitalter) wird darunter jede Form von Verweltlichung verstanden; insbesondere aber der Bedeutungsrückgang der Religion und die zunehmende Infragestellung christlicher Lehren im Gefolge von Humanismus und Aufklärungsphilosophie. → KAPITEL 10, 13

Scholastik Bezeichnung für die wissenschaftliche Beweisführung in der Gelehrtenwelt des Mittelalters und der Frühen Neuzeit, abgeleitet von lateinischen Begriff *scholasticus* (schulisch). Ein auf Aris-

ANHANG

toteles zurückgehendes Verfahren zur Klärung wissenschaftlicher Fragen mittels reiner Logik.
→ KAPITEL 2, 11

Sozialdisziplinierung Historiografisches Konzept zur Analyse von Transformationsprozessen moderner Gesellschaften, insbesondere im Hinblick auf die gesellschaftlichen Folgen der Intensivierung von Herrschaft, Staatsbildung und staatlicher Intervention. → KAPITEL 7, 13

Ständegesellschaft Bezeichnet eine hierarchisierte gesellschaftliche Ordnung, die aus sozial abgeschlossenen Gruppen besteht. Die Gruppenzugehörigkeit geht aus Abstammung, Beruf und Besitz hervor und bestimmt damit die Standeszugehörigkeit. → KAPITEL 4, 9

Utilitarismus Vor allem im ausgehenden 18. Jahrhundert populär werdende philosophische Lehre, nach der das Nützliche alle Grundlage sittlichen Verhaltens ist und ideale Werte nur dann anerkannt werden, wenn sie dem Individuum oder der Gemeinschaft nützen. → KAPITEL 13

Postskriptum

Für die Unterstützung bei der Erarbeitung dieses Bandes habe ich vor allem Sven Speek zu danken, der mir von der Bildrecherche bis hin zur Erstellung von Serviceteil und Register helfend zur Seite stand. Gregor Pelger hat das Buch mit Geduld, in technischen Fragen und zuletzt auch zeichnerisch begleitet. Für das umsichtige Lektorat danke ich Angela Borgwardt. Hervorheben möchte ich noch die Verve, mit der Katja Leuchtenberger dieses kleine Aufklärungsprojekt von Anbeginn an vorangetrieben hat; ihr gilt mein besonderer Dank.